薄荷实验
Think As The Natives

金钱的社会意义

|私房钱、工资、救济金等货币|

THE
SOCIAL
MEANING
OF
MONEY
Pin Money,
Paychecks,
Poor Relief,
and
Other Currencies

（美）维维安娜·泽利泽 著 姚泽麟 等 译

VIVIANA
A. ZELIZER

华东师范大学出版社
·上海·

THE SOCIAL MEANING OF MONEY: Pin Money, Paychecks, Poor Relief, and Other Currencies

by Viviana A. Zelizer

Copyright © 1997 by Princeton University Press

Foreword and afterword to the new Princeton paperback edition

© 2017 by Princeton University Press

Simplified Chinese translation copyright © 2021

by East China Normal University Press Ltd.

This edition published by arrangement with Basic Books, an imprint of Perseus Books, LLC, a subsidiary of Hachette Book Group, Inc., New York, New York, USA.

through Bardon-Chinese Media Agency（博达著作权代理有限公司）

All rights reserved.

上海市版权局著作权合同登记 图字：09-2018-761

献给朱利安,我亲爱的儿子

目录

2017年版前言......001

致谢......005

1　金钱的标记......009

2　金钱的家庭生产......063

3　作为礼物的金钱......119

4　穷人的金钱......191

5　附带条件的：慈善现金的标记......231

6　争议中的金钱......275

7　金钱意味着什么......321

2017年版后记......347

译后记......359

2017年版前言

维维安娜·泽利泽的《金钱的社会意义》已经成为一本社会学的经典之作。这是一本与齐美尔的《货币哲学》并驾齐驱的著作,因为本书是对超前的而非同时代的货币形式的一种分析。正如齐美尔一样,据说他已经预见了流通和交易的出现,他认为货币的流通和交易是对生产劳动的反对,是20世纪的后半叶晚期资本主义社会关键的组织原则,而泽利泽似乎已经预见了货币形式的爆发式增长,这标志着21世纪的头20年对货币的研究者和其他观察者而言是非常有趣和有意义的。

泽利泽的分析改变了社会学家们用来描述金钱的语言:"标记"(earmarking①)是描绘我们如何区分不同数量的金钱之间的质的差别的一种显著而独特的方式,而不同数量的金钱通常都被视为同质。利用丰富的历史例证,本书充分展现了并非所有的美元都是相同的。的确,我们从多个方面都看到了学者们惯常认为平淡无奇的一些东西——因为被视为平淡无奇,所以这

---

① "earmarking"有做记号、打耳洞、指定用途等含义,这是本书的一个核心关键词。泽利泽使用这个词,试图表达金钱虽表面上看起来无甚差别,但基于被赋予的不同的意义,金钱被人们指定了某些"特定用途"。在本书中,译者根据具体的语境,一般将"earmarking"翻译为"标记"或"指定用途"——译者注。

些东西也就毫无意义,与社会关系相分离,甚至有害于社会关系——以无限有趣的方式被社会生活所形塑,也为了社会生活而被形塑。从这一分析中生发出来的是本书最为影响深远的概念中的一个:多元货币(multiple monies)。

本书中,在泽利泽的论证中所谓的现象学维度和本体论维度之间总是存在着一种迷人的张力——第一次主要关于货币如何被看待,第二次则主要关于货币是什么。我们通过区分本书所使用的有关标记观念的三种不同阐释,能看到这种张力。第一种明显涉及在不改变货币基本的客观属性的前提下赋予货币的意义。这意味着使用微观路径来分析货币,以反对宏观路径,自下而非从上:从货币使用者的角度而非其生产者的角度看待货币。第二种则展示了社会实践如何通过限制货币的使用、规定其分配或改变其外观而修改货币。标记观念的第三个版本最为激进,因为其关心的不仅是做记号(marking),而且还有货币的真实产生过程,其通过创造崭新的货币诸如地方性的货币或比特币(Bitcoins),以及将各种东西——诸如香烟或口香糖——转换为货币媒介。

我并不认为这些阐释之间没有冲突或模棱两可的地方;相反,我其实认为它们有非常密切的相互关联,有时候甚至是重叠的。每一种阐释都为研究当代世界中货币的社会生产和交易提供了丰富的可能性。《金钱的社会意义》一个主要的优势便是其组织全书的核心概念——标记——创造了如此多产的一个具有潜力的研究领域系列。如上所述,标记的第三种阐释构成了泽利泽在本书中用来理解我们这个时代的货币的真正重要性的基础。我们日益反对一个货币多元主义的世界。正如泽利泽所描述的，多元货币不仅涉及我们赋予货币的多种意义，我们提出的不同用法，以及我们为了区别货币的具体数量而制定的质的差别。多元货币包围着我们：在我们的日常生活中，我们在不同种类的货币中（国际的、国内的、地方性的、公司的、秘密的），在不同的支付系统中（贝宝（Paypal）、苹果支付（Apple Pay）、瑞典移动支付（iZettle）），以及在不同的货币媒介中（现金、刷卡、数字）所做的抉择。

没有人认为货币多元主义是全新的事物：如果说有新东西的话，那么这是一个"回到未来"的案例，回到一个数种货币并存的环境中。在许多国家，货币多元主义是贯穿现代生活的一个基本事实。然而，随着新的支付系统，诸如比特币等数字货币的出现，以及地方性货币和社会通行的钱币（social currencies）的复活，我们目睹了新一波的货币多元主义。《金钱的社会意义》一书值得注意的东西就是其留给我们的装备精良的概念，使我们在这个世界货币景观再次兴起的复杂状况中不至于迷失。这便是作者在此书结尾部分与齐美尔的幽灵对话的真正意义。货币不会简单地使这个世界祛魅，因为"我们会持续为我们的多元货币创造新的名字、界定新的用法和指定不同的使用者"。有人也许会说，这个世界已经赶上了这部伟大的著作。这是对此书重要性的真正估量，也是为什么此书完全值得被称为一部真正的社会学经典。

（文／奈杰尔·多德（Nigel Nodd），伦敦政治经济学院）

致　　谢

　　所受到的帮助、所被给予的方便,以及所累积的义务,将感激之情压缩进包含以上这些的一份明智的清单中,会使得一系列复杂的个人联系变得维度单一。不同的感激之情之间的、在撰写一本书的漫长过程中来自不同的个体和组织的多样的和特定类型的建议、鼓励和理解之间的丰富差异都会因此而被忽视。

　　让我试着来描述我的许多感激之情。正如他在过去二十年所做的,伯纳德·巴伯(Bernard Barber)从一开始就聆听了我关于这一研究的想法,阅读了每一份初稿,给了我建议。查尔斯·蒂利(Charles Tilly)有着无限的慷慨,关于一些要点,他给出了不可或缺的评论。迈克尔·卡茨(Michael B. Katz)有关美国福利历史的著作,以及他深思熟虑的评论,为我关于变迁中的济贫政策的研究提供了一个重要的指南。我要感谢另一些朋友和同事,他们给了我多种多样且有价值的建议:杰弗里·亚历山大(Jeffrey C. Alexander)、西格蒙德·戴蒙德(Sigmund Diamond)、保罗·迪马吉奥(Paul DiMaggio)、苏珊·盖尔(Susan Gal)、阿尔伯特·赫希曼(Albert O. Hirschman)、詹娜·魏思曼·乔斯力特(Jenna Weissman Joselit)、戴维·罗思曼(David J. Rothman)、埃娃·莫拉夫斯卡(Ewa Morawska)、华康德（Loic Wacquant）以及伊维塔·泽鲁巴维尔（Eviatar Zerubavel）。

在过去的几年，我在许多大学的研讨班、工作小组和会议中讨论了此书的一些章节。因此收到了不少有用的评论，我感谢罗素塞奇经济社会学研讨班、普林斯顿大学社会学系经济社会学工作坊、普林斯顿伍德罗·威尔逊基金会会员协会、巴黎社会科学高等研究院皮埃尔·布迪厄的研讨班，以及国家人文中心有关礼物及其变迁的会议，同样也感谢芝加哥大学、哥伦比亚大学、纽约城市大学研究生院、哈佛大学、社会研究新学院、纽约大学、宾夕法尼亚大学、耶鲁大学和雪城大学麦克斯韦尔公民资格与公共事务学院的专心致志的听众们。

这项研究在最初阶段得到了国家人文资助暑期基金的支持。1987年至1988年，我在罗素塞奇基金会访学一年，基金会提供了远超慷慨的支持和一个理想的工作环境；在那里，我遇到了一群令人愉快的同事和朋友，我同他们一起讨论我的"金钱"问题。尤其是罗伯特·默顿（Robert K. Merton）和埃里克·华纳（Eric Wanner）他们提出了追根究底的重要问题。宝琳·罗斯坦（Pauline Rothstein）和她的职员提供了众多而高效的图书馆资源协助。

作为1988年以来我的学术之家，普林斯顿大学充分鼓励这一研究项目的完成，包括提供了让我暂别工作而专注于本书的时间。我特别感谢马文·布雷斯勒（Marvin Bressler），社会学系的系主任，因为他以各种方式帮助我，包括组织上的和知识上的。辛迪·吉普森（Cindy Gibson）、布兰奇·安德森（Blanche

Anderson）和唐娜·德弗朗西斯科（Donna DeFrancisco）以高效和关照给我提供了无可估量的实际支持。

在基本图书公司（Basic Books），我要感谢与柯米特·赫梅尔（Kermit Hummel）和马丁·克斯勒（Martin Kessler）的合作，也要感谢希拉·弗里德棱（Sheila Friedling）的编辑技能。

三位杰出的研究助理在这一研究的不同阶段与我一起工作：早期阶段的罗桑·洛凡拖·巴（Rosann Rovento Bar），中间漫长岁月的维多利亚·查普曼（Victoria Chapman，一位了不起的艺术品鉴赏家），收尾阶段的特蕾西·斯科特（Tracy Scott）。凯·索契（Kei Sochi）和卡蒂·皮尔斯（Katie Pears）也提供了来自图书馆的协助。

同样，我也要感谢我的家人：我的兄弟埃德加多·罗特曼和莱昂德罗·罗特曼提供了智慧的论证，并发现了许多有用的参考资料。本书的写作开始时，我的儿子朱利安作为一个十几岁的少年，以其计算机技术帮助我，最近则作为一名研究生，以其宝贵的批评和建议帮助我。我要感谢杰瑞·泽利泽，他在我撰写本书的忙碌岁月中提供了慷慨的支持和耐心。我的父母，罗西塔·罗特曼和胡里奥·罗特曼，给予了我此项研究中必不可少的陪伴。没有我母亲的鼓励，这本书不可能存在。

1
金钱的标记

金钱是多种多样的。尽管有"一美元的美元它就是一美元"这样常识性的观点,但无论目之所及为何处,我们总能看到人们在不断创造不同种类的金钱。本书将解释人们应对各种各样的社会关系时,识别、归类、组织、使用、区分、制造、设计、储存甚至装饰金钱的各种明显不同的方式。在这个时代,把金钱当作一种单一的、可交换的、完全不受个人感情影响的工具的种种思想观念非常强大,而这恰恰也是我们这个理性化的现代文明的本质。在齐美尔看来,金钱的"无色"(colorlessness)在19世纪与20世纪之交将现代世界重新描绘成了"如出一辙的单调和灰白"。种种隽永的微妙差别被全新的定量逻辑赶尽杀绝:只问"多少",不关心"是什么"以及"怎么样"。或者像格特鲁德·斯泰因① 几十年后简洁明了的表述那样:"不管你喜欢不喜欢,钱就是钱,除此之外,无关其他。"②

　　从这一概念出发,金钱还具有毁灭性(会摧毁很多东西):

---

① 格特鲁德·斯泰因,美国诗人。
② Georg Simmel, *The Sociology of Georg Simmel*, ed. Kurt H. Wolf (Glencoe, Ill.: Free Press, [1908] 1950), p. 414; Georg Simmel, *The Philosophy of Money*, trans. Tom Bottomore and David Frisby (London: Routledge & Kegan Paul, [1900] 1978), p. 259; Gertrude Stein, "Money," *Saturday Evening Post*, 208(July 13, 1936): 88. 为了减少脚注的数量,我会在每个段落末尾的脚注中将引用条目按照正文中的引用顺序逐条列出。

它将不可避免地用计算的、工具性的纽带替换私人关系；用物质主义的关切腐蚀文化意义。确实，从卡尔·马克思到于尔根·哈贝马斯，从格奥尔格·齐美尔到罗伯特·贝拉，这些西方国家商业化过程的观察者都认为，他们见证了金钱不可抗拒的扩散所导致的毁灭性后果：社会联结（social tie）不可避免地变得同质化和扁平化。保守主义者们痛斥繁荣带来的道德堕落，激进主义者们则谴责资本主义的去人性化，但他们都不约而同地将日益膨胀的金钱关系（cash nexus）视为万恶之源。

本书考察了1870年至1930年间，美国社会在金钱的公共用途和私人用途方面所发生的变化。如果以现金能够买到多少商品和服务为尺度，那么在20世纪，美国人的生活毫无疑问是进一步商业化了。然而问题是，货币性交易的扩张是否按照它应当的方式发挥了作用，是否导致了通常会随之而来的后果。随着货币性交易与日俱增，社会生活是否变得冰冷、疏远、工于算计？一直以来，对于这些问题的回答都是一个大写的**"是"**。本书将挑战这些根深蒂固的预设。本书将呈现，在金钱前进的每一步中，人们如何重塑他们的商业交易；如何引入新的区分；如何发明他们自己的特殊货币；如何以让市场理论家们炫目的方式为金钱指定不同的用途；如何将金钱整合进友谊、家庭关系与权力机构的互动，以及借助商店和企业编织而成的个人化网络。

举例来说，思考一下我们如何将一笔彩票奖金同一份平常的工资或者一笔遗产继承区分开。在股市中赚到的1000美元比起从银行抢到的1000美元或者向朋友借的1000美元，并不一样"算数"。一个挣工资的人拿到的第十几笔薪水甚至第二笔薪水都不能与其第一笔薪水相等同。我们在一次事故之后拿到的赔偿金同出书之后拿到的版税大不一样。进一步地,即使是版税,在道德上一本杀人凶手回忆录的版税与科学著作的版税也不会被视为等同。

不同于"良心钱","脏钱"因其来源在道德上显得可疑而受到污染。这才有了这个到处可见的比喻:洗钱。通过卖淫赚来的钱是脏钱的一个鲜明例证。一项对奥斯陆色情行业的研究发现,当地的色情从业者中存在一种"分裂经济"(divided economy):救济金、保健福利或者其他的合法收入要精打细算,用于"正常生活"的开销,比如支付房租以及其他账单。而卖淫得来的收入则会被挥霍在"寻欢作乐"上:吸毒、喝酒、买衣服。自相矛盾的是,研究中提到,性工作者们"一边费尽心思,拼拼凑凑,算计着永远不可能够用的合法收入,另一边却成千上万地花钱'寻欢作乐'"。脏钱似乎"会烧穿你的口袋,得赶快花掉"。[1]

马蒂是20世纪50年代费城一个黑帮的新成员,他为金钱的道德标记提供了一个不同的版本。当他的家庭服务社工问他,为什么捐钱给教堂的时候要用他妈妈给他的25美分而不用黑帮抢来的钱,马蒂的回答非常明确:"啊不,那些钱是坏的,不是良心钱。"他妈妈辛苦赚来的钱是"良心"的,"是可以献给上

---

[1] Cecilie Hoigard and Liv Finstad, Backstreets: *Prostitution, Money and Love* (Cambridge: Polity Press, 1992), p. 49.

帝的"，①而偷来的钱则是被玷污的。不过有时候，通过把一部分"脏钱"捐给一些有价值的事业，"脏钱"可以在道德上得到净化。但试想，与一笔官方捐赠、一笔教堂募款、一笔犹太教堂会费，或者大学收到的一笔遗赠相比，前面提到的这笔捐款有什么不同？还有更多种类的金钱作为各种各样的礼物来来往往：给侄子婚事的一笔钱、给员工的圣诞礼金、给孩子的光明节礼金，还有给服务员的小费。在家庭内部，妻子的收入通常区别于丈夫的收入，当然也区别于孩子的收入。而孩子的收入也有很多不同的含义：家长给的零用钱跟看孩子赚来的钱不一样。

最后，想想我们发明的用于交换的一系列不同寻常的东西的金钱：给穷人的食物券、给普通消费者的优惠券、给囚犯的监狱购物券、一些精神病患者在接受治疗时使用的代币、②士兵使用的军票、赌徒使用的筹码、机构食堂使用的饭票、人们在节日时会用到的礼品券。无论是政府发行的货币还是为特定目的而设计的其他形式的金钱，都会存在区分和用途的多元化（multiplication）。

但我们对于金钱的社会生活所知甚少。社会科学家在处理金钱时显得自相矛盾：虽然金钱被认为是现代社会的一项基本要素，但它尚未在社会学的范畴内接受分析。金钱被忽视了，

---

① Carl Husemoller Nightingale, *On the Edge: A History of Poor Black Children and Their American Dreams* (New York: Basic Books, 1993), p. 36.
② "代币券法"（token economy），又称"标记奖励法"，是指在治疗严重精神疾病患者的过程中采用的一种治疗方法，此疗法根据操作性条件反射的原理，用奖励的方法强化所期望的行为——译者注。

就像兰德尔·柯林斯所说，"它似乎还不够社会学"。《国际社会科学百科全书》有关金钱的篇幅超过三十页，但没有一篇是关于其社会特征的。关于金钱的经济效用、数量理论、流通速度、货币制度改革的论文众多，但没有人研究被西米昂（Simiand）敏锐地称为"社会现实"（réalité sociale）的金钱。奇怪的是，尽管社会学家们早就认可了社会时间和社会空间的概念，社会金钱却被他们忽视了。举例来说，索罗金（Sorokin）的《社会文化因果关系、空间与时间》（*Sociocultural Causality, Space, Time*）中用单独的章节分别讨论了时间和空间在性质层面的异质性，但对于金钱可能存在的多重象征意义，书中只有几句推断性的陈述。①

---

① Randall Collins, review of *The Bankers* by Martin Mayer, *American journal of Sociology* 85 (1979): 190; Francois Simiand, "La monnaie, réalité sociale," *Annales Sociologiques*, ser. D (1934): 1-86; Pitirim A. Sorokin, *Sociocultural Causality, Space, Time* (Durham, N.C.: Duke University Press, 1943). 若想考察其他领域存在的区分现象的道义经济学，参见 Pierre Bourdieu, *Distinction* (Cambridge: Harvard University Press, 1984); Eviatar Zerubavel, *Hidden Rhythms* (Berkeley: University of California Press, 1985) and *The Fine Line* (New York: Free Press, 1991); Michele Lamont, *Money, Morals, and Manners* (Chicago: University of Chicago Press, 1992)。可以肯定的是，社会学家已经在各种经验环境中认识到货币的象征意义和社会意义，但只是以一种特别的方式。比如，在其对波士顿西区的经典研究中，威廉·怀特（William F. Whyte）指出，帮派的领导在其追随者身上花的钱要比他们从追随者那里得到的更多。怀特评论道："金钱关系必须用社会术语进行解释。" *Street Corner Society* (Chicago: University of Chicago Press, [1943]1967), p. 258. 但他并没有在这个问题上走得更远。若想了解更广泛的对于货币的处置，参见 Simon Smelt, "Money's Place in Society," *British journal of Sociology* 31(1980): 205-23; Bryan S. Turner. "Simmel,（转下页）

结果，作为智识建构的金钱至今仍主要局限于经济学家的领域。在他们的世界中，不受限制的个体在市场交易中作为理性参与者行动，只分辨价格和数量。在这个不带情感的领域中，所有金钱都是一样的。可以肯定的是，托斯丹·凡勃伦（Thorstein Veblen）提醒我们注意用金钱所购买的物品的社会意义；而最近一篇有关消费文化的新文献大胆地颠覆了我们对于现代商品的理解。① 这种新的修正主义路径解释了商品的象征意

（接上页）Rationalisation and the Sociology of Money," *The Sociological Review* 34 (1986): 93-114; Heiner Gansmann, "Money-A Symbolically Generalized Medium of Communication? On the Concept of Money in Recent Sociology," *Economy and Society* 17 (August 1988): 285-316; Wayne Baker, "What Is Money? A Social Stn1ctural Interpretation," in *Intercorporate Relations*, ed. Mark S. Mizruchi and Michael Schwartz (New York: Cambridge University Press, 1987), pp. 109-144; Wayne Baker and Jason B. Jimerson, "The Sociology of Money," *American Behavioral Scientist* 35 (July/August 1992): 678-93; Mark S. Mizruchi and Linda Brewster Stearns, "Money, Banking, and Financial Markets," *Handbook of Economic Sociology*, ed. Neil Smelser and Richard Swedberg (Princeton, N.J.: Princeton University Press and New York: Russell Sage Foundation, forthcoming). 有关货币和宗教的关系，参见 Robert Wuthnow, "Pious Materialism: How Americans View Faith and Money," *The Christian Century*, March 3, 1993, 238-42; 以及 *God and Mammon in America* (New York: Free Press, forthcoming)。对功利主义金钱观念具有挑战性的、扎根于历史的替代品，参见 William Reddy, Money and Liberty in Modern Europe (New York: Cambridge University Press, 1987)。对金钱意义的多学科讨论，参见 "The Meanings of Money, " ed. Kenneth O. Doyle, *American Behavioral Scientist* 35 (July/August 1992)。有关文学对金钱的解读，参见 Marc Shell, *Money, Language, and Thought* (Berkeley: University of California Press, 1982).

① Thorstein Veblen, *The Theory of the Leisure Class* (New York: Mentor, [1899] 1953). 关于消费的文化、社会和历史方面，参见 Talcott Parsons and Neil Smelser, *Economy and Society* (New York: Free Press, 1956); Bernard（转下页）

义，但很奇怪地忽视了文化独立性和金钱的力量。

讽刺的是，大众对于金钱的认知似乎要比社会学学界更加睿智。在日常生活中，人们明白，金钱并不完全是**可互换的**（*fungible*）。尽管纸币本身具有匿名性，但并非所有的金钱都是等价或者可以交换的。我们惯常为特定的金钱赋予不同意义并指定用途。有时候这种标记会非常具体。举例来说，雷恩沃特（Rainwater）、科尔曼（Coleman）和汉德尔（Handel）在他们有关美国工薪阶层家庭主妇的研究中，描述了主妇们如何小心翼翼地"用易拉罐记账"（tin-can accounting）：将用于不同开支

（接上页）Barber, *Social Stratification* (New York: Harcourt, Brace & World, 1957), chap. 7; Lee Rainwater, *What Money Buys* (New York: Basic Books, 1975); Mary Douglas and Baron Isherwood, *The World of Goods* (New York: Norton, 1979); Richard W. Fox and T. J. Jackson Lears, eds., *The Culture of Consumption* (New York: Pantheon, 1983); Michael Schudson, Advertising, *The Uneasy Persuasion* (New York: Basic Books, 1984); Pierre Bourdieu, *Distinction* (Cambridge: Harvard University Press, 1984); Daniel Horowitz, *The Morality of Spending* (Baltimore, Md.: Johns Hopkins University Press, 1985); Arjun Appadurai, ed., *The Social Life of Things* (New York: Cambridge University Press, 1986); Daniel Miller, *Material Culture and Mass Consumption* (Oxford: Blackwell, 1987); Simon Bronner, ed. *Consuming Visions* (New York: Norton, 1989); Susan Strasser, *Satisfaction Guaranteed: The Making of the American Mass Market* (New York: Pantheon, 1989); Martha L. Olney, *Buy Now, Pay Later* (Chapel Hill: University of North Carolina Press, 1991); Thomas J. Schlereth, *Victorian America: Transformations in Everyday Life, 1876-1915*, chap. 4 (New York: Harper Collins, 1991); Vincent Vinikas, *Soft Soap, Hard Sell: American Hygiene in an Age of Advertisement* (Ames: Iowa State University Press, 1992); Stanley Lebergott, *Pursuing Happiness: American Consumers in the Twentieth Century* (Princeton, N.J.: Princeton University Press, 1993).

的钱放在不同的易拉罐或者信封中。用来还房贷的钱，用作日常开销的钱，用在娱乐活动上的钱……诸如此类，都被分开保管。巴基（Bakke）在其对20世纪30年代失业工人里程碑式的研究中，记录了主妇们用不同的瓷罐为不同来源的家庭收入指定特定的用途。比如，出租多余房间收来的房租可能要用来还房贷，而孩子赚来的钱则去买校服。此外，让·莱芙（Jean Lave）告诉我们，加利福尼亚奥兰治郡的居民仍然在家里保留有很多种不同的"现金储备"："一般来说，家长的皮夹子里的钱是一类，孩子的贴补和存钱罐里的钱是一类，茶壶一类的东西装的钱是'小额基金'，盘子里装的零钱给停车计时器和洗衣房投币"；还有"要存出来的钱"，包括圣诞储蓄，以及为比如房产税和其他税款、度假开支还有家庭保险和汽车保险设置的账户。①

金钱的这些实实在在的变体表明，我们面对着一个严肃的问题：金钱究竟是怎样起作用的？人们如何、何时、为何对金钱进行如此种种的区分？而首先，那些理论家们为什么要如此顽固地坚持他们对金钱的错误观点？

---

① Lee Rainwater, Richard P. Coleman, and Gerald Handel, *Workingman's Wife* (New York: Oceana Publications, 1959), pp. 154-67; E. Wright Bakke, *The Unemployed Worker* (Hamden, Conn.: Archon Books, (1940] 1969), pp. 142-3; Jean Lave, *Cognition in Practice* (Cambridge, Eng.: Cambridge University Press, 1988), pp. 132-3.

市场货币:功利主义的观点

货币化,即利用金钱支付的商品与劳动在所有商品与劳动中的占比的增加,几个世纪以来愈演愈烈。很多18世纪的思想家认为经济的货币化可以与维持道德完备的社会生活共存甚至互补。① 但是,改变现代社会的金钱力量引发了19世纪和20世纪初社会理论家的想象。古典社会思想家非常担心不断扩张的市场无情地侵入并夺走所有的社会空间,他们认为,被马克斯·韦伯称为"人类生活中最抽象、最'非人格化'的元素"的金钱正在引领理性化进程。金钱是将现代生活祛魅的不讲情理的魔杖。在齐美尔的观察中,金钱将世界变成了一个"算术问题"。② 从纯粹的技术层面来看,金钱计算的确推进了非个人的理性经济市场。但是传统的社会思想家主张,金钱的力量能够穿透市场:金钱,更加引人注目地,成为了现代社会生活中

---

① 参见 Albert O. Hirschman, *The Passions and the Interests* (Princeton, N.J.: Princeton University Press, 1977); Allan Silver, "Friendship in Commercial Society: Eighteenth-Century Social Theory and Modern Sociology," *American Journal of Sociology* 95 (May 1990): 1474-504.

② Max Weber, "Religious Rejections of the World and their Directions," in *From Max Weber: Essays in Sociology*, ed. H. H. Gerth and C. Wright Mills, (New York: Oxford University Press, [1946] 1971), p. 331; Simmel, *The Sociology of Georg Simmel*, p. 412. 关于社会学家长期以来对"现金关系"的社会后果"痴迷的关注",参见 Bruce Mazlish, *A New Science* (New York: Oxford University Press, 1989).

充斥着的工具理性主义的催化剂。在《货币哲学》中,格奥尔格·齐美尔用他的观察将这一19世纪的观点进行了总结:"金钱完全无情的性质能够通过我们的社会文化反映出来,而我们的社会文化本身又是由金钱决定的。"①

因此,社会理论的任务就是解释金钱无可匹敌的革命性力量。这很可能源于金钱对价值观的漠视。金钱被认为是一种工具性和计算性取向的样板,用齐美尔的话说,是"各种工具最纯粹的具体化(reification)"。它也被齐美尔认为象征了现代生活的一种主要趋势——即将质化约为量,"这种趋势在金钱中达至其最完美的再现"。齐美尔认为,只有金钱"不受任何质的约束,而仅由数量决定"。有了金钱,物品间所有质的差别,都被等价地转变为数量上可以计算的"数字系统"。②

这种"永不妥协的客观性"使金钱能够成为现代经济中"技术上完美的"交换媒介并发挥功用。不受任何主观限制,不在意任何"特定利益、来源或者关系",金钱的流动性和可分性是无限的。齐美尔称,金钱的本质是其"无条件的可交换性,和使任意一样东西都可以与其他东西交换的内部一致性"。这样

---

① Simmel, *The Philosophy of Money*, p. 346. 自1978年首次得到翻译以来,齐美尔的书越来越受到国际关注,参见 David Frisby 的第二版序言(New York: Routledge, 1990), pp. xv-xli; David Frisby, *Simmel and Since: Essays on Georg Simmel's Social Theory* (New York: Routledge, 1992), chap. 5; Gianfranco Poggi, *Georg Simmel's Philosophy of Money* (Berkeley: University of California Press, 1993); *A propos de "Philosophie de l'Argent" de Georg Simmel*, ed. Jeans-Yves Grenier et al. (Paris: L'Harmattan, 1993).
② Simmel, The Philosophy of Money, pp. 211, 280, 279, 444.

一来，金钱就扮演起了一个理性的、非个人化的市场中恰当且中立的媒介，"用抽象的数量措辞……表达物品之间的经济关系，而金钱本身却不会进入这些关系"。① 对于那些在金钱的使用方面存在的非经济限制，齐美尔毫不含糊地将其驳斥为残余的返祖现象："那些将特定数额的金钱视为'沾染了血污'或者受了诅咒的观念，不过是随着金钱的日渐冷漠而丧失意义的多愁善感。"随着金钱成为无关其他的"纯粹的金钱"，它的自由无法动摇，它的用途无边无际。②

现代生活的客体化具有双重影响。一方面，齐美尔认为，货币经济通过允许每个个体自由地决定经济交易中的条款，选择经济交易的伙伴，打破了传统格局中个人的约束。但是，在金钱的量化炼金术中还包含着另一种不祥的化学反应。马克思在他早期的一篇文章中告诫人们，金钱变革性的力量将会扭曲现实："（货币）是一切自然的品质和人的品质的混淆和替换……能把任何特性和任何对象同其他任何即使与它相矛盾的特性和对象相交换，货币能使冰炭化为胶漆，能迫使仇敌互相亲吻。"③ 作为终极的对象化的推动者——"商品之神"，金钱不仅抹杀了对象与个体之间所有的主观联系，还使个人关系简化为"现金

---

① 同上，第 373、128、441、427、125 页。
② 同上，第 441、444 页。
③ 译文引自《马克思恩格斯文集·第一卷》，人民出版社，2009 年 12 月版——译者注。

关系"。① 事实上，马克思在《政治经济学批判大纲》和《资本论》中主张，货币拜物教是商品拜物教最"耀眼"的形式。人与人的社会关系蜕变为物与物的物质关系，这一"扭曲的"过程与金钱一同到达顶峰。其他商品也许能够保有更多的"自然价值"或者"使用价值"，从而拥有些许独特的品质。但是因其纯粹的交换价值，金钱必然地要求一种"无意义"的形式，这反过来中和了商品之间所有可能的质的差别。马克思指出，在货币形式下，"所有的商品看起来都是一个样子"。而且，更加不妥的是，金钱甚至将全无实用性的无形的对象，例如良心或荣誉，转变为普通商品。因而，无价本身也屈服于价格。"甚至罗马法的传统中圣者的骸骨不可交易的原则（extra commercium hominum）都不能抵挡这种炼金术"。②

因此，金钱对于马克思来说是一种不可抵抗而且"激进的平均主义者（leveler）"，入侵到社会生活的所有方面。通过将所有质的差别同质化并把它们变成抽象的数量，金钱使"不可相容的（事物）得以相互转化"。半个世纪后，齐美尔肯定了马克思

---

① Karl Marx, "The Power of Money in Bourgeois Society," *The Economic and Philosophic Manuscripts of 1844* (New York: International Publishers, (18441 1964), p. 169; *Grundrisse* (New York: Vintage, [1858-59] 1973), p. 221.
② Marx, Grundrisse, p. 222; Karl Marx, *Capital*, vol. 1, ed. Friedrich Engels (New York: International, [18671 1984), pp. 96, 103, 111, 132, 105; Karl Marx, *A Contribution to the Critique of Political Economy*, ed. Maurice Dobb (New York: International, [1858] 1972), p. 49. 亦可参见 "Money," in *A Dictionary of Marxist Thought*, ed. Tom Bottomore (Cambridge, Mass.: Harvard University Press, 1983), pp. 337-40.

的判断,把金钱称作"可怕的平均主义者"。金钱扭曲了个人价值和社会价值的独特性:"金钱的无色和冷漠……掏空了事物的内核……它们独特的价值,和它们的不可兼容性。"确实,在他对卖淫的研究中,齐美尔承认,"在金钱本身的性质中,似乎存在卖淫的本质"。齐美尔指出,在所有各种社会关系中,卖淫是"关系双方一起堕落为单纯的工具的最为触目惊心的例子",货币经济——"最严格意义上的'工具'经济"——也就与卖淫联系了起来。马克斯·韦伯也指出,理性的货币经济与个人之间的联结存在根本的对立,在他眼中,"现代资本主义经济越是遵循其自身固有的法则,其与手足之情的宗教伦理的隔阂也就越深"。①

经济学家和社会学家查尔斯·库利在他1913年发表的一篇论文中为金钱进行了辩护。他承认金钱关系在现代社会中的增长,但并不认为金钱必然是非金钱价值的敌人。相反,库利提出,"万物皆有价这一原则应当被推广而不是被限制……金钱价值与道德价值和美学价值处在同一个一般系统之下,而将道德价值和美学价值置于市场之上则正是金钱价值的功能",这话让库利听起来像是阿尔伯特·赫希曼口中"香槟贸易"(doux commerce)理论的支持者,该理论将市场视为有道德的行动者。比如荣誉,"很多人都会把荣誉视为那些在金钱世界之外的价值观中的一种",但库利认为,荣誉"可能会让一个人存钱偿还债务,而耽于声色(sensuality)则会让他把钱花在一顿可口的晚

---

① Marx, *Capital*, p. 132; *Grundrisse*, p. 163; Simmel, *The Sociology of Georg Simmel*, p. 414; *The Philosophy of Money*, p. 377; Weber, *Religious Rejections*, p. 331.

餐上"。在这个例子中,"我们用金钱买来自己的荣誉"。库利总结道,进步并不在于贬低以金钱为尺度的估价,而是确保对金钱的道德约束:"美元需要的是改革而不是压制。"①

在他的反对意见中,库利表达了和其他一些经济学家相同的观点。这些经济学家将金钱视为现代经济理性化的主体,而且并不一定会招致腐化堕落。例如,伟大的经济学家阿尔弗雷德·马歇尔在1885年宣称:"在我们生活的这个世界中,金钱,作为代表性的一般购买力,堪称是对动机最好的度量方式,无人能敌"。根据马歇尔的实用主义伦理,"我们通常使用金钱来诱惑一个人帮我们做些事"这一事实,并不意味着慷慨和责任感的消失,这只是说明金钱充当了"支配人们在日常生活中的行动的普通动机"②的最有效率的度量方式。

韦斯利·米切尔,这位相当有影响力的美国经济学家,继承了马歇尔的观点,他强调,金钱的使用对社会来说是"极好的理性化习性",不仅能够形塑人们的客观经济行为,还会改变他们的"主观生活"。不过,一旦涉及家庭这一亲密世界,米切尔的观点就会动摇。商业中"需要考虑的……只有事物的金钱价值,而金钱价值永远都能够以一种有秩序、系统化的行事方式进行结清、比较和调整",而家庭内部的金钱结算则有些不

---

① Albert O. Hirschman, *Rival Views of Market Society* (New York: Viking, 1986); Charles H. Cooley, "The Sphere of Pecuniary Valuation," *American journal of Sociology* 19 (September, 1913): 202, 191, 203. 在另一篇论文 "The Institutional Character of Pecuniary Valuation" 中,库利强调了货币估值的制度背景。

② Alfred Marshall, "The Present Position of Economics (1885)," in *Memorials of Alfred Marshall*, ed. A. C. Pigou (London: Macmillan and Co., 1925), p. 158.

同，属于更加"落后"的一种："收益不像商业企业的利润一样能化约为美元"。因此，一个家庭主妇如何能够有效地比较她的"成本和收益"？通过引入具有主观价值的无法度量的事务，家庭价值观必然扭曲了市场的理性和效率。①

熊彼特也提到了资本主义会"拔高"金钱，将其变为一种"理性的成本收益计算工具"，延伸至经济部门之外，成为"一种逻辑、态度或者方法。然后开启其征服者的事业，征服——理性化——人的工具和人生观，其医疗实践，其对宇宙的描绘，其对生活的愿景，事实上的一切，包括他们有关美和正义的概念和他们在心灵方面的志向"。不过，熊彼特一方面表示资本主义的进程导向了"实用主义，并导致意义被大规模摧毁"；另一方面，在最近发表的关于金钱的讨论中，他和米切尔一样，都承认有一种领域：它独立于理性的经济行为领域，在那里，金钱在文化上并非一无是处，因为货币也被用作有意义的仪式物品。不过，金钱的这种"文化意义"仅在一些特殊的情况下才有价值，"以其对人们金钱方面的实际行为产生的影响为范围"。②

功利主义的模型曾经深刻影响了对金钱的理论分析。当代社会学仍然坚持这些看法：金钱具有完全的可互换性，在性

---

① Wesley C. Mitchell, "The Role of Money in Economic Theory (1916)," *The Backward Art of Spending Money and Other Essays* (New York: Augustus M. Keeley, 1950), p. 170; Mitchell, "The Backward Art of Spending Money (1912)," in *The Backward Art of Spending Money*, p. 13.

② Joseph A. Schumpeter, *Capitalism, Socialism and Democracy* (New York: Harper and Row, [19421 1962), pp. 123-4, 129; "Money and Currency," *Social Research* (Fall 1991): 521-22.

质上绝对中性，无限可分，是完全同质的市场交换中介。举例来说，詹姆斯·科尔曼构建了一套极为复杂的有关社会交换的分析，却继续把金钱视为根本没有个人色彩的共同标准（denomination）。即使分析者意识到了现代货币的象征性维度，他们也无法完全超越功利主义的框架。以塔尔科特·帕森斯为例，他明确而有力地呼吁建立一门"货币社会学"，把金钱与政治权力、影响力和价值承诺一起，均作为社会交换一般化的符号媒介。不同于马克思将金钱定义为"财富的物质代表"，在帕森斯的媒介理论中，金钱是一种符号语言——是一种全无使用价值的表意符号，而不是商品。但帕森斯将金钱的象征性局限于经济领域。帕森斯主张，金钱是"经济价值的符号'化身'，而经济价值也被经济学家们在专业意义上称为'效用'"。[1]因此，帕森斯的媒介理论完全没有涉及市场之外的金钱的符号意义，也就是超出效用范畴的金钱的文化和社会意义。

安东尼·吉登斯批评帕森斯错误地将权力、语言和金钱等同起来，因为对吉登斯来说，金钱与社会生活的关系截然不同。他将金钱视为一种"符号标志"，是"与现代性关联的脱域机制"的一个关键范例——将社会关系与特定的时间和地点相分

---

[1] James Coleman, *Foundations of Social Theory* (Cambridge, Mass.: Harvard University Press, 1990), pp. 119-31; Talcott Parsons, "Higher Education as a Theoretical Focus," in *Institutions and Social Exchange*, ed. Herman Turk and Richard L. Simpson (New York: Bobbs-Merrill, 1971), p. 241; "Levels of Organization and the Mediation of Social Interaction," 同前书., pp. 26-27; "On the Concept of Influence," Sociological Theory and Modern Society (New York: Free Press, 1967), p. 358; Marx, *Grundrisse*, p. 222.

离。于尔根·哈贝马斯甚至主张,金钱是经济系统借以"殖民"日常生活世界的中介,无法抑制地、系统化地削弱了"依赖社会整合的行动领域"。因此,社会学家们在显著缺乏怀疑精神的情况下,仍然接受这一观念:一旦金钱侵入个人关系的领域,它就会无可避免地使社会关系转向工具理性。①

因此,一个世纪以来,这种对金钱的盛行解读塑造了市场货币的一种绝对模型,这一模型基于以下5个假设:

1. 金钱的功能和特征以经济学术语严格定义。金钱是市场交换无与伦比的工具,它完全均一,无限可分,具有流动性,没有质的差别。即使在金钱的符号意义被承认的时候,它仍是要么被限制在经济领域,要么被当作一种微不足道的特征。

2. 现代社会中所有的金钱都是一样的。被齐美尔称为金钱的"性质上的共产主义特征"② 不承认任何不同类型的金钱之间

---

① Anthony Giddens, *The Consequences of Modernity* (Stanford, Calif.: Stanford University Press, 1990), pp. 22, 25, 21; Jurgen Habermas, *The Theory of Communicative Action*, vol. 2 (Boston: Beacon Press, 1989), p. 327. 有关对哈贝马斯不同的批评,以及帕森斯和卢曼对货币的处理,特别是对权力和不平等的忽视,参见 Gansmann, "Money-A Symbolically Generalized Medium of Communication?" 关于无限制的货币化的社会危害的其他陈述,参见 Richard M. Titmuss, *The Gift Relationship* (New York: Vintage, 1971); Fred Hirsch, *Social Limits to Growth* (Cambridge, Mass.: Harvard University Press, 1978); Michael Walzer, *Spheres of Justice* (New York: Basic Books, 1983); Eugene Rochberg-Halton, *Meaning and Modernity* (Chicago: University of Chicago Press, 1986), chap. 10.

② Simmel, *Philosophy of Money*, p. 440.

的差别。以为金钱只可能有数量上的不同。因此，只存在一种金钱——市场金钱。

3. 金钱与非金钱的价值之间存在鲜明的二分。现代社会中的金钱在本质上被定义为世俗而功利的，这与非工具性的价值恰好相反。金钱在质上是中性的；而个人价值、社会价值和神圣价值在质上截然不同，不可交换且无法分割。

4. 在人们眼中，金钱问题在不断放大和量化生活的所有领域，并使其经常处于腐化堕落当中。作为交换的抽象中介，金钱不止有自由，而且也有力量将越来越多的货物和服务拖入市场之网当中。如此，金钱就成了无可避免的社会商品化的载体。

5. 金钱改变非金钱价值的能力无人置疑，但价值或者社会关系对金钱的反向改变，却极少得到概念化，或者干脆未得到考虑。

社会生活的货币化会使均质性、精确性和计算性得到蔓延，这样的假设并非毫无道理。毕竟，货币经济与社会组织有着显著的不同。举例而言，货币经济推动了经济合作伙伴的大量增加，促进了合理的劳动分工。19世纪60年代至20世纪30年代，除了众多其他的金融创新，美国还产生了邮政汇票（1864年）、旅行支票（1891年）、固定价格（1860年代）、诸如"沃尔沃斯五分店/一角店"这样的固定价格商店（1870年代）、邮购目录（1870年代）、信用卡（1914年）、首部电子转账系统（1918年），以及诸如分期付款和信贷系统此类定期付款方案等更加密集的应用。①

创造市场货币

美国从 19 世纪开始积极地创造齐美尔所谓"无色的"货币，这是一种标准化的国家货币。美国是怎样做的？它对各州发行的上千种纸质货币征收无法承受的重税使其退出流通；压制由商店、企业、教堂和其他组织私自发行的代币、纸币或者硬币；杜绝了个人对货币的个性化改造。想想看，在 19 世纪，有至少五千种各不相同的各州银行纸币在市面上流通，这还不包括额外的几千种假币。由于不同州和不同银行的纸币价值（以及币面大小和样式）都各不同，商人和银行家们不得不靠银行票据目录来追踪种类繁杂的纸币的动态。显然，在那个时候，银行的客户普遍都会指定"用哪种货币提取存款或者偿还期票"。②

---

① 参见 James R. Beniger, *The Control Revolution* (Cambridge, Mass.: Harvard University Press, 1986), pp. 329, 331; Thomas J. Schlereth, "Country Stores, County Fairs, and Mail-Order Catalogues," in *Consuming Visions*, ed. Simon J. Bronner (New York: Norton, 1989), p. 364; Lewis Mandell, *The Credit Card Industry* (Boston: Twayne Publishers, 1990).

② Bray Hammond, *Banks and Politics in America* (Princeton, N.J.: Princeton University Press, [1957] 1967), pp. 702-3. 国家发行的纸币的异质性超越了他们多样的经济价值。银行也经常用反映人物或景观的精细设计来使纸币个性化，并反映其地方性。关于银行钞票的优秀示例集，参见 *Important Early American Bank Notes, 1810-1874, from the Archives of the American Bank Note Company* (New York: Christie's, 1990)。有关 18 世纪美国货币多样性的证据，参见 Alice Hanson Jones's *Wealth of a Nation to Be* (New York: Columbia（转下页）

政府决定消灭货币之间的差别。1863年的《联邦银行法》允许刚刚得到特许的国家银行创立统一的国家货币。几年之后，联邦政府对大量的各州银行纸币课以重税，以迫使它们退出流通领域。在此之前，国会迫于南北战争引发的金融危机，于1862年授权财政部印发了上百万的"林肯绿币[①]"（greenbacks），在国内作为法定货币[②]流通，这也是美国第一种没有黄金作为储备的纸币。但是，即使在《联邦银行法》之后，美国的货币储备仍然高度多样。新的国家银行券同其他内战期间发行的货币一起流通，不仅有林肯绿币，还有附息法定纸币、政府即期纸币、邮票代币和其他辅币，还有金币券和银币券（"黄币"，yellowbacks），更不必说传统的金币和银辅币（subsidiary silver）。在很多情况下，这些多种多样的官方货币都被标记了特定的用途。举例来说，绿币可以用于大多数支付，但不能支付进口关税，也不能偿还债券和票据的利息。而黄金虽然主要用于国际贸易，但也保留了一些国内的支付用途，比如关税。有限的

（接上页）University Press, 1980), pp. 8, 132-3。根据琼斯（Jones）的研究，金融资产的范围从债券和票据到金银币，再到每个特定省份所发行的当地纸币、英镑钞票，以及"Joe"或"Johannes"——一种葡萄牙金币、或者"八里亚尔币比索"（piece of eight）——一种西班牙币。人们经常按照当地货币被接受的估值使用实物支付；例如，在马里兰州和弗吉尼亚州，税收和其他债务可以用烟草的磅数进行结算。

① "林肯绿币"是指林肯在美国南北战争前为筹集战争资金，又试图避免向其他银行贷款所导致的巨额债务而发行的一种债券。因其背面印成绿色，故被称为"绿币"——译者注。

② Milton Friedman and Anna J. Schwartz, *A Monetary History of the United States, 1867-1960* (Princeton. N.J.: Princeton University Press, 1971), pp. 15-25.

地域差别仍然存在，比如西海岸仍然盛行用黄金进行支付。但从整体上看来，南北战争之后，美国采用了更加统一的法定货币。①

然而，货币的标准化并非顺理成章或毫无争议。事实上，为美国制定货币成为19世纪晚期美国社会最具爆炸性的政治和社会议题之一。值得注意的是，尽管内战后人民使用存款而不是现金的情况大量增加，但是讨论仍集中在流通货币的问题上。绿币是"真正的"钱吗？还是说只有"坚硬的"金属钱币才能充当真正的货币？黄金应该像单本位制论者提出的那样，被当作唯一"真正"的标准吗？或者说应该像"白银运动"的推动者维护的那样，把白银当作同样可靠的货币？国家银行券合法吗？还是像林肯绿币的支持者坚持的那样，只可以接受政府发行的货币？② 这些并不是单纯的文字游戏或者严格的技术差别，

---

① 有关各种流通货币，参见前注中的著作第 20—29 页。其他有限的可接受性的案例，参见 S. P. Breckinridge, *Legal Tender* (Chicago: University of Chicago Press, 1903), pp. 124-26; Arthur Kemp, *The Legal Qualities of Money* (New York: Pageant Press, 1956). pp. 59-93. Richard F. Bensel, in *Yankee Leviathan* (New York: Cambridge University Press, 1990)。班瑟尔（Bensel）将货币国有化视为内战期间和之后州的活动普遍中央化的进一步证据。然而，南方的货币仍然处于"令人难以置信的混乱状态"，因为各种纸币不仅由联邦发行，还由州和市政府以及州银行发行。Arthur Nussbaum, *A History of the Dollar* (New York: Columbia University Press, 1964), p. 123.

② John A. James, *Money and Capital Markets in Postbellum America* (Princeton, N.J.: Princeton University Press, 1978), pp. 22-27; Walter T. K. Nugent, *Money and American Society*, 1865~1880 (New York: Free Press, 1968). 亦可参见 Bruce G. Carruthers and Sarah Babb, "The Color of Money and the Nature of Value: Greenbacks and Gold in Postbellum America,"该文发表于美国社会学学会的年会上（1993 年，迈阿密）。

"货币问题"变成了激烈的公开辩论,将各社会群体推向不同极端并形塑了19世纪晚期美国社会的政治进程。创刊于1897年的《金钱》杂志"专门为简化美国当前的货币问题而设计",杂志中提到,选民们"突然被号召去消化众多观点和专业文章,任何之前没有涉猎过相关主题的人都会因此感到一头雾水"。确实,正如一位历史学家所指出的那样,"有关货币的形成和功能的讨论(成为)公共议题",① 这种情况只发生在了美国。

19世纪与20世纪之交,在自由白银运动(free-silver)支持者于1896年的选举中失败以及1900年的《金本位制法案》将金元确定为国家货币本位后,争议逐渐减弱。总之,在大约40年中,美国在很大程度上达成了货币的标准化,虽然直到1933年,国会才正式宣布美国所有硬币和纸币都是同等的法定货币。②

不过,制造货币并不完全是国家和各州的事务。有时,商

---

① "The Field for 'Money'," *Money* 1 (May 1897): 9; Nugent, *Money and American Society*, p. 167.

② Nussbaum, *A History of the Dollar*, p. 181. 努斯鲍姆(Nussbaum)指出,关于特定货币的诉讼减少是衡量货币日益增长的一致性的另一个指标,参见 Arthur Nussbaum, *Money in the Law* (Chicago: Foundation Press, 1939), pp. 59-60. 事实上,班瑟尔解释了"通过将美元作为公共债务和私人债务的'法定货币',联盟实际上在所有合同和交易中强制人们接受纸币,在这些合同和交易中,如果这些义务可以在法庭被强制,那么金钱就能被转手或花掉"; *Yankee Leviathan*, p. 162 n141。当然也有例外。迟至1864年,加利福尼亚州和内华达州仍然支持"特殊合同",允许使用特定种类的货币进行偿付。参见 Breckinridge, *Legal Tender*, pp. 126, 158-60, and Wesley Clair Mitchell, *A History of the Greenbacks* (Chicago: University of Chicago Press, 1903), pp. 142-44..

店、企业和其他组织——包括妓院——都会私自发行代币、纸币或者硬币。事实上,美国人经常足智多谋地制造出代用货币来应对小额钱币的周期性短缺。甚至还有"教堂币"这种例子,比如1792年纽约州斯克内克塔迪一间教堂发行的四便士纸币,还有同时期阿尔巴尼第一长老会教堂发行的代币。① 最著名的例子是商人的铜制分币——19世纪30年代的"困难时期代币",它们作为商业广告和小额零钱成功地发挥了作用。其他那些带有爱国口号和政治标语的代币以适时的讨论为经济交易赋予了生命力,它们经常讽刺杰克逊总统的政策。在南北战争期间,当银辅币本身含有的金属银的价值高于其币面价值时,个人发行的"滥发货币"(shinplasters)——都是小面额的纸币——以及上千种商人和政党的代币在日常交易中被用作替代货币。一位历史学家报告说,运输公司、宾馆、小酒馆、饭店、小商店"这些没有零钱无法正常营业的生意,不停地生产他们自己的货币"。例如,波士顿青年旅社发行了一套由宾馆经营者签发的面值15美分、25美分和50美分的支票。金币也同样有私自发行,在1830年与1860年之间的加利福尼亚州、佐治亚州以及其他一些州,个人发行的金币有数千枚。事实上,在1849年到1855

---

① Nussbaum, *A History of the Dollar*, p. 42; New York Times, September 10, 1989. 关于妓院使用的货币系统(the brass-check system),参见"Wage-Earning Pittsburgh," *The Pittsburgh Survey* (New York: Russell Sage Foundation, 1914), p. 360. 其他有关18世纪私人发行的硬币和代币的例子,参见 Thomas Wilson, *The Power "To Coin" Money: The Exercise of Monetary Powers by the Congress* (New York: M. E. Sharpe, 1992), pp. 72-73; Sylvester S. Crosby, *The Early Coins of America* (Lawrence, Mass.: Quarterman Publications, Inc. [1873] 1974).

年之间，私自发行的金币是加利福尼亚州的主要流通货币。①

政府开始行动，将私自发行货币的行为定性为违法行为。直到 19 世纪 60 年代，官方仍容忍或不理会私自发行的金属硬币；举例来说，美国宪法中没有相关禁令，19 世纪早期的反制假法律仅限制了对美国国家发行硬币中的欺诈性伪造或仿制行为，而不是私自发行货币的行为。但是在 1862 年，国家结束了这种宽容；当年有关邮资货币的法案认定滥发货币为非法行为，宣称任何"私人团体、银行协会、公司或个人"都不得发行或流通任何"用以作为货币流通的、小于 1 美元的票据、支票、备忘录、代币或其他债务"。为了满足对辅币——小额零钱——的迫切需求，国会将邮票转变为货币。②1864 年，对私人货币的法律限制进一步增加，而后，在 1909 年，私自发行货币的行为遭到最为强力的广泛禁止，这不仅针对私自发行与"合众国所发行的硬币相似"的货币，也针对"原创设计"的货币。违者面临不超过 300 美金

---

① Neil Carothers, *Fractional Money* (New York: John Wiley & Sons, 1930); rept. Bower and Merena Galleries (Wolfeboro, New Hampshire, 1988), p. 166, and Mitchell, *History of the Greenbacks,* pp. 160-61. 亦可参见 Lyman Haynes Low, *Hard Time Tokens* (San Jose, Calif.: Globe Printing Co., [1900] 1935); Roland P. Falkner, "The Private Issue of Token Coins," *Political Science Quarterly* 16 (June 1901): 303-27; B. W. Barnard, "The Use of Private Tokens for Money in the United States," *Quarterly journal of Economics* 31 (1917): 600-34。有关私人发行的金币，参见 Carothers, *Fractional Money,* p. 128; Wilson, *The Power "To Coin" Money,* p. 124.

② Carothers, *Fractional Currency,* pp. 195, 171, 341. 米切尔（Mitchell）在 *History of the Greenbacks,* p. 162 中提到，邮资货币法案没有阻止乡镇和城市的纸币的流通。

的罚款或者五年以下有期徒刑,甚至两者并罚。① 个人以欠条的形式发工资也遭到攻击。在 19 世纪晚期至 20 世纪早期,很多宪法性质和其他立法方面的"禁止商店代金券支付工资法"(store orders)或者"禁止实物支付工资法"(truck acts)支持劳动者有权以"法定货币"的形式得到劳动报酬,而不是"个人、商行、团体、公司"发放的那些通常只能在当地的公司商店兑现的欠条、优惠券、点数卡、代币或者交易券。

支持并推行一种单一且同质的国家货币被宣布为一项紧急任务;印第安纳州的一场法庭庭审称,政府"应当毫不退让地坚持其权利,以保护这种货币在全国范围内充当价值标准"。更有甚者,刚来到美国的新移民都会马上得到指引:"铸造货币的权利属于国会。"美国劳工部的《联邦公民培训教程》警告道,如果有人想"制造金属或者纸质货币,他们将面临巨额罚款以及数年有期徒刑"。② 同时,国家也针对个人擅自改造货币的行为采取了措施,拓宽了伪造和毁坏货币行为的范畴,比如开始

---

① Carothers, *Fractional Money,* pp. 195, 343; *Statutes at Large,* vol. 35, pt. 1 (Washington, D.C.: Government Printing Office, 1909), sec. 167, p. 1120

② *Hancock et al. v. Yaden,* 366 Supreme Court of Indiana at 371 (1889); Lillian P. Clark, *Federal Textbook on Citizenship Training,* Pt. 3: "Our Nation" U.S. Department of Labor, Bureau of Naturalization (Washington, D.C.: Government Printing Office, 1926), p. 64. 有关白条工资(scrip wages),参见 Knoxville Iron Co. v. Harbison, 183 U.S. 13 (1901). 虽然法院没有压制竞争性的货币,但法律规定,如果赚取工资的人做了选择,那么应以法定货币支付工资。当然也有反对意见;一些法院坚持认为,"以物易物法"(truck laws)干涉了劳动者的合同自由,因而侵犯了宪法赋予其的自由。参见 Ernst Freund, *The Police Power* (Chicago: Callaghan & Company, 1905), pp. 307-8.

追查 19 世纪晚期流行的美元纸币错视画。政府甚至禁止了在 19 世纪晚期非常普遍的在硬币上刻上抒情语句这一行为，将这种实践称作"损毁"。在 1909 年之后，一条禁止损毁硬币的法令将流行的"爱的象征"的礼物变成了非法货币。正如 1889 年 11 月印第安纳州最高法院宣称的那样，政府"有权利为全国提供一种货币，并通过税收和其他手段将所有其他流通媒介驱除"。①

这是一场失败的战斗。尽管美国国家在法定货币的实物形式上确实实现了相当程度的标准化和垄断，但是民众不断破坏

---

① *Hancock et al. v. Yaden,* 366 Supreme Court of Indiana at 372. 联邦经济情报局（The Secret Service）成立于 1865 年，在很大程度上控制了造假行为。有关假币的总体说明，参见 Laurence Dwight Smith, *Counterfeiting: Crime against the People* (New York: Norton, 1944); Murray Teigh Bloom, *Money Of Their Own* (New York: Charles Scribner's Sons, 1957). 在 *After the Hunt: William Harnett and Other American Still-Life Painters, 1870-1900* (Berkeley: University of California Press, 1969) 一书的第 82—83 页，阿尔弗雷德·弗兰肯斯坦（Alfred Frankenstein）讲述了哈奈特（Harnett）因其绘制美国财政部的纸币而与联邦经济情报局的冲突。关于具体的法案，参见 "Offenses against the Currency, Coinage, etc.," *Statutes atLarge, vol. 35, pt. 1 (Washington, D.C.: Government Printing Office, 1909), chap. 7, pp. 1115-22*。联邦经济情报局仍然很关注经过艺术加工的货币，在广为宣传的博格斯（J. S. G. Boggs）案件中，他通过说服商人接受其自己绘制的纸币而购买了超过 25 万美元的商品或服务。参见 Lawrence Weschler, "Money Changes Everything," *The New Yorker, January 16, 1993, pp. 38-41; New York Times, December 6, 1992, p. 42*。关于爱情信物和其他的珠宝硬币，参见 *New York Times, January 10, 1910*; "Modern Use of Old Coins," *American Journal of Numismatics 16 (April 1882): 88-89*; Louise M. Campbell, "Love Tokens," *Mana Journal 16 (1972): 4-17*; Dudley L. McClure, "Love Token Collecting Offers Romantic Glimpse of History," *Numismatic News Weekly (February 14, 1976): 14, 20, 22*; Lloyd L. Entenmann, *Love Tokens as Engraved Coins* (Audubon, N.J.: Lloyd L. Entenmann, 1991).

货币的一致性，积极创造各种类型的货币区分。当政府将货币同质化的努力太过分的时候，国会甚至都会进行抵制。例如，1908年时，有人提议恢复美国金币上"我们相信上帝"这条之前被总统下令去掉的铭文，因此引发了一场激烈的辩论。虽然，有个别国会成员称赞罗斯福总统取消这一铭文是明智的决定，他们坚持认为"我们的硬币……是交易的媒介，而这些交易是世俗的而非神圣的"；但对手占了上风，他们雄辩的论述支持硬币上的仪式性标记，坚称虽然"去除（硬币上的铭文）并没有造成（钱币的）货币价值的贬损……但这损害了其情感价值"。佐治亚州的一位国会议员警告说，美国不能够用硬币发行一种"无宗教信仰的货币"。①

因此，齐美尔的《货币哲学》于1900年出版之时，在美国，真实的货币世界却背弃了他关于金钱的同质性和质的中立性的主张。确实，随着消费社会的建立，在一系列不同的背景

---

① *Congressional Record*, 60th Cong., 1st sess., 1908, 42, 4: 3387, 3389. 货币上的宗教铭文于1864年获得批准。罗斯福认为，这一座右铭"危险地近乎亵渎神灵"。*New York Times*, November 14, 1907, p. 1. 一些宗教领袖也同意这个观点。参见 Edward Emerson, *Money and Mottoes* (1908), on file at the New York Public Library. 循道宗（Methodist）牧师爱默生（Emerson）将其小册子的复制本送给了罗斯福（"无畏的总统"）和一些国会议员，他们强烈支持从硬币中删除铭文的决定。然而，大多数宗教组织都通过了谴责罗斯福总统裁决的决议，参见 *New York Times*, November 14-16, 1907. 甚至政府也标记了金钱，例如授权纪念币——最先于1892年芝加哥哥伦比亚博览会开始——或"爱国"货币，如第一次世界大战期间非常成功的自由债券。大萧条期间，作为官方资金的紧急替代品，私人发行的证券也得到默许。在20世纪30年代的大萧条中，私人债券发行额大约有10亿美元。参见 Wilson, *The Power "To Coin,"* pp. 218-21.

下产生了标记金钱的新形式。有关各种金钱在家庭之内以及公共场所中的大量增加,我们将进行深入探讨。一些孤儿院和看护监督员提出要为受养儿童单独提供一种货币,甚至监狱都在辩论什么种类的金钱适合囚犯。立法机构争论小费到底是一笔可以接受的钱还是一种应当受到惩罚的品行不端带来的钱,而企业则在法庭上为优惠券、赠品券(trading stamps)和额外费用(premium)的合法性进行辩护,企业需要以这些手段推销他们的商品。[①]因此,当官方货币更加统一和普遍之时,金钱标记的形式也在成倍增加。至少,对于这些问题的公共讨论在这一时期也变得更加活跃。这恰恰就是讽刺之处:在政府和法律都在努力实现一种单一的国家货币之时,人们却在积极创造各种各样的货币区分。不过,在印制货币和铸造货币的世界之外,相比于将其他物品采纳为货币,对既有货币的用途和意义进行

---

① 关于监狱,参见 Samuel J. Barrows, "Prisoner's Earnings," *Charities* 13 (November 26, 1904): 186-87; Isabel C. Barrows, "When Wardens Differ Who Shall Decide?" *The Survey* 28 July 20, 1912): 577; Shelby M. Harrison, "A Cash-Nexus for Crime," *The Survey* 27 January 6, 1912): 1549-50; "Should Not Convict Labor Support the Convict's Innocent Dependents?" *Charities* 14 (September 9, 1905):. 1089-90; Frank L. Randall, "Possible Development of Schemes for Payment of Prisoners on the Basis of the Services which They Render," *Proceedings of the Forty-Second Annual National Conference of Charities and Correction* (May 1915), pp. 392-96。关于小费,参见本书第三章。关于孤儿院和收养政策,参见 Franklin Thomas, "The Place of the Institution in a Child-Welfare Program," *Twenty-Seventh New York State Conference of Charities* (1926), p. 120; Viviana A. Zelizer, *Pricing the Priceless Child: The Changing Social Value of Children* (New York: Basic Books, 1985), pp. 182-84. York: Basic Books, 1985), pp. 182-84. 关于优惠券、交易印花(trading stamps)和价格优惠(premiums),参见 Strasser, *Satisfaction Guaranteed.*

区分显然花费了人们更多的精力，换句话说，就是为货币指定用途。

货币研究的传统进路显然缺少了一环。古典理论家们对金钱可以随意互换、非人格化的特征印象深刻，他们强调金钱的工具理性，强调金钱具有的无可匹敌的能力：将产品、关系，有时甚至包括情感，转化为一种抽象客观的数字等价物。不过，金钱在文化上并非中性，其在社会性上也不具有匿名性。尽管金钱会"腐蚀"价值并将社会联结化约为数字，但反过来，价值和社会关系也会通过赋予金钱意义和社会特征而使其变形。

金钱的社会分化

虽然金钱具有可交易性，但是人们仍然穷尽所有努力想要将金钱嵌入特定的时间、地点和社会关系中。因此，我想提供另外一种不同的货币模型，这一模型将考虑到特定的社会关系网络和各种意义系统对金钱的形塑和重塑。

1. 金钱确实作为现代经济市场中一种关键的理性工具发挥作用，但它同样存在于市场范畴之外并且被文化和社会结构深刻影响。

2. 单一、一致、普适的金钱并不存在，金钱是多种多样的：人们为多种或者说所有类型的社会互动指定不同的货币，就像人们为不同的社会情境创造独特的语言。而且人们确实会对金钱的"误用"，比如用一张 1000 美元的钞票买一份报纸或者给餐馆老板作为小费，回以愤怒、震惊或者嘲弄。用作理性而实用的交换的金钱并不能"免受"社会约束，事实上，它们是社会创造的另一种货币，从属于特定的社会关系网络及其自有的一套价值和规范。

3. 古典经济学有关金钱的功能和属性的内容（inventory）建基于一种单一的、具有通用用途的金钱的假设之上，因而褊狭得不太妥当。由于完全聚焦于作为一种市场现象的金钱，古典经济学没能捕捉到作为社会中介的金钱所具有的非常复杂的一系列特征。由于特定的金钱可能具有不可分割（或虽然可分但不依数学上可以预料的比例）、不可互换、不可携带、高度主观等特性，也因此在质上具有异质性，一种不同的、更具包容性的编码是必要的。

4. 在功利主义的金钱和非金钱的价值之间假定的二元对立是错误的，因为在特定情况下，金钱可以与最为个人化或独特的物品一样是异常且不可交换的。

5. 基于这些假设，所谓的自由和不受限制的权力变得不大可能。通过对金钱的流动和流动性施以深入的控制和限制，文化和社会结构为货币化进程设下了无法绕开的边界。

即使是估计金钱的数目，我们仍然都需要社会核算，而这绝不仅仅只是纯粹理性的市场计算。比如，齐美尔论述道，"数额无比巨大"的一笔钱能够规避其"空洞的量性本质"：它变得"充满了……能够超越数字的确定性的奇妙可能性"。不过，不只巨额财富能脱离数量的客观性。一般数额或者小额金钱也可以获得类似的区分。举例来说，一些大陆法系国家允许对因事故失去孩子而悲痛欲绝的父母进行金钱赔偿，而这些国家的法学家们提倡在赔偿时使用**象征法郎**（franc symbolique）。这笔象征性的金钱被视为这种纯粹的情感损失唯一有尊严的等价物。再者，思考一下对某些慈善捐赠的象征性计算。举例来说，《纽约时报》每年"最需基金"（Neediest Cases Fund）的捐款人在确定他们要捐赠多少钱的时候，通常都会通过一种个人化、情感化的计算方式：有一对夫妇选择了他们结婚的年数（51），乘以他们结婚证的费用（2美元）；有一对父母用自己女儿的年龄数（33）加上为了好运的1美元再加上抵消通货膨胀的100美金，从而定下134美元的捐款额。在19世纪90年代，美国人把五美分的硬币变成了一种具有独特社会意义的货币。一位历史学家说，五美分硬币不仅能用来"买任何东西、所有东西"，甚至还形塑了人们的语言（从"就值一个镍币的钱"（a nickel's worth））、"守财奴"（nickel nurser）、"一文不值"（not worth a plugged nickel），到"一点一点地削弱"（nickel and dime），"五分戏院"（nickelodeon））。①

多元货币的概念将我们带入微妙的术语领域。一些分析者

---

① Simmel, *The Philosophy of Money,* pp. 273, 406; Jonathan Rabinovitz, "The Math of Giving: Some Use Formulas to Aid the Neediest," *New York Times,* February 5, 1991; Schlereth, *Victorian America,* pp. 79-85. 有关法国的补偿案例，参见 Henri Mazeaud, Leon Mazeaud, and Amdre Tunc, *Traite theorique et pratique de la responsabilite civile delictuelle et contractuelle,* 5th ed. (Paris: Editions Montchrestien, 1957). 有关货币的数量与其社会和象征意义的关系，参见 Clifford Geertz, "Deep Play: Notes on the Balinese Cockfight," in *The Interpretation of Cultures,* ed. Clifford Geertz (New York: Basic Books, 1973), pp. 425-42.

倾向于只将政府发行并赋予其价值的钱币称为"客观的货币"（an object money）。即使在这个层面上，我们也要承认，仅在美国，就存在着各级政府发行的各种纸钞、硬币以及其他的法定货币。商业机构以及其他类型的私人和公共机构也是如此。① 而且，在政府、组织和商业机构的领域之外，人们总是会重复做以下三件事情：将特定的物品转换为货币的等价物，比如香烟、邮票、地铁票、扑克筹码或者棒球卡片；创造独特的实体标记，诸如礼品券和食物券；以及，人们如此积极地改造政府发行的货币，以至于将这些变种都称作货币也似乎合情合理。② 以上便是我使用这一术语时将采用的方式。这些物品在外形上并没

---

① 例如，参见 Stephen E. G. Lea, Roger Tarpy, and Paul Webley. *The Individual in the Economy* (New York: Cambridge University Press, 1987), pp. 450-76, 关于行为矫正治疗中的代币，比如监狱货币，参见 Jerry Zara and Bob Lemke, "The Media of Exchange of our 'Penal Institutions,'" *TAMS Journal* 21 (April 1981): 1-6; David B. Kalinich, *The Inmate* Economy(Lexington, Mass.: Lexington Books, 1980)。在所有东西都已经预付过费用或者可以收费的地中海度假村，塑料珠子做的项链被用来在酒吧购买饮品，参见 Nicole Woolsey Biggart, "Labor and Leisure," *Handbook of Economic Sociology,* ed. Neil Smelser and Richard Swedberg (Princeton, N.J.: Princeton University Press and New York: Russell Sage Foundation, forthcoming).

② 关于新货币的发明，参见雷德福（R. A. Radford）的经典案例，他在一个战时的战俘集中营发明了"仗势欺人的标记"（bully mark）的纸质通货，"The Economic Organization of a P. O. W. Camp," *Economica*, New Series, vol. 12 (November 1945): 189-201。关于机构当中的香烟通货，参见 Radford, "The Economic Organization"; Erving Goffman, *Asylums* (Garden City, N.Y.: Anchor Books, 1961), pp. 270-73.*The Baltimore Sun*, June 22, 1993 年报道了写上"男同金钱"或画上一个粉色三角形的美元钞票的流通，显然这是渲染男同性恋的经济权力的努力。

有共同的特征,是人们分配给它们的用途和含义以及它们在日常社会生活中所代表的区分才使它们有资格成为独特的货币。社会货币当然包括官方发行的硬币和纸币,但也包括所有在社会环境中,具有被认可的、正规化的交换价值的物品。我认为,对非正式货币的标记是与官方发行法定货币旗鼓相当的一种现象。

指定用途

社会如何为货币指定用途?毕竟,现代货币在实体上的同质性是无可辩驳的。那么,人们如何区分十分容易被混淆的货币?对于货币的分化,人类学家提供了一些有趣的见解,但仅限于原始货币。例如,有民族志研究表明,在某些原始社区,货币获得了特殊的品质和与数量无关的独特价值。多少钱不如**是什么钱**重要。很多种货币,用波兰尼的术语来讲是"专用"货币,有时会同时存在于同一个村庄之中,每种货币都有其独特的、限定的用途(只能购买特定的商品或者服务)、特殊的分配模式和交换形式,以及有时甚至会指定使用者。例如,在罗塞尔岛这一西南太平洋上的小型传统社区,有独立的低面值硬币专供女性使用。在西太平洋加罗林群岛中的雅浦岛上,女性使用拴在绳上的贻贝贝壳作为货币,而男性则独占更招人喜爱的大块石头。有时候,活人甚至都被用来充当货币。奥兰多·帕特森(Orlando Patterson)指出,在古代,世界上大部分地区的富人都可以根据公认的价值尺度用奴隶来偿还特定种类的债务——彩礼、购房、补偿过失。①

正如奴隶的例子表明,专用货币通常根据道德和习俗而有高低先后之分:有些种类的货币也许可以用来购买食品但不能用来买下一个妻子;有些货币只能用作葬礼慰问金、婚礼礼金或者雇凶杀人的赏金;还有些货币专门用作通奸与侮辱罪的赔偿金,支付死者的丧葬费用,或者用于赞助巫术仪式。在这种语境下,品质"错误"或者品质不达标的货币,即使数额超出要求,也起不到作用或者作用被削弱。托马斯(Thomas)和兹纳涅茨基(Znaniecki)在他们对波兰传统农村文化的分析中提到了对货币的质性分类:"出售奶牛拿到的钱跟收到的嫁妆钱在性质上不同,而这两者又都不同于在外面赚到的钱。"不同的货币以不同的方式被使用,甚至都会被分开保管。事实上,托马斯和兹纳涅茨基指出,如果一个农民为了一件事特意留了一笔钱在手里,即使他后来突然有其他需要用到钱的事情,他也宁愿跟别人另借一笔

---

① Karl Polanyi, "The Economy as an Instituted Process" in *Trade and Market in the Early Empires,* ed. Karl Polanyi, Conrad M. Arensberg,and Harry W. Pearson (Glencoe, Ill.: Free Press, 1957), pp. 264-66. 亦可参见 Paul Bohannan, "The Impact of Money on an African Subsistence Economy," *Journal of Economic History* 19 0959): 491-503; Lorraine Baric, "Some Aspects of Credit, Saving and Investment in a Non-Monetary Economy (Rossel Island)," *Capital, Saving, and Credit in Peasant Societies,* ed. Raymond Finh; B. S. Yamey (Chicago: Aldine, 1964), pp. 422-23; William Graham Sumner, *Folkways* (New York: Mentor [1906] 1940), p. 140; Orlando Patterson, *Slavery and Social Death* (Cambridge, Mass.: Harvard University Press, 1982), pp. 167-71. 不过,准确地定义是什么构成了原始货币,则是人类学研究中的一大争议来源。参见 Marcel Mauss, *The Gift* (New York: Norton,[1950] 1990), pp. 100-102 n. 29; Marshall Sahlins, *Stone Age Economics* (Hawthorne, N.Y.: Aldine, 1981), pp. 226, 230.

钱,"哪怕情况非常困难,都不愿意动之前留好的那笔钱"。① 人类学家玛丽·道格拉斯将这些专用货币视为原始的优惠券系统,通过配给和限制来控制货币的分配和使用,从而控制交易。在过程中,货币有时作为交换的媒介履行经济功能,但其也可以作为一种社会的、神圣的"标记"被用来获取或改进地位,或者庆祝仪式性的事件。关键在于,原始货币可以从"可互换的转变为不可互换的,从世俗的转变为神圣的"。②

不过,现代的货币又是什么情况呢?受到经济学模型的影响,大多数人类学家都已经在原始的、受限制的"专用"货币与现代的"通用"货币之间建立起了一种鲜明的二元对立,后者作为单一货币,不受习俗和社会控制,因而能够有效履行通用交换媒介的职能。奇怪的是,在现代货币面前,人类学家们几乎都放下了他们手中强大的分析工具。举例来说,玛丽·道格拉斯在 25 年前所写的一篇很重要的文章中提出,现代货币可能并没有那么不受限制、那么"自由"。但是她的证据却不充分到令人困惑。道格拉斯认为,现代货币在两种情况下受到控制和定量配给:在国际交易或者纯粹的个体层面;在这两种情况下,"我们中的大部分人会尝试让我们的金钱回归原始状态(primitivize)……通过限制其来源,通过为特定种类的货币工

---

① W. I. Thomas and Florian Znaniecki, *The Polish Peasant in Europe and America* (New York: Dover U91S-20] 1958), pp. 164-66.
② Mary Douglas, "Primitive Rationing," in *Themes in Economic Anthropology*, ed. Raymond Firth (London: Tavistock, 1967), pp. 119-47; Thomas Crump, *The Phenomenon of Money* (London: Routledge & Kegan Paul, 1981), p. 19.

具确定特定用途，通过仅仅赋予我们自己或者我们的妻子有限的支配金钱的自由"。①

"回归原始"一词在这些实践上贴了不同寻常甚至可能是倒退的标签。当然，正如道格拉斯指出的，这些限制不仅仅是一些"怪癖"或者"控制金钱的过强的流动性的笨拙尝试"。虽然显著地推动了消费的文化理论的发展，但是道格拉斯在金钱的文化分析方面并没有走得足够远。相似地，人类学家托马斯·克伦普（Thomas Crump）提出现代社会存在他称为"有界的子系统"的东西：使用特殊货币的独立交换领域。但是他的焦点在于各种类型的资金在经济上的区别，比如一个国家会同时但分开使用本国和外国货币（通常是美元），在购买某些商品或服务的时候选择性地使用硬币（specie）或"手写的"货币（"scriptural" money），或者比如信用卡支付与现金支付的各自独立的经济体系。②

直至最近，人类学家们才开始摆脱现代货币在文化上是中立的这一谬误。人类学家乔纳森·帕里（Jonathan Parry）和莫里斯·布洛赫（Maurice Bloch）主编的一部非常重要的论文集展示了货币的异质性，解释了现代货币多重的象征意义如何被文化矩阵形塑的。帕克·希普顿（Parker Shipton）对肯尼亚卢奥族（Luo）

---

① Douglas, "Primitive Rationing," p. 139.
② 同上，第138, 140 页。Crump, *The Phenomenon of Money*, pp. 125-30. 亦可参见 Jacques Melitz, "The Polanyi School of Anthropology on Money: An Economist's View," *American Anthropologist* 72 (1970):1020-40. 人类学对金钱的研究中，另一个潮流是针对行为的心理解释，参见 Joachim Schacht, *Anthropologie culturelle de l'argent* (Paris: Payot, 1973).

部落"专用"货币的研究也提供了一种生动的解释,其研究展现了这个东非农业社区是如何将某些法定货币标记为"苦钱"(bitter money)并限制其用途的,因为这些金钱是意外收获或者是来源于出售某些特定商品,比如土地、黄金、烟草或者看家公鸡。举例来说,卢奥人认为,如果用卖地的收入来购买牲畜,买来的这些牲畜会很快死去;如果聘礼里面有卖烟草赚来的钱,新娘将死于烈火和浓烟。① 不过,因为这些案例都发生在资本主义核心地带之外的社会,它们无法有力挑战既定的假设。

认知人类学家琼·莱夫在《实践中的认知》(Cognition in Practice)一书中的分析更加接近我们的研究,她对日常计算实践的分析证实了原始的专用货币与一般法定货币之间并没有真正意义上的区别,她跟踪调查了35位加利福尼亚奥兰治郡的男性和女性,分析他们在杂货铺等各种情境中的行为,研究他们的家庭金钱管理实践。莱夫的受访者并不会将家庭收入视为"家庭基金的总资金池(像一般的数学计算那样),可用于所有可能的用途",相反,他们会将其资金分开"存放"(stashes),这种区分"反映且支持人们用以组织他们的生活的社会关系和各类活动"。莱夫总结道:金钱"需要保护并表达道德范畴与家

---

① J. Parry and M. Bloch, *Money & the Morality of Exchange* (Cambridge, Eng.: Cambridge University Press, 1989); Parker Shipton, *Bitter Money* (Washington: American Anthropological Association, 1989). 亦可参见 Michael Taussig, *The Devil and Commodity Fetishism in South America* (Chapel Hill: University of North Carolina Press, 1980) 和 Rena Lederman, "Pearlshells *in* and *as* Mendi History," paper presented at the annual meeting of the American Anthropological Association, Phoenix, Arizona, November 1988.

庭关系"。①

显然，下一步是将这些引人入胜的发现与人们卷入的社会关系网联系起来。完整的社会学的货币模型必须阐明，甚至是在资本主义的中心地带，不同的社会关系网络和意义系统如何、为何以及在多大程度上确定了现代货币的性质，并对其施以控制、限制、区分，其影响堪比原始货币受到的定量配给。现代世界中的很多种货币也许不具有贝壳、硬币、铜锭或者原始社会的石块一样的肉眼辨识度，但它们无形的边界能够发挥一样的作用。不然我们怎么将贿赂同礼物和捐赠区分开？怎么将固定工资同酬金区分开？怎么将补贴同薪水区分开？我们如何辨别赎金、红利、小费、损失补偿或者奖金？确实，这些不同名目的款项之间存在数量差异。但是这些特殊词汇传达的肯定不仅仅是数量上的不同。若是除去质上的区别，货币世界将变得难以理解。

有人也许会认为，为货币指定用途是一种个体层面的现象。确实，心理学的一些新研究否认货币在心理层面是一种一般性的概念；相反，这些研究认为货币涉及"多重符号化"。一篇激动人心的有关"心理账户"（mental accounting）的文献展示了个人区分各种金钱的方式，从而挑战了经济学家有关金钱可替代性的假设。举例来说，人们对待意外之财的方式同他们

---

① Lave, *Cognition in Practice*, pp. 133, 141. 另一篇非常具有启发性的文章是 Russell W. Belk and Melanie Wallendorf, "The Sacred Meanings of Money," *Journal of Economic Psychology* 11 (1990): 35-67。有关法国家庭中标记金钱的各种实践的证据，参见 Colette Petonnet, *On est tous dans le brouillard* (Paris: Editions Galilee, 1983), and Jean-Francois Le and Numa Murard, *L'Argent des Pauvres* (Paris: Editions Du Seuil, 1985).

对待奖金或者所继承的财产的方式非常不同,即使前者同后者在数额上完全相同。政治学家罗伯特·莱恩(Robert E. Lane)也记录了美国人将金钱想象为多变的一种体态情感(attitudinal feeling)的意义符号的不同方式,所谓的体态情感包括个人弱点、失控、可耻的失败、安全或者对社会认可的需要。① 然而,现代货币的性质不仅仅由个体的随机偏好决定。正如马塞尔·莫斯在1914年观察到的那样,货币"本质上是一种社会事实"。② 因而,为货币制定用途也是一种社会过程:货币附着于一系列社会关系,而非个体之上。

人们如何创造、何时创造各种货币?

那么,不同货币之间的差异是如何被创造出来的?虽然不

---

① 参见 Lea, Tarpy, and Webley, *The Individual in the Economy,* Daniel Kahneman and Amos Tversky, "The Psychology of Preferences," *Scientific American* 246 January 1982): 160-73;Richard Thaler, "Anomalies: Saving, Fungibility, and Mental Accounts," *Journal of Economic Perspectives* 4 (1990): 193-205;和 *Quasi Rational Economics* (New York: Russell Sage Foundation, 1991);Robert Lane, *The Market Experience* (New York: Cambridge University Press, 1991)。另一个不同的、更加解释性的版本,参见 Martin Gorin, "Argents-contes et comptes" (Ph.D. diss., Ecole des Hautes Etudes en Sciences Sociales, 1985)。在 *Life against Death* (Middletown, Conn.: Wesleyan University Press, 1959) 一书中,诺曼·布朗(Norman O.Brown)提供了对理性货币模型的一种精神分析批判.
② Marcel Mauss, "Les origines de la notion de monnaie," *Institut Francais d'Anthropologie,* Compte rendu des seances, vol. 2 (1914):14-19.

同的情境和社会关系都会在一定程度上形塑货币，但人们在何时会付出特别强烈的、明显的、持久的努力以控制货币？并且，具体而言，他们如何标记货币之间的差异？正如书中展示的那样，人们会对金钱施以极其精密的控制，并且为将要进入微妙或者复杂的社会互动的那些金钱分别贴上不同的标记。下面是一些突出的例子：

社会互动	被指定用途的货币
创造或解除社会关系	恋爱开销；子女抚养费；赡养费
强烈地试图控制他人	贿赂；服刑中或在精神病院中的代币；带有附加条件的遗赠
建立或者维持不平等	穷人的福利金；儿童零花钱；妇女的"零用钱"
维持微妙的地位区隔	给邮差或护士的小费
应对风险和不确定性	为求得神圣或魔力的介入而付出的捐献
管理亲密关系	给朋友或亲属的借款或者赠款；付给性伴侣的钱；依法确定的对道义和情感伤害的金钱补偿
建立或者管理个人或群体认同	给基于种族、民族、性别或者性取向的事业或组织的捐献；给宗教组织的捐赠；以捐款人名字命名的给大学的遗赠
通过仪式庆祝或纪念	婚礼、葬礼、基督教浸礼、犹太教受诫礼上的费用、礼物和捐赠
授予或者维护荣誉	"抚恤金"（blood money）
应对法律上不被认可的利益冲突	生育或育儿的费用——代孕母亲的报酬；黑市费用；领养费；给寄养父母的抚养费；购买器官或血液的费用
维护秘密的社会关系	敲诈勒索；毒品交易款；间谍的酬劳；情妇的费用

在以上每一个例子中，人们都创造出了不同种类的货币。以给妻子的"贴补"为例。正如我们将在有关家庭货币的讨论中看到的，传统家庭专门留给主妇的资金与孩子的零花钱或者丈夫自己的钱差别巨大。其用途不同，分配方式特殊，而数额则因性别和阶级的不同而有所不同。

以上列出的各种不同的社会互动和指定用途的金钱的例子都在市场的领域之外，但是每个例子都可以在标准的市场交易中找到对应。在另外一些场景中，各种类型的工资非常明确地展现了货币的指定用途。比如说，"女人的工资"在历史上与"男人的工资"完全不同。爱丽丝·凯斯勒-哈里斯（Alice Kessler-Harris）极具说服力地揭示了20世纪初女性的工资不仅仅由其效率或生产力决定，习俗和传统同样是决定因素，尤其是那些认定了什么才是女性需要的收入的信念。特别是随着"家庭工资"理念——一个男性的工资足以满足其妻子和孩子的需求——的传播，女性的工资被定义为补充收入，或者是一种需要赚取的家庭"零用钱"。凯斯勒-哈里斯认为，女性的工作收入"与男性的工资意义不同"。[1] 实际上，为女性确定工资往往涉及微妙的道德困境；例如，工资过高可能会鼓励妇女独立于她的家庭；但工资过低又可能迫使年轻女性卖淫。因此，工资或者说更广泛意义上的市场货币，并不会免除标记的过程。仅仅由需求和供给决定的"自由"薪酬经济是不存在的。相反，工资及薪水

---

[1] Alice Kessler-Harris, *A Woman's Wage* (Lexington: The University Press of Kentucky, 1990), pp. 17, 19-20.

制度是一种高度分化的系统，其不仅受性别因素影响，也受制于年龄、种族、民族等其他因素。

即使报酬的金额可能具有可比性，但如果报酬来自不同系统，就算不上同等形式的收入。比如说，工资跟佣金不同，圣诞季奖金与基于优秀品质（merit）或激励的提薪也不一样。此外，报酬的形式和数额通常也具有显著的象征价值，恰如销售额最高的保险代理人将拿到一笔公开奖金，而行政人员只能在年底看着墙上的文字，却根本拿不到任何奖金。报酬的类型也会随着他们对工人自主权施加的控制程度而发生变化：比如，视结果而定的报酬要比视工时而定的报酬具有更强的约束性。发放时间本身也很重要：当天或者每周结算一次的工资与月薪或者半年薪完全不同。[1] 与非市场货币的情况相同，以上每个例子都体现了标记货币的独特方式，比如以特定方式付款、限制用途或者为特定的收款人设定合适的支付金额。[2]

为不同的货币指定用途的过程——不论是市场货币还是非市场货币——不仅复杂且持续不断，通常也伴随着极大的争议。

---

[1] 关于工资支付方式和对工人的控制系统之间的关系，参见 Mark Granovetter and Charles Tilly, "Inequality and Labor Processes," in *Handbook of Sociology*, ed. Neil Smelser (Newbury Park, Calif.: Sage Publications, 1988), pp. 201-7. 对工资给付时间采取法律限制一直是宪法讨论的主要主题。例如，参见 Freund, *The Police Power*, pp. 304-8.

[2] 关于影响市场货币变异的一些社会结构方面的决定性因素，有一些优秀的讨论，参见 Wayne Baker, "What Is Money? A Social Structural Interpretation." 马克斯·韦伯发展了一套法定货币的类型学，将"自由"或"市场"货币与"有限"或"行政"货币以及"受监管"货币区分开来，参见 *Economy and Society*, ed. Guenther Roth and Claus Wittich (New York: Bedminster Press, 1968), vol. I. p. 77.

当互动的当事方对关系的理解互相矛盾，当他们的价值观发生冲突或他们追求相互冲突的利益，甚或当他们为金钱指定用途的方法不同，尤其是一方倾向使用的方法与另一方不同甚至被另一方讨厌时，争议就会产生。① 举例来说，专门用来为所爱的人办场体面的葬礼的丧葬金（burial money）就能够说明，当资金被用来处理麻烦的社会情境时，冲突是如何产生的。这些钱一直被穷人视为一笔神圣的开支，通常会比其他开销更重要，对此我们将在第六章展开更详尽的讨论。丧葬金（death money）曾经是，并且仍然是与房租、买食品的钱或者买衣服的钱明显区分开的一笔钱。对于穷人来说，贫民葬礼是个人层面和社会层面的终极屈辱。这解释了为什么在 19 世纪晚期，及时把保费付给工业人寿保险的代理人要比给房东交房租更加重要。然而，对中产阶级的观察者而言，丧葬金似乎体现了消费主义的一种非理性形式。但众所周知的是，他们为了将穷人手里的钱从投向保险转移到更为"理性"的开支或者存入储蓄银行所做的尝试，都无一例外地一败涂地了。

这是否意味着富人不会指定丧葬金？不需要受乡下葬礼的困扰，上层阶级和中产阶级也许不需要预留丧葬金，但他们仍然会将用于丧葬的资金同其他收入或者日常开销区分开来。的确，为了后事讨价还价或者货比三家，不管看起来多么精明，

---

① Daniel T. Rodgers, *The Work Ethic in Industrial America, 1850-1920* (Chicago: University of Chicago Press, 1979), pp. 30-44, 本书展现了 19 世纪对工资极具争议性的建构。在一个独立工作是"道德规范"的社会中，拿工资象征着依赖他人和堕落。

总归会被认为是亵渎神灵的，甚至协商主礼牧师的费用通常也需要精细的社会工作。死亡赔偿金通常会被捐给死者生前青睐的慈善事业，以此来纪念逝者。因亲人去世所获得的金钱也会被区别对待。比如，在有关儿童意外死亡的诉讼中，如果原告是中产阶级，他们会更倾向于通过将赔偿金捐给慈善机构、安全促进组织或者为贫困孩子设立奖学金来仪式化这笔赔偿。人寿保险赔款甚至也会与诸如社会保障金等其他收入区分开来。寡妇更喜欢将社会保障金用于日常生活开支，而人寿保险赔款则会被预留给操办后事用，或者作为"储备金"，或者被花在非日常的大笔开支上，比如房屋整修或者子女教育。①

多元货币是如何被区分的？具体来说，人们如何将死亡赔偿金同房租钱区分开，如何将投资资金同礼金区分开？如同本书将要展示的，有很多不同的方式可以做到这点，比如限制货币的用途、规定分配的模式、发明展示货币的仪式、改造其实体外观、为特定种类的货币指定不同的存放位置、为特定数额的金钱赋予特殊意义、指定合适的使用者处置特定的资金，以及为适当来源的资金指定特殊用途。事实上，编制预算的标准做法是金钱标记的一个特殊案例：把一个组织、政府、个人或者家庭的可用资金按照不同类别进行细分，每个类别都有其自

---

① 有关儿童意外死亡案件的解决，参见 Zelizer, *Pricing the Priceless Child*, pp. 162-63；有关寡妇的金钱，参见 Life Underwriter Training Council and Life Insurance Agency Management Association, *The Widows Study,* vol. 2, "Adjustment to Widowhood" (Hartford, Conn.: Life Insurance Agency Management Association, 1971).

己的支出规则。①

为货币指定用途的现象不仅限于人们使用的、由国家发行的货币，也适用于其他对象，比如代币、商业票据、艺术品，甚至包括厨房食谱或笑话——或者干脆说，任何可以做社会交换的东西。然而，此处的问题在于让现代性的阐释者看到了生命的极端去人格化的地方，在国家法定货币的流通过程中，人们总是会引入各种区分、质疑、指令，以对抗所有工具性的计算。

本书议程

为检验论点，本书探究了19世纪70年代至20世纪30年代美国人标记金钱的根本转变。本书将专注于三种变迁中的、有争议的金钱：家庭金钱、礼金和慈善金。家庭成员如何定义并使用各种形式的家庭收入？如果钱来自他人的赠予又会如何？在当局干预国内的金钱标记实践时发生了什么？19世纪70年代至20世纪30年代是关键时期。标记金钱是一个持续的过程，其产生早于这段时间，并在此后继续变动。但是聚焦于这几十年的变化具有历史层面的合理性。内战后的经济扩张和实际人均收入的增加，以及越来越以消费者为导向的文化和经济，都为美国人区分他们手中的金钱提供了手段和动机。举例来说，

---

① See John F. Padgett, "Hierarchy and Ecological Control in Federal Budgetary Decision Making," *American Journal of Sociology* 87 (July 1981): 75-129.

若以 1914 年的美元为基准值，1870 年雇佣工人的平均收入为 375 美元，1930 年为 834 美元，这意味着实际工资在六十多年内翻了一番还多。①

同时，可供购买的商品和服务成倍增长。一系列实用、美观、有趣的商品改变了消费者的生活。这些商品争相取悦美国人的想象力和钱袋子，从汽车、家居用品、家用电器、收音机和钢琴，到成衣、珠宝、长袜、香烟、美容服务、香水、化妆品和漱口水，以及暑期旅行、沙龙、游乐园、杂耍喜剧表演、电影和体育赛事。大规模生产和分销为低收入客户群体至少提供了一定的选择。一般消费支出在 1900 年至 1929 年间扩大了 5 倍，一些自由支配项目，比如乐器和换洗用品，则增长了 10 到 20 倍。②

不过，赚更多的钱然后花掉不仅需要熟练的财务簿记，还会引发一系列令人困惑且时常引发争议的非经济困境。从一开始，研究消费者的专家们就陷入了消费自由原则和不称职的消费者这两个问题所构成的困境中。到底怎样才算是好好花钱？什么样的人能算得上是称职的消费者？消费者的选择到底

---

① U.S. Department of Commerce, Bureau of the Census, *Historical Statistics of the United States, Colonial Times to 1970* (Washington, D.C.: Government Printing Office, 1975), Pt. 1, pp. 164-65. 确切地说，非农雇员的实际年收入从 1870 年的 375 美元（以 1914 为基准）增加到了 1900 年的 573 美元（增长 53%），而所有员工的实际年收入从 1900 年的 496 美元增加到了 1930 年的 834 美元，增加了 68%；由于农业从业者在 1900 年占劳动力的 18%，在 1930 年占 9%，因此 1870 年至 1930 年增加 122% 的估计应该更接近标准。有关现代消费模式出现的深刻讨论和参考书目，参见 Horowitz, *The Morality of Spending,* pp. xxiv-vii, 187-201.

② Lebergott, *Pursuing Happiness,* p. 36.

应该多"自由"？著名的消费经济学家黑泽尔·基尔克（Hazel Kyrk）宣称，消费问题"根本上就是选择问题，在一系列价值观间进行选择"。经济学家韦斯利·米切尔在其1912年所撰写的"落后的花钱艺术"（*The Backward Art of Spending Money*）一文中写道："花钱简单，但想花好很难。"一个负责照顾家庭生活的家庭主妇应该怎样"在10美元可以满足的几个需求——给一个孩子看牙、给丈夫买生日礼物、让自己在疗养院休息两天"之间作客观的比较？① 而这个选择又是非常重要的。基尔克坚持认为，家庭的幸福至少部分取决于家庭收入的明智分配。恰当的支出需要鉴别，有效的支出需要规划。②

消费主义甚至重新定义了节俭。哥伦比亚大学教师学院的家政学教授、著名作家本杰明·安德鲁斯（Benjamin R. Andrews）指出，"储蓄的新真理"是家庭应该"节省开支，将储蓄用于特定的值得花钱的开销上，例如买房、子女教育、钢琴、汽车、节日礼物，甚至是把亲戚从欧洲带到美国"。③ 因此，做出"明智"的选择成为了美国新的消费社会的核心。

美国人以前所未有的方式书写和研究金钱问题，力图努力寻找正确答案。例如，从19世纪70年代开始，家庭预算研究

---

① Hazel Kyrk, *A Theory of Consumption* (Boston: Houghton Mifflin, 1923), p. 9; Mitchell, "The Backward Art of Spending Money," pp. 4, 13. 对消费者自主权的限制的早期表述，参见 W. H. Hutt, *Economists and the Public* (London: Jonathan Cape, 1936), pp. 273-281.

② Kyrk, *A Theory of Consumption,* p. 86.

③ Benjamin R. Andrews, *Economics of the Household* (New York:Macmillan Co., 1924), p. 129; Kyrk, *A Theory of Consumption,* p. 271.

详尽地记录了工薪阶层、下层中产阶级以及移民群体是如何花钱的。通过在流行杂志上匿名发表的"忏悔"文章("我们如何一年只花 1000 美元，甚至更少")，中产阶级美国人披露了他们自己的家庭预算，将花钱转变为一个公共议题。消费者专家引导了为金钱指定用途的流行实践，而广告商则对人们应如何花钱提出了自己的主张。到 20 世纪 20 年代，家政运动蓬勃发展：关于家庭管理的教科书、关于家政的论文、家庭财政课程，甚至是专门培养称职消费的妇女杂志咨询专栏，都在探索一个标记金钱的合理系统。

现代的资金管理方法也可以服务于将新移民恰当地美国化。公民手册中充斥着关于购物、银行业务、资金转移和熟练规划资金预算的课程。典型的语言训练课程也会培养新移民的会计技能，学生们会被要求练习这些表达："我下周要付房租，我还要买两吨煤。我的牛奶账单是多少钱？"或者需要使用"将花费""付了多少钱""昂贵"或"账单"这些关键词造句。移民们也在有关标记金钱的基本知识方面获得了密切的辅导。一篇文章问道，"你知道你的收入中有哪部分用在了服装、娱乐、食物上吗？或者说你并不清楚？你是否确定你没有因为在一件事上花费了太多而牺牲了别的什么东西？"① 这样，非常矛盾的一

---

① U.S. Department of Labor, Bureau of Naturalization, *Federal Textbook on Citizenship Training* (Washington, D.C.: Government Printing Office, 1924), pt. 1 "Our Language" (Conversational And Language Lessons For Use In The Public Schools By The Candidate For Citizenship Learning To Speak English), pp. 113-14; Henry H. Goldberger, *America for Coming Citizens* (New York: Charles Scribner's Sons, 1922), p. 187.

面显现了出来,政府一边在操心本国货币的标准化和同质化,另一边却把区分不同种类的货币作为迫切事项,仔细地指导其新公民。

预算研究本身不仅仅是经济的记录清单,而是像历史学家丹尼尔·霍洛维兹所说,是"道德游戏",放大了消费选择的道德意义,划出了合法开支和非法开支之间的界限。标记金钱变得日益复杂,这体现在资金预算的门类和项目在20世纪头几十年间的"爆炸性"增长上。旧有的预算项目旁边,出现了许多新的抬头,比如:"儿童零花钱、鲜花、邮寄包裹、外出用餐、邮资、债务利息、文具、税、电报、草坪养护"。不仅富人要面对这些麻烦。霍洛维兹发现,一项在1918年至1919年间对工人阶级家庭预算的重要研究,反映了"各类杂项"支出的显著多样化;而1875年的一份报告发现,这些资金主要被用在报纸和组织生活上,但到1918年,资金被分为"人寿保险、教会、'爱国主义目的'的礼物、有轨电车票、电影、报纸、邮资、医生、药品、烟草、'洗衣服务'、清洁用品、盥洗用品和用具、理发"等项目。[①]

因此,对货币进行社会区分就成为了美国人的一个重要议题。在家庭内部、礼物交换以及慈善方面日益增加的金钱使用引发了很多微妙并且有争议的谜题。哪些钱可以在家庭内部流

[①] Horowitz, *The Morality of Spending*, pp. 61, 118, 121-22. 可以肯定的是,穷人的可支配收入仍然很有限。关于工人阶级在消费和收入方面的差异,参见 Mark J. Stern, *Society and Family Strategy* (Albany: State University of New York Press, 1987), pp. 403.

动，可以作为礼物送给亲密好友，或者可以捐给有需要的陌生人？家庭越来越多地卷入对各种开支的区分当中，对传统的亲密关系、家庭关系和社会控制的概念提出了挑战。其结果不仅仅是家庭内部的不稳定、争议和新尝试，还包括有关标记金钱的恰当方式的旷日持久的公共辩论和协商。美国人越来越多地通过消费来定义自己的身份，确证自己的个人能力，他们也因此要接触新的、更困难的社会活动形式。随着家庭成为支出和展示形象的关键单元，对使用金钱的恰当规划成为了体现社会能力的标志。

第二章考察了充满争议的家庭内部的货币。人们怎样根据亲密的亲属关系对货币进行调整？金钱在家庭内部应该怎样分配？比如说，家庭如何确定其固定收入或者额外收入的使用：应该存多少钱？应该捐多少钱？在休闲娱乐方面应该花多少钱？还有，最重要的一点是，哪位家庭成员有资格或者有能力控制、管理并支出家庭基金？丈夫的工资，或者妻子以及孩子赚来的钱，在多大程度上属于集体财产？他们留多少钱给自己？定义、分配和使用家庭资金并不总会获得所有相关方的同意，因为丈夫、妻子和孩子都会努力按照自己的意愿支配家庭基金，他们的方式通常都会相互冲突。本章将聚焦于最成问题的、最微妙且最具争议的家庭货币——家庭主妇的收入——追踪其在女性成为家庭的消费者专家的过程中发生的转变。

第三章将转向作为礼物的金钱。亲属和友谊，这些社会关系同样会将货币转变为饱含情感的礼物。是什么将礼物与一笔普通的购买服务的钱区分开？人们如何区分各种金钱礼物：仪式专用币、情感赠礼和汇款。小费是礼物还是报酬？圣诞季奖金又算是什么？男人和女人是如何分别区分恋爱礼物的？恋爱与婚姻或卖淫有什么区别？

第四章、第五章和第六章关注慈善货币的正式产生。这三章延续了前三章的分析，展现了国家权威、家庭经济和礼物往来的相互作用。这里的讨论提出了一个一般性的问题，即当国家有意识地在各种货币之间建立明显的区分以打破货币的同质性时会发生什么事情，例如设立配给券、代价券（scrip）以及储蓄债券等。我的分析将重点关注美国的社会福利政策中，现金救济与实物救济之间的持续冲突。为什么国家机构和私人慈善机构会拒绝向贫困家庭和个人提供不受条件约束的金钱支持？现金救助应该算哪种钱？贫穷的受助者会怎样重新定义现金救助？慈善救助的哪些特征受到了慈善机构及其客户最为激烈的反对？

货币的社会世界当然要比家庭和慈善机构的领域更广阔。那么，只选择这三个领域又是为什么？举例来说，为什么不研究市场货币的社会建构，直接在经济学家的领域对其发起挑战？这绝对值得一做。但是，我选择的这些关键领域，就传统的市场—个人关系二分法而言，要么是货币本不应介入的领域，要么是在货币进入这些领域后，本该导致理性化、个人关系和社会关系的扁平化，以及有关家庭、友谊、慈善、死亡的情感的商品化。而本书将试图阐明，人们通常所认为的非常脆弱的社会关系，其活跃的、创造性的力量事实上很难被压制。

为了解释货币的各种用途和含义，本书广泛参考了各种材料：法庭庭审记录、礼仪书籍、慈善组织工作人员的指导手册、慈善组织年报、移民手册和移民的回忆录、家庭预算研究、当代小说、戏剧、杂耍表演、综合性期刊、报纸、女性杂志（包括专题文章、小说、读者来信、求助专栏）、消费经济学以及家政学教科书、流行的家庭手册以及广告等。要探索在应对其多重的、不断变化的而且具有争议的社会关系时，不断变化的货币用途和人们对货币的理解，我们需要细致地关注礼仪作家、杂志作者、社会工作者、法律机构等这些社会的仲裁者的声明。只要我们手头的证据允许，我们应当尽可能地深入人们的日常生活。我们面临的挑战在于，如何将金钱不断变化的象征意义，与金钱在人们手中多样、复杂而且经常出人意料的用途结合起来。

2

金钱的家庭生产

内尔：说到钱，你对妈妈就没公平过。你自己什么都有——打扑克，抽雪茄，假日还出去旅行钓鱼！……所以，我要求你，不要再让她像个要饭的一样每分钱都要来找你拿，定期给她一笔钱吧。

休吉：别人家的妻子都要跟她们的丈夫要钱，我看她们要钱的时候也没张不开嘴。

内尔：这个世界上没有哪个妻子不宁愿少点钱花，也要这钱属于她自己的，她想怎么花就怎么花，更不用理那些没完没了的问题："你要钱干嘛？""我上次给你的钱都哪去了？"

在1923年于芝加哥首演的戏剧《鸡饲料》(*Chicken Feed*，又名《妻子的工资》(*Wages for Wives*))中，22岁的内尔·贝利发现，在她要办婚礼的当天早上，她的父亲一边偷偷地把他自己的保险金拿去投资了风险很大的无轨电车公司债券，一边愤怒地指责妻子把一部分保险金花在了内尔的婚礼上。内尔坚持说，如果她爸爸不答应把他每个月工资的一半作为她妈妈应得的工资交给她妈妈，她就不会结婚。内尔的未婚夫越来越发愁，内尔向他解释道："丹尼，如果你的老板跟你说：'丹尼，这么着，我不准备定期给你发工资。如果我开心的话，我会给你发礼物。我觉得这样非常好，很大方，我认为你还得谢谢我。如果你需要什么的话,你就跟我说,我会考虑考虑,看你配不配.'这谁能受得了?"当她的父亲对此避而不谈时,内尔便搁置了她的婚礼,并且同她的母亲以及一位已婚的朋友组织了一场罢工,以此维护妻子对家庭收入正当的支配权。戏剧最后以"大团圆"收场,尼尔和未婚夫重归于好。尼尔的父亲吸取了教训,答应了他的妻子:"你会拿到你的那份钱,存起来还是随便花掉,都随你。"①

关于钱袋子的斗争可不仅仅是轻松诙谐的戏剧表演。从 19 世纪后期开始,这一幕在美国家庭内部不断上演,激烈而且伴随着一些困惑,并且越来越多地延伸到了公共领域。家庭内部的"金融问题"开始作为热门新闻出现在杂志和报纸中,对于主编专栏和求助专栏中那些酸楚的来信,妇女俱乐部也会将其作为讨论议题,教堂布道甚至都会谈到这个问题。1928 年,一位观察家总结道:"夫妇间的争执越来越多地因钱而起,超过了过去那些由合唱团女孩、金发服务员、舞池中发型时髦的男人,(或者)巡回演出的男人所引发的争执。"② 事实上,家庭内部的财政纠纷通常会以闹到法院收场。19 世纪 80 年代至 20 世纪 20 年代,金钱纠纷越来越多地成为人们离婚的理由,不论家庭的贫富。③ 即使在没有破碎的婚姻中,家庭内部的资金也会引发法

---

① Guy Bolton, "Chicken Feed" ("Wages for Wives"), in *The Best Plays of 1923-24,* ed. Burns Mantle (Boston: Small, Maynard and Company, 1924), pp. 240-41, 243. 260.
② Clarence Budington Kelland, "Wives are Either Tightwads or Spendthrifts," *American Magazine* 106 (1928): 12.
③ 参见 Elaine Tyler May, *Great Expectations* (Chicago: University of Chicago Press, 1928), p. 137; Robert S. Lynd and Helen Merrell Lynd, *Middletown* (New York: Harcourt Brace Jovanovich, 1956), p. 126.

律问题。妻子有权获得贴补吗？如果她从家务费用中省下了钱，这钱算不算是她自己的？如果一个妻子从她丈夫的裤袋中"偷"了些钱，她算不算是一个小偷？一个妻子能用她丈夫的信用在商店作抵押吗？女性赚的钱也会有问题。什么时候，一个女性的钱会在法律上被认为归她自己所有？虽然进程缓慢，但法庭判决已经开始稳步地推翻普通法将妻子赚的钱视为其丈夫所有这一意见。

家庭内部的金钱为什么会在世纪之交成为一种如此具有争议性的货币？家庭成员间有关金钱的争执当然早就存在。举例来说，历史学家克里斯蒂娜·斯坦塞尔（Christine Stansell）在其对纽约工薪阶层女性的研究中讲述了一个也许有些极端的个案：1811年，一名妻子因为从丈夫口袋中拿了四先令而被丈夫活活打死，两人虽未结婚但却存在事实婚姻。不过，这些争端仍然是私下的，很少作为大众关注的重大问题而进入公共讨论。对于家庭收入怎样的规制才是适当的这一问题，一直存在某种共识，并且这种共识会因阶层的不同而有所差异。在中产阶级与上层阶级的家庭中，金钱问题似乎主要由丈夫的生意引起。凯瑟琳·比彻（Catherine Beecher）在其1841年发表的里程碑式的著作《家庭经济论》（*Treatise on Domestic Economy*）中提到，家庭的开销，尤其是在商人家庭中，"受男性支配的程度远高于受女性支配的程度"。同样，历史学家玛丽·瑞恩（Mary P. Ryan）在她对19世纪早期的纽约州奥奈达郡的家庭生活的研究中发现，负责金钱事务的人是男性。毕竟，19世纪的"家庭生活热潮"（cult of domesticity）将家庭生活树立为占有主导地位的市场之外的另一种选择，而"真正的"维多利亚时代的女性，作为家庭的守护者，则应是情感专家而非财务专家。女性或许可以掌管家务开销，但只有男人的钱才是"重要的钱"。另一方面，工薪阶层家庭会将主妇任命为家庭的出纳，来管理有限的而且往往是不稳定的收入。丈夫和孩子们会将薪水交给妻子，而妻子则要娴熟地管理集体收入，包括她们自己赚来的钱。可以确定的是，这些钱中的大部分都要花在家务开销上。①

但是，在世纪之交，这种共识开始破裂。随着消费者经济蓬勃发展，可以购买的商品的数量和吸引力成倍提升，美国家庭的可支配收入也同时上涨，对家庭收入的合理分配和开支便成为了一个紧迫而且颇具争议性的议题。合理地花钱变得与赚到足够多的钱一样重要。家政专家们在教科书、课堂和杂志文章中传播有教养的消费主义的原则，坚称"信封里装着多少工资并没有那么重要，这些钱能真的为工人的生活确保些什么和

---

① Christine Stansell, *City of Women* (New York: Knopf, 1986), p. 29 and personal communication; Catherine E. Beecher. *A Treatise on Domestic Economy* (Boston: Marsh, Capen, Lyon, and Webb, 1841), p. 176; Mary P. Ryan, *Cradle of the Middle Class* (New York: Camridge University Press, 1984), p. 33. 亦可参见 Mary Beth Norton, "Eighteenth-Century American Women in Peace and War," in *A Heritage of Her Own,* ed. Nancy F. Cott and Elizabeth Pleck (New York: Simon and Schuster, 1979), p. 145; Ruth S. Cowan, *More Work for Mother(New* York: Basic Books, 1983), pp. 81-82; Jeanne Boydston, *Home $ Work* (New York: Oxford University Press, 1990), p. 103. 有关"家庭生活热潮"（cult of domesticity），参见 Barbara Welter, "The Cult of True Womanhood: 1820-1860," *American Quarterly(1966)* 18: 151-74; Nancy F. Cott, *The Bonds of Womanhood* (New Haven, Conn.: Yale University Press, 1977).

带来些什么才更重要"。①

所有家庭都在家庭内部努力地标记他们的金钱。他们要么按照专家的推荐买来记账本和预算本，要么研究出各种各样的策略来管理家里各种各样的金钱。以20世纪20年代早期M女士的系统为例，她将自己的方法介绍给了《妇女家庭伴侣》："我收集了8个一样大的小罐子，还分别贴了大大的字在上面：杂货、车费、煤气、洗衣、房租、什一税②、储蓄、杂项……我们现在直接叫它们杂货罐、车费罐什么的。"其他家庭会用旧坛子、带把手的瓷壶、信封或者盒子来对资金进行实际区分，还有些家庭会把钱塞在长袜里，或者放在床垫、地板下面。很多给钱指定用途的实践都非常巧妙，有些父亲会将那些刻着孩子出生年份的25美分硬币都用在孩子的教育上，有些主妇会把讨价还价省下来的差价攒下来作为自己的私房钱。与此同时，移民们会认真地将他们辛苦赚来的工资的一部分留下来，汇给他们还

---

① Benjamin R. Andrews, *Economics of the Household* (New York: Macmillan, 1924), p. 34. 有关家政学运动，参见 Hazel T. Craig, *The History of Home Economics* (New York: Practical Home Economics, 1945); Emma Seifrit Weigley, "It Might Have Been Euthenics: The Lake Placid Conferences and the Home Economics Movement," *American Quarterly* 26 (March 1974): 79-96; Susan Strasser, *Never Done: A History of American Housework* (New York: Pantheon, 1982), chap. 11; and "The Business of Housekeeping: The Ideology of the Household at the Turn of the Twentieth Century," *The Insurgent Sociologist* 8 (Fall 1978): 147-63; Glenna Matthews, *"Just A Housewife": The Rise and Fall of Domesticity in America* (New York: Oxford University Press, 1987), chap. 6.
② 指旧时按固定比例交给教会的税金——译者注。

留在老家村庄里的亲戚。①

再者,家庭会依靠社会上的各种机构来保护并分别处置他们的金钱,从普通储蓄银行到邮政储蓄银行,从学校银行到保险公司,还有互助会、家庭预算俱乐部、建房贷款合作协会、战争债券、甚至还有分期付款等。在很多案例中,这些行动都不只是积累同质的资本,而是累积各种不同的储蓄,其中最为引人注意的例子就是在流行的圣诞俱乐部或度假俱乐部中的"暑期度假金"或者"圣诞金",而这些俱乐部则扮演着集体"存钱罐"的角色。②

观察家们认为,有组织的预算编制活动可以干净利落地对家庭财务状况进行理性化:"家庭簿记越客观,越接近商店和工厂,家庭能从收入中得到的东西就越多,也就越不容易让人劳心费神。"③但家庭内部标记金钱的过程从来都不是平稳顺利的

---

① Alice Bradley, *Fifty Family Budgets* (New York: Woman's Home Companion, 1923), p. 7; T. D. MacGregor, *The Book of Thrift* (New York: Funk & Wagnalls, 1915), pp. 145, 151. 犹太裔家庭主妇在家中同样会有很多"tsedokeh pushkes"或者"捐款盒",她们和孩子会把小额零钱存在里面专门作各种慈善用途,参见 Ewa Morawska, "Small Town, Slow Pace: Transformations of the Religious Life in the Jewish Community of Johnstown, Pennsylvania (1920-1940)," *Comparative Social Research* 13 (1991): 147。有关移民汇款在经济上的重要性,参见 Dino Cinel, *The National Integration of Italian Return Migration, 1870-1929* (New York: Cambridge University Press, 1991).

② 从其在英国发现的证据中,保罗·约翰逊(Paul Johnson)得出结论,工人阶级的存款更倾向于是短期的,并且比中产阶层的存款更会有专门用途,参见 *Saving and Spending* (Oxford: Clarendon Press, 1985), p. 99.

③ Mary Alden Hopkins, "Understanding Money," *The Woman Citizen* 8 (January 12, 1924): 17.

会计流程。有关资金的分配方式、分配目的以及分配主体这几个方面，存在太多的利害关系。由于家庭越来越依赖于丈夫赚得的现金工资，丈夫、妻子、孩子对这笔钱的支配权的协商就变得更加迫切而复杂。在多大程度上，丈夫的工资会成为集体财产？一旦他的钱进入了家庭的领域，谁有权控制这笔钱？丈夫应该把所有的工资都交给妻子吗？或者说他们可以自己留下多少钱？妻子可以接收多少钱，又以哪些开支的名义？这笔钱是她丈夫的赠予，还是说妻子有权获得一定份额的收入？还有，大人是否应该给孩子一笔钱让他们花？还是说孩子们有责任通过做家务来赚取自己的零花钱？孩子们又应该怎样支配他们自己的钱？

正如社会学家罗伯特·林德所描述的那样，这种新出现的"愈加紧迫的家庭收入竞争"促使人们在总体上重新思考家庭内部的资金流动，推动人们为丈夫、妻子、孩子找到合适的家庭内部货币。一本家庭会计手册敦促说，"为不同的家庭成员单独考虑应该让他们花多少钱，为他们花多少钱，以便能保证对家庭收入的明智而公正的分配，避免某个成员无意中造成浪费"，这是非常必要的。[①]

然而，矛盾最多、最具争议并且变数最大的，是家庭主妇的钱。满足家庭的购物需求的任务越来越重，而女性承担了其

[①] Roben S. Lynd, "Family Members as Consumers," *Annals of the American Academy of Political and Social Science* 160 (1932): 90; *Thrift by Household Accounting and Weekly Cash Record Forms* (Baltimore: Committee on Household Budgets, American Home Economics Association, 1916), p. 4.

中的绝大部分。她们需要将丈夫的工资转变为家庭内部的货币，人们还会不断提醒她们，工资"刚到你手里的时候只是钱而已，单纯拿着它是没用的，不能穿，不能保暖，也……不能改善你的家庭生活。**你要负责把它变成食物和衣服，变成改善家庭生活的东西**……"。更重要的是，女性被告知："一个好女人的生活中，没有什么责任是比明智地买东西更加神圣的了。"《时尚芭莎》杂志观察到，对女性来说，纺车不再重要了，取而代之的是一本账簿。① 在 19 世纪扮演道德卫士角色的女性，要在 20 世纪扮演家庭的采购员和预算专家。可以肯定的是，在 18 世纪，妻子的财务管理能力也会受人关注。但是，消费经济的扩张使像样的消费技能成为了衡量持家能力一个最重要和最明显的指标。"好管家"要负责"管理好丈夫的钱，也要明智地使用丈夫的钱"。一位模范主妇解释道，毕竟，"男人不懂得管理家庭和家庭的开销"。②

但是，"消费者夫人们"与财务相关的角色间存在的一个根本问题日益凸显：这个角色没有薪水，更多时候甚至连固定的可支配的收入都没有。事实上，生活在世纪之交的妻子们，甚至包括那些嫁给了有钱人的女性，都会经常发现自己连一块钱

---

① "Substitution Facts," *The Delineator* 68 (November 1906): 911; "Women and Money Spending," *Harper's Bazar* 39 (December 1905): 1144.

② *New York Times,* December 23, 1900, p. 10. 有关妻子的勤俭节约在 18 世纪和 19 世纪早期的重要性，参见 Mrs. Child, *The American Frugal Housewife* (Boston: Caner, Hendee, and Co., 1832); Beecher, *A Treatise on Domestic Economy,* pp. 175-86; Joan M. Jensen, *Loosening the Bonds* (New Haven, Conn.: Yale University Press), pp. 119-28.

也没有。正如瓦萨学院历史学教授露西·萨蒙在1909年所解释的那样："在大多数情况下，拿现金工资，有银行账户，随身携带现金账簿的人都是男人，因此他们觉得自己有权利决定他们赚的钱应该怎样花。"①

更糟糕的是，女性也失去了对家庭经济资源的大部分所有权。殖民地时代，女性的劳动贡献会被人们承认，但19世纪家庭主妇的家庭化则将已婚妇女排除在了经济生产的领域之外。无论她们多么努力地工作，她们的家庭多么依赖于她们的劳动，女性的家务工作还是会被当成情感任务来定义和评价，而不会被视为物质性的重要工作。因此，在谈到家庭的经济福利时，重要的只有丈夫领工资的工作，而没有妻子的家务劳动。丈夫只会把钱作为礼物赠给妻子，而不会把钱视作为妻子赚到的一份收入。更具说明性地，妻子的钱甚至有专属的词汇，将其跟普通的现金区分开：贴补、零用钱、"私房钱"、"黄油钱"、零花钱、口袋钱、"赏钱"（dole）。② 因此，妻子们陷入了一种奇怪的困境，她们是手头没有现金的资金管理者，要好好地花钱但是却无权掌控金钱。家政运动的成功迫使女性要像经营生意一样管理她们的家庭，但也进一步激化了女性在经济生活中所

---

① Lucy M. Salmon, "The Economics of Spending," *Outlook* 91 (1909): 889. "消费者夫人"（Mrs. Consumer）一词来自于 Christine Frederick, *Selling Mrs. Consumer* (New York: Business Course, 1929).

② 对19世纪"没有生产力"的家庭主妇公共的、私人的以及学术的建构，有一项精彩的分析，参见 Nancy Folbre, "The Unproductive Housewife: Her Evolution in Nineteenth-Century Economic Thought," *Signs* 16 (Spring 1991): 463-84. 亦可参见 Boydston, *Home and Work*.

面临的种种矛盾。

女性从吝啬的丈夫手中努力拿到钱的计谋经常是很多笑话的主题，也是 19 世纪后期杂耍节目的主要内容。但是日益严峻的家庭内部财政问题迫使人们要对女性在家庭中的金钱和她们自己的收入进行重新评价，即使这种评价非常困难、争议重重。我们需要厘清对家庭内部的金钱的流动进行组织的三种可能方式，来看看问题是什么。这三种方式分别是：作为报酬（直接交换）；作为权益（拥有分享的权利）；作为礼物（家庭中某个成员自愿赠予另一个成员）。作为报酬的金钱意味着各方之间存在一定的距离，有一定的偶然性，有讨价还价，也有责任。作为权益的金钱意味着对家庭内部的权力和自主权的强烈主张。而作为礼物的金钱则意味着从属和任意支配。很长一段时间以来，女性和支持女性权益的人们都在争取家庭收入中本应属于女性的正当份额。本章探讨了这场斗争，追溯了 19 世纪 70 年代至 20 世纪 30 年代，已婚女性的资金转变，并展示了性别和阶级如何深刻地影响了家庭金钱的含义、用途和分配。

属于她自己的一美元：定义女性的家庭金钱

从证据角度讲，要研究家庭中的金钱就是要进入一个大部分不为人知的领域。虽然金钱是夫妻之间矛盾的主要来源，也是家长和孩子之间的一个痛点，但奇怪的是，我们对家庭金钱的问题知之甚少，少于对家庭暴力的了解，甚至少于对婚内性行为的了解。家庭不仅不愿意对外透露内部的隐私，丈夫、妻子和孩子之间也会互相撒谎、欺骗或者直接隐瞒信息。被阿玛蒂亚·森（Amartya Sen）称为"粘在一起的家庭"的模式，意味着在家庭成员之间有关如何分配金钱的问题，连问都很少被问到，这也许是更加根本的问题。一旦金钱进入到家庭内部，人们就会假定这些钱在家庭成员之间被平均分配，以最大限度地提升家庭整体的生活水平。每个人拿到了多少钱，是怎样获得这些钱的，从谁那里、因为什么拿到这些钱，这些问题很少得到分析。然而，正如迈克尔·杨在三十多年前指出的，家庭内部的成员之间的资金分配同一个国家内部的家庭收入分布一样不平衡且变化无常。因此，杨认为，我们不可以再假设"如果家里还有穷人，那么这个家庭中就不会有富裕的成员"。① 19 世纪 70 年代到 20 世纪 30 年代这个时期提供了一些不同寻常的机会，使我们得以一瞥过去一直非常神秘的家庭金钱的世界。在世纪之交，随着家庭财务成为争议性的议题，家庭经济中的协商从个体家庭紧闭的大门中走出，逐渐出现在公共讨论的领域内。

---

① Amanya Sen, "Economics and the Family," *Asian Development Review* 1 (1983): 14-26; Michael Young, "Distribution of Income within the Family," *British Journal of Sociology* 3 (1952): 305. 亦可参见 Heidi Hanmann, "The Family as the Locus of Gender, Class, and Political Struggle: The Example of Housework," *Signs* 6 (1981): 366-94; Diana Wong, "The Limits of Using the Household as a Unit of Analysis," in *Households and the World-Economy,* ed. Joan Smith, Immanuel Wallerstein, and Hans-Dieter Evans (Beverly Hills, Calif.: Sage, 1984), pp. 56-63; Christine Delphy and Diana Leonard, "Class Analysis, Gender Analysis and the Family," in *Gender and Stratification,* ed. Rosemary Crompton and Michael Mann (Oxford: Polity, 1986), pp. 57-73.

妻子的金钱是如何标记的，是如何同其他的家庭资金区分开的？对于美国女性来说，即使她们丈夫的经济条件足够好，她们对家庭资金的主张也从来没有获得法律上的支持，不管她们主张的份额有多少。《法律评论》1935年的一篇文章的作者解释说，只要结婚的夫妇还生活在一起，"妻子得到支持的权利并不意味着她有权得到任何确定的东西或者任何确定的数额……妻子能拿到多少与她的法定权利无关，而是取决于其丈夫的决定"。[①]"家庭工资"理念——一个男性的工资足以满足其妻子和孩子的需求——进一步加重了女性对其丈夫工资的依赖程度。结果就是，家庭资金的分配完全依照非正式的规则和协商。在世纪之交，大部分依靠丈夫的工资支票或薪水生活的已婚女性，会通过很多种变换方式获得现金。

上层阶级以及中产阶级的丈夫们会给妻子钱，让她们用于家务开支，包括家用品和衣服。他们一般会不定期地给一笔"赏钱"，更少见的是定期给一笔贴补钱。有时，妇女们几乎要完全依靠"不可见的"美元，用信用支付她们的开销而根本碰不到现金。然而，真正的钱都被丈夫监管和控制，即使是在工薪阶层的家庭中也是如此。有时，丈夫会公开接管所有的金钱交易。一位30岁的女性在其写给《妇女家庭伴侣》求助专栏的一封信中抱怨说，她的丈夫约翰"虽然某些方面很开明……但他总是把皮夹子带在自己身上。生活必需品都是他来买，还特别喜欢买各种干货、鞋子、手套……他觉得我需要的东西他都

---

① Blanche Crozier, "Marital Support," *Boston University law Review* 15 (1935): 33.

买好了，我就一分钱都不用拿了"。① 即便一位妻子想方设法从她的家务钱里省下了一些，法律最终还是会认为这笔钱是她丈夫的财产。举例来说，在 1914 年，一个叫查尔斯·蒙哥马利的男子将他的妻子艾玛告上了法庭，因为他的妻子在他们 25 年的婚姻中从家务钱中省下了 618.12 美元并且自己存了起来。布鲁克林最高法院的布莱克曼法官在判决中支持了丈夫，认为"不论这位妻子一直以来多么细心而勤俭，但如果这钱属于丈夫，那么这些钱就仍然是他的财产，除非有证据表明这些钱被赠给了他的妻子"。②

因此，妻子想要额外拿到一些现金的合法渠道就只剩下了各种说服技巧：请求、哄骗甚至干脆是乞求。而关键问题是熟练掌握请求的规则。女性们被提醒说，"问一个又累又饿的男的要钱根本就是浪费口水"。而"懂门道"的女士们则会"在她想要什么东西的时候，穿上她最合身的那件长袍，把丈夫最爱吃的一道菜摆在他面前的餐桌上"。③ 有时甚至只有性勒索才会奏效。一位女士在给《好管家》的信中透露了她"轻松取胜"的秘诀，这位女士有两个孩子，丈夫每个月赚 250 美元，却只给她 75 美元用作家务开支。她在信中说："去年夏天，我觉得我再也受不了，在钱这个问题上，我的遭遇太痛苦了……在一个星期一的晚上，我尽力做了最好的一顿晚饭，然后告诉我丈夫……除非以后他每个月给我 175 美元，不然他连吻我一下都

---

① Margaret E. Sangster, "Shall Wives Earn Money?" *Woman's Home Companion* 32 (April 1905): 32.

② *New York Times,* December 16, 1914, p. 22

③ "The Family Pocketbook," *Good Housekeeping* 51 (1910): 15.

不要想……那天下午，我就已经把我所有的衣服都从我们的卧室搬到走廊对面的一个房间去了。"经过一周的孤单生活，丈夫让步了。①

如果这些说服技巧失败了，则还有一系列地下财务策略，从扒窃到虚报账目。1890年，《论坛》杂志的一篇文章谴责了"家庭财务管理中萌生的欺骗、欺诈和两面派做法"。仅仅为了"可以据为己有的那么几美元"，女人们把系统性的家庭内部欺诈变成了习惯，比如说，有些会"让杂货商把本来30块钱的账单改成40块钱，好把那10块钱截下来……（还有人）背着丈夫接缝纫活，累得双眼通红劳累不堪；还有些农村妇女……偷偷拿苹果和鸡蛋到城里卖钱……"。在埃尔莎·赫茨菲尔德对住在纽约市西区的廉价公寓中的家庭的调查里，妻子们透露了她们的一些小伎俩；一位女士告诉调查员，她"偷偷地"在床垫下面建了一个秘密"商店"，尽管她明知一旦其丈夫发现就会"鞭打她"。还有一位主妇努力赚点闲钱，这些钱会被她用来买裙子，以穿去参加"敲诈勒索"活动。有时，为了能给她们的父母寄点钱，有些移民女性会想方设法把她们的信件和钱藏在外面，不让丈夫发现。②

有些方法会面临更高的风险。1905年，有一位叫约瑟夫·舒

---

① Letters to the Editor, *Good Housekeeping* 51 (February 1910): 246.
② Alice Ives, "The Domestic Purse Strings," *Forum* 10 (1890): 106, 111; Elsa G. Herzfeld, *Family Monographs* (New York: James Kempster Printing Co., 1905), p. 50. 有关移民妇女，参见 "If It's Only a Page, It's Five Cents," in *Grandma Never Lived in America: The New Journalism of Abrahan Cahan,* ed. Moses Rischin (Bloomington, Indiana, 1985), p. 308.

尔茨的男性被他的妻子舒尔茨女士送上了布法罗的治安法庭。案情是这样的,舒尔茨先生决定阻止他妻子半夜从他的裤兜偷零钱的行为,于是在裤兜中藏了一个捕鼠器。凌晨两点左右,捕鼠器被触发了,然后,第二天早上他就被妻子送上了法庭。纽约市的一份法律杂志《法官与律师》以非常满意的姿态报道说,法官驳回了妻子的投诉,维护了丈夫用捕鼠器保护自己的零钱的权利。在另一个案例中,40岁的特丽萨·马拉贝拉因为从她丈夫——纽约贝尔波特的一个劳工——弗兰克·马拉贝拉的裤兜偷了10美元而被判在郡监狱服刑4个月。特丽萨用这笔钱到纽约旅行了一趟。①

但并不是只有穷人的妻子才会"偷"钱。事实上,有一个观察家承认说,"有些名义上的富家女性偷藏在壁橱里的钱或许与那些名义上的穷人女性偷藏在壁橱里的钱一样令人厌恶"。贫穷人家的女性要在她们丈夫的裤子中翻找零钱,而有钱人家手中没现金的妻子们则会使用一系列欺骗性的手段。格雷夫人,结婚20年,已经当了祖母,却还是没有"任何属于自己的钱",人们说她"发展出了一整套欺骗和欺诈其丈夫的系统性方案……在她想拿点钱帮助一户贫困家庭买个炉子、想帮一些生病或挨饿的人付房租的时候,她会告诉她的丈夫家里的面粉用光了或者糖快用完了,然后拿到需要用到的这笔钱"。因此,这位"恪守教规的教会成员",这位从来没有撒过谎的人,却矛盾

---

① 3 Bench and Bar 1905: 6; New York Times, July 14, 1921. 马拉贝拉夫人(Mrs. Marabella)的罪名被推翻,她丈夫也撤诉了。据《纽约时报》报道,她与丈夫最终也和解了。

地"欺诈和哄骗"了"她曾庄重宣誓要爱和遵从"的那个男人。①

还有其他可以"绕开钱包的主人"的方法。女士们跟裁缝、杂货商和店铺掌柜讨价还价，让他们在账单上多加点东西，这样在付过账之后，"有钱人家的太太们就能刮点油水，多拿几美元"。一位出生于巴黎的纽约裁缝抱怨说，美国女士们"拿到定做好的礼服之后穿一晚就要退掉……拿到50块或者100块，然后还要求在账单上写上裙子或者帽子，以骗过她们的丈夫"。为了钱，有些女士甚至把目光投向了她们的仆人，要把旧家具卖给他们。20世纪20年代到访美国的一位日本访客从"所有阶层的男人和女人们那里、从报纸上、从小说中、从演讲中、甚至从布道中听到……各种典故和故事，里面的女性把钱藏在各种奇怪的地方，从丈夫那里骗钱……或者为了一些私人目的把钱偷偷存起来"。②

然而，已婚妇女相对贫困的状况越来越难以为继。如果一

---

① Salmon, "The Economics of Spending," p. 889; Alice Ives, "The Domestic Purse Strings," p. 110.

② Salmon, "The Economics of Spending," p. 889; Elia W. Peattie, "Your Wife's Pocketbook," *The Delineator* 77 (June 1911): 466; "Story of a French Dressmaker," in *The Life Stories of [Undistinguished] Americans,* ed. Hamilton Holt (New York: Routledge, 119061 1990), p. 75; Etsu Inagaki Sugimoto, *A Daughter of the Samurai* (New York: Doubleday, 1936), p. 176. 杉本鉞子对美国这种"奇异"的习俗感到迷惑，这与日本的方法非常不同，在日本，不论什么阶层，都是妻子管着钱包。我要感谢萨瑞纳·布科克（Sarane Boocock）提供了这条参考文献。根据 Elaine S. Abelson, *When Ladies Go A-Thieving* (New York: Oxford University Press, 1989), p. 167，缺乏获得现金的方式也许会迫使一些女性去商店偷东西。

个妻子必须要为了钱请求、哄骗、乞讨甚至盗窃,而且很多时候连有多少钱可以用都不清楚,她怎么能承担好作为一个家庭的"工资消费者"这一额外的经济职责?妻子需要一笔更加固定、更有规律性的家用开支,这种要求越来越强烈;女性要有"私人钱包"的呼声也越来越多,这笔钱没有条件限制,不需被谁问责,可以用在家庭、娱乐、礼物,以及像衣服、化妆品或者香水这些以女性作为受众群体的消费品上。《妇女家庭杂志》在世纪之交发表的一篇强有力的社论中警告人们,家庭主妇们根本就"没有获得能帮她们发挥最大作用的工具"。《妇女家庭杂志》的编辑爱德华·博克表示,虽然"当有人把婚姻说成是'合伙做生意'时,很可能会激起人们的愤慨",但婚姻"必须具备金钱基础",而家庭收入则应被当作丈夫和妻子的"共同事务"。①

赏钱还是贴补:作为解决方案的零用钱

给女性少量金钱的传统做法从19世纪晚期开始遭到攻击,

---

① Cochran Wilson, "Women and Wage-Spending," *Outlook 84* (October 13, 1906): 374; Edward Bok, "The Wife and Her Money," *Ladies' Home Journal* (March 1901): 16. 有关1890年至1940年百货公司几乎全是针对中产阶层女性的顾客的销售策略,参见 Susan Porter Benson, *Counter Cultures* (Champaign: University of Illinois Press, 1986)。亦可参见 William R. Leach, "Transformations in a Culture of Consumption: Women and Department Stores, 1890-1925," *Journal of American History* 71 (September 1984): 319-42。有关20世纪早期美容行业的商业化,参见 Lois W. Banner, *American Beauty* (Chicago: University of Chicago Press, 1983), pp. 202-25.

并贯穿20世纪的前30年。1915年,《哈珀周刊》观察到,"女性开始意识到,向另一个人请求说'我想买双新鞋,可以吗?'是令人不可思议的",而且意识到这一问题的女性数量"在急速增加"。女性杂志收到的众多匿名信传达了主妇们在金钱问题上遇到的麻烦。"玛格丽特应该怎么办?",1909年有一位女士这样问道。她的丈夫每个月只从300美元的薪水中拿出50美元给她经营家务,这50块要付所有账单,还要给她自己和小女儿买衣服。当她想要更多钱的时候,"约翰会非常生气,指责她不知足……(还说她)总是想要点什么东西"。很多种礼仪手册指出,"家庭和个人开支问题"是"婚姻生活中不幸的主要来源"。部分问题在于,丈夫不会公开他的财务资源,"因此妻子们完全不知道她可以放心地花多少钱,经常会不经意间造成浪费,又知之甚晚,然后一阵猛烈的指责就会落到她头上,指责她犯了怎样的错以及是怎样犯的错"。①

《妇女家庭杂志》的编辑爱德华·博克承认,确实,"妻子们按常理来说都会得到她们需要的东西",但是没有道理要让她们必须通过请求来得到这些钱,"女士们有权得到她们喜爱的那些花衣服,就像男人有权抽雪茄"。博克说,就算是最慷慨的丈夫们,似乎也会忽视这一点,"这世界上没有什么比强迫一个女士跟她的丈夫求钱更侮辱人的了"。有些妻子会为赠予的过程赋予感情色彩,比如《妇女家庭杂志》的一位读者在给杂志的

---

① "Adventures in Economic Independence," *Harpers Weekly* 61 (December 25, 1915): 610; Letters to the Editor, *Good Housekeeping* 50 (December 1909): 50; Maude C. Cooke, *Social Etiquette* (Boston, 1896), p. 139.

信中说:"我一直很享受跟他要钱。我们都觉得这些钱既是他的也是我的,但是由他把钱交给我会让他感到愉悦,我在向他要钱并且看到他乐于给我钱的时候也会开心。"不过,在大多数情况下,赏钱会被看作是贬低性的,适合作为给下属的报酬而不适合婚姻中的伴侣。博克在社论中问道:"如果男士们每次想要些什么东西都必须请求他们的妻子,男士们会有什么感觉?"①事实上,要钱让妻子们觉得自己跟孩子一样,一位女士抱怨道:"我的小女儿埃达手里的现金比我还多,因为她想要钱花的时候愿意亲吻和拥抱她的爸爸,然后要一两美元。他一看到女儿的蓝眼睛与金黄的卷发就根本无法拒绝她。但我憎恶跟他要钱。"②

著名的专栏作家多萝西·迪克斯谴责了这个迫使妻子在丈夫面前扮演"乞讨者"的制度,她说出了男性的自相矛盾,"他们愿意把荣誉、健康、姓氏、孩子托付给他的妻子,却不愿意把金钱托付给她"。可以使用信用支付并不是解决方案,因为这只是另一种形式的金钱赠予。事实上,观察家们注意到了一些"异常"情况,男性愿意为"妻子和女儿们的……大额账单"付

---

① Bok, "The Wife and Her Money," p. 16; "The Money Question Between Husband and Wife as it Has Been Worked Out in Several Homes," *Ladies' Home Journal 26* (April 1909): 24.

② Margaret E. Sangster, "Shall Wives Earn Money?," p. 32. 19 世纪一位多产的小说家、"建议"文学的作者马里恩·哈兰德(Marion Harland),因小女孩将"漂亮变成即期汇票",同时以"爸爸的钱包"作为银行,而公开谴责小女孩的天赋。参见 *Eve's Daughters, or Common Sense for Maid, Wife, and Mother* (New York: Dabor Social Science Publications, (1882) 1978), p. 73. 这条参考文献是琼·雅各布斯·布鲁默伯格(Joan Jacobs Brumberg)让我注意到的。

钱,却不愿意"托付给她们哪怕一点点现金"。有钱人家的太太可以"从有她们家庭记账账户的很多家商店订购任何东西"。但是,很多时候"她连给乞丐的十美分都拿不出来"。①

关于生活必需品的信条为妻子们在法律上提供了一定的追索权,使丈夫要为其妻子在商人那里的所购买的物品买单。然而,即使这种可以使用丈夫信用的承诺也会受到限制。对必需品的定义过于模棱两可,商人们不愿意冒险把那些可能不属于必需品的商品以信用结算的方式卖给主妇们。此外,丈夫们有权决定妻子要在什么地方购买必需品,而且可以通过证明他已经买过了必需品或者给足了妻子买必需品的钱,来终止妻子利用其信用的权利。事实上,法律在保护丈夫免受"疯狂"花钱和"铺张浪费"的妻子的困扰方面显然更为用心。②

里塔·蔡尔德·多尔,一位记者、外事通讯员、作家以及妇女选举权运动活动家,在回忆其 19 世纪 80 年代的成长岁月时说道:"男性虽然在家庭中是少数成员……却比占多数的女性成员享有更高的地位……在占有现金和预期收入方面也是一样。

---

① Dorothy Dix, "Woman and Her Money," *Good Housekeeping* 58 (March 1914): 408-9; Salmon, "The Economics of Spending," p. 889; Hugh Black, "Money and Marriage," *Delineator* 98 (June 1921): 58.

② 见 Lenore J. Weitzman, *The Marriage Contract* (New York: Free Press, 1981); Marylynn Salmon, *Women and the Law of Property* (Chapel Hill: University of North Carolina Press, 1986); Homer H. Clark, Jr., *The Law of Domestic Relations in the United States* (St. Paul, Minn.: West, 1968)。有关人们对"铺张浪费"的妻子们的担忧,参见 Ryan v. Wanamaker 116 Misc. 91; 190 N.Y.S. 250 (1921); Saks ct. al. v. Huddleston 36 F. (2d) 537 (1929); 及 W. A. S., "Charge It to My Husband," *Law Notes* 26 (1922): 26-8.

母亲总是向父亲要钱来应付家用。我们中如果有人想去哪,特别是需要交学费的时候,我们总是说:'我们得问父亲。'父亲并不是暴君,但是 80 年代的时候情况就是如此。"20 世纪早期的一首童谣是多尔的回忆的极佳缩影:"拍拍手,拍拍手,等着爸爸回家来,爸爸有钱拿在手,妈妈什么都没有。"①一位评论员评论说,女性"神圣的……付清账单的权利"需要一个更好的系统来保障。社会学专家加入了批评者的行列,他们指出,通过成为家庭的"财务长官……在其命令下或者在其方便的时候赏些钱",丈夫控制的"不只是经济,还有妻子的精神生活"。甚至法庭都会偶尔同意以上观点,拒绝把家庭内部的盗窃按真正的盗窃罪判罚。1908 年,有一位妻子被控盗走了她丈夫的一些零钱,布鲁克林法院的弗朗法官(Judge Furlong)的判决站在了被告"小偷"的一边,宣称"如果丈夫没能尽力养家,妻子完全有权利在晚上翻找他口袋中的钱"。②

但是,妻子们恰当的金钱收入是什么?对于一些人而言,对"身无分文的妻子"来说最好的解决方案是为每个女儿都准备一笔嫁妆。而已婚女性们似乎更青睐按周或按月定期发放的贴补。在 1910 年的一期《好管家》杂志对 300 名妻子的调查

---

① Rheta Childe Dorr, *A Woman of Fifty* (New York: Funk and Wagnalls, 1924), p. 13. 我要感谢迈克尔·舒德森(Michael Schudson)提供了这条参考文献。这首儿歌引自 Mary W. Abel, *Successful Family Life on Moderate Income* (Philadelphia: J. H. Lippincott Co., 1921), p. 60.

② "The Family Pocketbook," (1910), p. 15; Charles Zueblin, "The Effect on Woman of Economic Dependence," *American Journal of Sociology* 14 (March 1909): 609; "Domestic Relations and Small Change," 15 *Bench and Bar (October* 1908): 10.

中，有 120 位妻子支持贴补方案。到 1915 年，根据《哈珀周刊》的说法，一些"超现代类型"的年轻新娘要求在"为爱、荣誉和服从而宣誓"之前，先为她们的贴补许下诺言。① 女性杂志越来越多地在杂志文章甚至小说中为女性的贴补背书。比如说，《星期六晚报》1926 年发表的一篇短篇小说"跟她一样重的金子"（Her Weight in Gold）中，富有的女主角琼道夫人宣称，"全世界所有的长袍和钻石胸针都比不上即使是那么一点属于她自己的贴补"。同年，圣路易斯妇女自由联盟更进一步，赞助了一项为妻子提供法律强制的着装贴补的法案。家政学家们也同意这些观点。玛丽·埃布尔，《家政学期刊》的一名编辑，抨击了赏钱制度，认为"要在家庭资金的消费方面取得最好的结果，母亲们应当控制家庭收入，这将确保她们在履行经理和买手的职责时的效率"。② 一份恰当的家务贴补似乎会促进家庭的和谐。1923 年，纽约法律援助协会总结了他们从对几千起家庭冲突案件的处理中获得的经验，写入了面向年轻男性的"家庭关系十诫"中。其中，第一条建议是"在你的能力范围内尽可能慷慨"；而第二条建议则是"不要在纯粹的家务事的管理上对女性指手画脚"。报告建议，妻子们一般来说"在管理丈夫的收入中用于家务开销的那部分钱财方面，要比丈夫们称职得多"。艾米

---

① C. S. Messinger, et. al., "Shall Our Daughters Have Dowries?" *North American Review* 151 (December 1890): 746-69: "Family Pocketbook," *Good Housekeeping* (1910): 9-15; "Adventures in Economic Independence," *Harper's Weekly 61* (December 25, 1915): 610.

② Maude Parker Child, "Her Weight in Gold," *Saturday Evening Post* 198 (January 1926): 125; *New York Times,* October 11, 1926; Abel, *Successful Family Life,* p. 69.

莉·博斯特①甚至都用她的批准章为贴补做了认证。②

然而，把女性手中的货币从赏钱变为贴补并不容易。1928年的一次对200对上层阶级夫妇的调查发现，虽然其中的73对在家中采用贴补制度，但是有66对仍然在家中使用"丈夫管理所有金钱的旧式制度，丈夫付清所有账单，在妻子开口要钱的时候赏笔钱给她"。剩下的夫妇们，一些拥有更加进步的银行联合账户，另一些则对这个问题没有确定的安排。③丈夫们对贴补似乎要比他们的妻子冷漠得多。正如多萝西·迪克斯指出的："大多数家庭中自始至终都存在的一个争论就是妻子的贴补问题。妻子们强烈要求贴补，而丈夫们则认为她们不该有贴补。"迟至1938年，《妇女家庭杂志》开展了一项全国范围的调查，调查主题为"美国的女性对金钱持怎样的观点"，调查中问到了"妻子应不应当享有一份定期的家务贴补"。结果，在不考虑婚姻状态和地理位置的条件下，女性受访者中的88%对这个问题给出了肯定的回答。而在年轻女性受访者（30岁以下）中，这一数据

---

① 艾米莉·博斯特（1872—1960）是美国礼仪之母，代表作品《礼仪》（*Etiquette*）被公认为西方最权威、最经典的礼仪读本。艾米莉·博斯特甚至已经成为美国礼仪文化的代名词。
② *New York Times,* January 29 and January 30, 1923; Emily Post, "Kelland Doesn't Know What He Is Talking About," *American Magazine* 106 (1928): 110.
③ G. V. Hamilton and Kenneth MacGowan, "Marriage and Money," *Harper's Monthly* 157 (September 1928): 434-44. 正如《哈珀周刊》所描述的，这项关于经济安排的调查是在社会卫生局（Bureau of Social Hygiene）的主持下对婚姻生活不同方面所进行的一项更大规模研究的一部分。该研究使用一组事先准备好的问题，在两年的时间里对200名受访者分别进行了单独访谈。

是 91%。然而，只有 48% 的妻子确实会收到贴补。①

丈夫们抵触贴补，是因为贴补会正式地从他们的收入中单独割出一部分，变成"她的"，从而会增加女性对财务的控制。在一位读者写给《好管家》杂志的一篇"典型案例"中，一个神职人员无法理解他妻子对钱的要求："我觉得她没理由拥有任何钱，只要她理性地、节俭地买东西，所有的账单我都会付掉。"对没有约束的贴补的批评者们经常会援引女性在财务方面不称职这一说法。比如《妇女在家中犯的错》(The Domestic Blunders of Women)一书的具有争议性的作者"纯粹男人"发出的悲叹："我们把家中的财政大权托付给了这些人，这些连二加二都不会算的人，没办法留住钱的人，不知道怎么花钱的人，拿到钱也不会记账的人，不了解什么东西应该花多少钱或者已经花了多少钱的人。"②

贴补也制造了另外一种困惑。贴补到底算哪种钱？贴补不再应该被看作是赏钱或者赠予，但它也不能成为服务的报酬。事实上，给妻子"报酬"是非法的，因为这会让她变成"家中的一个佣人和侍者，而因此卸下她提供忠诚慈爱的照顾的婚姻职责"。在 1926 年，一位"忧心忡忡的家庭主妇"写信给当时的明尼苏达州州长，抱怨说："我邻居雇的女孩每个月可以赚 60 美

---

① Dorothy Dix, "Woman and Her Money," *Good Housekeeping* 58 (March 1914): 409; Henry F. Pringle, "What Do the Women of America Think About Money?" *Ladies' Home Journal* 55 (1938): 102.

② Letters to the Editor, *Good Housekeeping* 51 (February 1910): 517; A Mere Man, "The Domestic Blunders of Women" (New York: Funk and Wagnalls, 1900), p. 33.

金,还有免费食宿……但是我,作为一个家庭主妇,在自己的需求上一分钱都拿不到",据《纽约时报》报道,首席检察官办公室回信说,没有任何法律"强制丈夫要给自己的妻子发工资"。① 而偶尔也会有观察家建议,考虑到"一定会有钱……在一家之主和家庭成员之间流动",这种金钱流动可能会被当作商业合同来对待。大多数贴补的支持者会小心地把贴补同报酬区分开。"对于那些说'但我不能像给仆人发工资一样给妻子发报酬'的人",《论坛》的一位作者建议说,"回答一定是'当然不'。她是一位合伙人,因此有权得到一份收益"。事实上,一些贴补的倡导者论证说,家庭金钱如果能做到公平,就可以保护女性,让她们没有必要向她们的丈夫要钱,而是靠挣取市场工资以获得一些"小外快"。②

难以被定义的贴补也难以进行规制。由于贴补不是报酬,其发放数额不能由妻子在尽人妻之责时的表现来决定。虽然通常人们期望妻子的贴补按照"她丈夫收入的一定比例"确定,在实践中,正如《纽约时报》的一篇社论指出的,"(贴补)数额应当是多少"经常会制造"尖锐的意见分歧",这仍然是一个"微妙的问题"。③ 贴补的用途也是不明确的。贴补是专门用在家务上的么?如果有盈余的话,谁"拥有"这些盈余?贴补能满足女性的个人需求吗?

---

① Coleman v. Burr, 93 N.Y. 17, 45 Am. Rep. 160 (1883); *New York Times,* November 7 and 8, 1926.
② "Business Contracts in Family Life," *Living Age* 264 (January 1, 1910): 54; Ives, "The Domestic Purse Strings," p. 113; Bok, "The Wife and Her Money."
③ *New York Times,* January 30, 1923.

贴补还是联合账户：作为"坏"钱的贴补

1925年2月，布鲁克林圣三一教堂的主教霍华德·梅莉什向纽约妇女城市俱乐部讲述了妻子的经济独立的重要性，还讲了一件相关的轶事，她向听众说道："昨天，我向一位年长的女士询问她对幸福婚姻的看法，她没有片刻迟疑，说道：'有贴补'。"但是主教讲的这段轶事却产生了适得其反的效果。第二天，《纽约时报》一篇题为"她们想要的不止这些"的社论表达了对贴补的批判性的新观点："如果我们承认一个家庭中的妻子和丈夫提供的服务是平等的，那么为什么是其中一个而不是另一个人拿'贴补'，又为什么贴补要由丈夫决定并被视为一种帮助？"社论总结说，贴补"是强势者给弱势者的"，因此对于现代女性而言是一种不合适的货币。①

甚至在民众对贴补的支持越来越强的20世纪20年代，那些将贴补制度视为不公平的甚至是有辱人格的家庭货币的人们对该制度的批评也在与日俱增。克里斯廷·弗雷德里克将贴补制度称作是"那个时代的遗产，当时女性被认为缺乏处理金钱的经验"。弗雷德里克是当时风头正盛的家庭效率运动（household-efficiency movement）的一个领导者，她将贴补视为一种"无效能"的方案，会动摇如经营工厂或者经营办公室一

---

① *New York Times,* March 2 and 3, 1925.

样理性地经营家庭的这个现代目标，因而拒斥贴补制度。家政学方面的知名权威人士本杰明·安德鲁斯解释说，家庭主妇"作为工作者而获得的补偿同其他工人获得的补偿是一样的——这是她享有的收入"。女性的工资"同其丈夫从家庭之外的工作获得的工资不是同样形式的现金工资"这一点并不重要。妻子会拿到"实际工资"，是指她的"吃的、穿的、住处和各种文化上的满足"，跟他丈夫的现金收入"通过家庭开销转变成吃的、穿的等"之后为丈夫带来的收益是一样的。安德鲁总结道："他的报酬和她的报酬通常是相同的。"①

不过，大多数支持"反贴补"的人都没有支持发展家庭薪水，而是支持创设"共同控制钱包"这一更加民主的方式。《美国杂志》对现代"好丈夫"的一个戏谑性的定义是，现代"好丈夫"是一个"对半"（fifty-fifty）的男人，会"信任他的妻子，把她当成真正的伙伴，在每件小事上都公平对待她……（从不）欺骗她"。"坏丈夫"要么"故弄玄虚"，"从来不让他们的妻子负责什么事……他们把自己的妻子当作要拥有、要把握、要哄骗的对象"；要么是"吝啬鬼"，隐瞒自己的经济状况，告诉他们的妻子自己"赚的钱仅仅够支撑生活。星期一他像大慈善家一样给妻子一美元，然后会在星期五问她这钱在哪里挥霍的，怎么挥霍的"。另一方面，还有一种"坏丈夫"，他们会"留一手"，假装让他们的妻子管理家庭资金，但"永远会通过各种不

---

① Christine Frederick, *Household Engineering* (Chicago: American School of Home Economics, 1919), p. 269; Andrews, *Economics of the Household,* p. 398.

实陈述把很大一部分资金抓在手里"。①

新的、经过改进的家庭货币应该要分享，要在最大程度上减小性别和年龄的不平等。家庭被敦促"定期在桌子旁举行一次会议，坦率而有礼貌地讨论（做事）方式和方法，并适当考虑到每个成员如何和多少能够在工作、金钱、合作等方面为家庭的整个事务做出贡献"。父亲和母亲将扮演家庭董事会的角色，根据各种不同需求分配资金。新的财务制度还将包括为每个家庭成员的个人开支规定一笔数额，这会被视为一项预算权利，而非赠予。"个人钱包"不仅仅是男性的特权，正如《妇女家庭杂志》解释的那样："无论是童年时手里的几分钱，还是成人后手里的很多钱，（私人金钱）看起来都是神圣的财产……没有一些属于自己的、不受预算支配的钱，就没有自由。"他们提醒丈夫们，声称"我会为自己保留这么多或那么多，其余的都属于家里"是"不诚实的"。根据新的财务议程，如果"家庭钱包"要成为真正的"合伙基金"，那么"所有资金都属于家庭，男性个人支出的份额不能优先于其他家庭成员的份额"。②

但是有多少夫妻真的采用家庭资金的新形式呢？《哈珀周刊》1928年的一项研究发现，在200名受访者中，只有54名采取了被杂志描述为最"女性主义"的财务安排：联合账户或者

---

① Hazel Kyrk, *Economic Problems of the Family* (New York: Harper and Brothers, 1933), pp. 182-83; H. I. Phillips, "My Adventures as a Bold, Bad Budgeteer," *American Magazine* 97 (January 1924): 64.

② Alice Ames Winter, "The Family Purse," *Ladies' Home Journal* 42 (May 1925): 185; Mata R. Friend, *Earning and Spending Family Income* (New York: Appleton, 1930), p. 112; Andrews, *Economics of the Household,* p. 554.

共有钱包。1929 年，在《米德尔敦》(*Middletown*) 一书中，作者林德夫妇说，大多数夫妻采用的都是"各种临时的，包含或多或少的争吵"的财务安排。而在二十多年后，《克莱斯特伍德高地》(*Crestwood Heights*) 所开展的一项对郊区生活的研究发现，尽管民主的规范要求夫妻共同支配丈夫的收入，但"妻子并不知道丈夫赚多少钱，即便是大概的数字"。妻子仍然需要通过"操纵他们的家庭贴补"来获得"不上报"的个人资金。值得注意的是，20 世纪 20 年代的杂耍喜剧演员们继续把女性的家庭策略作为笑点来源："哦，她多么喜欢给我整理衣服；她经常会把我衣服里的小零钱拿走。有天晚上她拿走了我裤子里的三枚硬币——一个 5 分的，一个 10 分的，还有一个 20 分的。"如果女性穿的是裤子，那么也有另外一个常见的笑话，妻子会"半夜起床然后从她自己身上偷钱"。[①] 虽然家庭主妇实际的财务状况可能并没有真正进步，但是到 1930 年，妻子的贴补的象征意义发生了转变，从独立和对家庭的掌控变成了财务上的服从。

给丈夫的贴补：工薪阶层中的家庭货币

家庭金钱不单由性别定义，也会被家庭所属的社会阶层定

[①] Hamilton and MacGowan, "Marriage and Money," p. 440; Robert S. Lynd and Helen Merrell Lynd, *Middletown* (New York: Harcourt Brace Jovanovich, 1956), p. 127, n24; John R. Seeley, R. Alexander Sim, and Elizabeth W. Loosley, *Crestwood Heights* (New York: Wiley, 1956), pp. 184-85; W. M. McNally, "A New Monologue on Marriage," *McNally's Bulletin: Periodical of Sketches and Jokes,* No.8, 1922, p. 4.

义。一本家政学教科书认为,工薪阶层的妻子也可能会被富家女性所羡慕。后者"手中很少有现金",而前者却往往"决定家庭的财务政策并且掌控必要的资金。"事实上,在其 1917 年的研究中,社会调查者、社区服务中心活动家玛丽·辛克诺维奇(Mary Simkhovitch)发现,随着家庭收入的增长,"由妻子控制的家庭收入的比例会逐渐缩小,直到她仅仅只是丈夫的一个受益人"。矛盾的是,在大多数族裔群体中,阶层与性别在家庭内金钱的权力结构这个问题上似乎是负相关。玛格丽特·拜因顿(Margaret Byinton)在她 1910 年对宾夕法尼亚州霍姆斯特德的研究中发现,男性"倾向于将所有财务问题都托付给他们的妻子"。在发薪日,工人们将他们的薪水交给他们的妻子,还会要求说:"这些钱要用在哪里不要问我"。① 在工薪阶层家庭,贴补通常是为丈夫和孩子设置的,而不是为妻子。路易斯·摩尔(Louise B. More)通过对工薪阶层的预算的分析发现,在其调

---

① Abel, *Successful Family Life on Moderate Income,* p. 5; Mary K. Simkhovitch, *The City Worker's World in America* (New York: Macmillan Co., 1917); Margaret E. Byington, *Homestead* (New York: Charities Publication Committee, 1910), p. 10. 现有的证据表明,类似的家庭、财务安排适用于不同的族裔群体。例如,参见 Ruth S. True, *The Neglected Girl* (New York: Survey, 1914); Micaela di Leonardo, *The Varieties of Ethnic Experience* (Ithaca, N.Y.: Cornell University Press, 1984); John Bodnar, *The Transplanted* (Bloomington: Indiana University Press,1987); research material from Ewa Morawska, 1985 (personal communication). 不过,路易斯·兰菲尔(Louise Lamphere)在" From Working Daughters to Working Mothers: Production and Reproduction in an Industrial Community," *American Ethnologist* 13 (1986): 118-30 一文中指出了可能的族群变量。有关犹太家庭,参见 Andrew R. Heinze, *Adapting to Abundance* (New York: Columbia University Press, 1990), chap. 6. 进一步的研究应该更好地说明族群和种族对家庭货币的影响。

查的200个家庭中的108个家庭里都有给"要消费的钱"的贴补，其中94位男性获得了全部或者部分贴补，在29个家庭中有一个或两个孩子可以拿到贴补。看起来，在大多数工薪阶层家庭中，妻子一直是那个"根据需求与每个人赚的钱赏给家庭成员零用钱"的人。历史学家莱斯利·滕特勒（Leslie Tentler）通过对20世纪00年代至20世纪30年代工薪阶层女性的研究得出结论，工薪阶层家庭的这种财务安排赋予了妻子们相当多的经济权力，把家庭变成了"她们的领地"。确实，对于当代的中产阶层观察者们而言，那些"从他们负责管钱的妻子手中领日常赏钱的丈夫们通常都是附属性的存在"。[1]

但是这些研究和观察也许因为过于理想化工薪阶层的妻子们的影响力而高估了她们的影响力。可以肯定的是，管理家庭收入让女性积极地参与家庭财务，使她们能够在管理层面拥有一定的控制。但是，仍然不明确的是她们拥有的实际上的自由支配权。起初，在现金收入有限的家庭中管理金钱是一项艰难的任务。虽然工薪阶层家庭的生活标准在世纪之交获得了提升，但是家庭预算研究仍然揭示了他们在经济生活中的审慎。丈夫和孩子的收入几乎全部用在了食品、衣着、住房和保险上。而担任出纳则让妻子的肩上担上了非常沉重的担子：人们（家庭成员以及外人）可以非常方便地把家庭资金上的麻烦事怪罪

---

[1] Louise Bolard More, *Wage-Earner's Budgets* (New York: Henry Holt and Company, 1907); True, *The Neglected Girl,* p. 48; Leslie W. Tender, *Wage-Earning Women* (New York: Oxford University Press, 1982), p. 177; *New York Times,* January 30, 1923.

于女性的管理，而不是怪罪于紧张的预算或无规律的劳动力市场。①

更加重要的是，只要存在任何额外收入，妻子表面上对资金的控制就会很快瓦解。虽然理想的好丈夫确实应该把他所有的工资一分不少地交给他的妻子，每周只从妻子那里领一两美金用于个人用途，但实际上很多人都不是这样做的。1914年纽约市西区的一项研究发现，虽然"现在确实有很多人相信，美国工薪阶层的男性会把他的薪水在星期六晚上交给妻子，并让她分配所有开支"，但妻子真正能够从丈夫那里拿到多少钱，丈夫会自己留下多少钱，"取决于他们之间私下的调整而不是什么被认可的规则"。在精确地解释金钱是如何分配的这方面的证据非常有限。但是西区的研究表明，分配结果通常会基于丈夫的偏好而受到操纵。正如一位意大利裔主妇所解释的："他们当然不会把他们赚的钱都交上来。他们可是男人，你永远都不知道他们如何行事。"社会服务所的工作人员艾尔莎·赫茨菲尔德（Elsa Herzfeld）在她1905年对纽约西区的研究中发现，有些丈夫会把他们全部的工资都交给妻子，然后只拿些车费和"啤酒钱"，其他男人则"'想给多少'就给多少，或者'星期六晚上还剩多少就给多少'"。一位丈夫会把大部分收入存入银行，并

---

① 参见 Daniel Horowitz, *The Morality of Spending* (Baltimore: Johns Hopkins University Press, 198S), p. 60. 确定特定的家庭财务安排对家庭成员相对权力的影响是一项困难的任务。权力不仅可以通过多种方式来衡量，而且家庭内部金钱权力的各个方面——无论是消费、储蓄、投资还是管理，都具有非常特殊的文化和社会意义。我们需要更多的研究来定义并理解作为"出纳"的工人阶级家庭的妻子手中权力的相对等级。

把"他认为对家庭来说是必需的"数额的钱放在壁炉架上的玻璃杯里。赫茨菲尔德提到,有的时候,"丈夫不会告诉妻子自己的工资有多少"。① 相似地,后来,1924 年的一项对芝加哥低技能工薪阶层人口的研究发现,当被问到她们丈夫每周的薪水时,超过三分之二的妻子给出的数额都小于工资单上的数额。调查员得出结论:"男性可能不会把所有收入都交给妻子,而只是上交一部分,上交的数额是他认为妻子应该为家庭消费的数额。"②

因此,家庭经济由妻子协调和控制的这种理想化的观点掩盖了家庭内部相互竞争的金钱要求。丈夫装着工资的信封并不总会原封不动地到家。孩子赚取的收入也是如此。受消费文化的诱惑,孩子们也越来越多地隐瞒或篡改他们的收入。大卫·那索(David Nasaw)发现,在 20 世纪早期,赚工资的孩子"在其他方面都很听话,但却尽其所能为自己保留一部分收入。他们撒谎、欺骗,把小额零钱藏起来,还伪造工资信封"。事实上,根据一份报告,母亲们不喜欢儿子在有人给小费的地方工作,"因为那样的话不可能知道多少钱是他应得的"。虽然女孩子们比她们的兄弟更有可能交出全部工资,但并非所有人都会这样做。在纽约西区工作的意大利女孩告诉调查人员,加班之后"搞定"工资信封有多么容易:"不管你赚了多少钱都是写在

---

① Katherine Anthony, *Mothers Who Must Earn* (New York: Survey Associates, 1914), pp. 135-36; Louise C. Odencrantz, *Italian Women in Industry* (New York: Russell Sage, 1919), p. 176; Elsa Herzfeld, *Family Monographs* (New York: James Kempster Printing Co., 1905), p. 50.

② Leila Houghteling, *Income and Standard of Living of Unskilled Laborers in Chicago* (Chicago: University of Chicago Press, 1927), p. 37.

信封外面的……弄好这个很简单，你只需要把它擦掉，然后写上平时的数字，把多拿的那些钱揣进自己的口袋里。"①

甚至妻子能收到和控制的那部分资金也仅限于家务钱。同更加富有的女性一样，工薪阶层的主妇没有权利、也更没有途径拥有个人资金。用于个人开支的零花钱是男性的特权，或者有工作的孩子的权利。工薪阶层家庭中丈夫的贴补因此同中产阶层家庭中妻子的贴补是两种非常不同的金钱。前者虽然也会部分用于实用开销，比如食物、衣物或者交通，但它也是可以正当地用于个人享乐的资金。事实上，历史学家凯西·佩斯（Kathy Peiss）在世纪之交对纽约工薪阶层女性的休闲生活的研究就清楚地表明，男性有能力负担自己的娱乐开销：去酒吧喝酒、去看电影、去看戏剧、去买烟；但他们的妻子却没有钱可以花在个人娱乐上。64 岁的洛伦佐·拉卡斯蒙席大人（Monsignor Lorenzo Lacasse）② 曾回忆起他父母在 20 世纪初的生活："当我的父亲把工资拿回家的时候，他会把装工资的信封放在桌角，一分不少。我的母亲会处理这笔钱。如果父亲需要一些零钱，他会在磨坊卖些巧克力棒。"而这些额外的"零钱"则会"用在他

---

① David Nasaw, *Children of the City* (New York: Anchor, 1985), pp. 131-32; *Boyhood and Lawlessness* (New York: Survey, 1914), p. 69; True, *The Neglected Girl*, p. 49. 亦可参见 Viviana A. Zelizer, *Pricing the Priceless Child: The Changing Social Value of Children* (New York: Basic Books, 1987), pp. 97-112。有关儿童收入愈演愈烈的个人化，特别是 20 世纪 20 年代之后，见 Judith E. Smith, *Family Connections* (Albany: State University of New York Press, 1985); Elizabeth Ewen, *Immigrant Women in the Land of Dollar* (New York: Monthly Review, 1985).

② 罗马天主教会授予神职人员的荣誉头衔。

的开销上，偶尔用来买杯啤酒"。① 因此，女性的钱仍然是归属于集体的，而男人的钱和孩子的钱却是区别于其他的，是个体化的。如果一个工薪阶层家庭的妻子需要更多的钱，她的选项非常有限。由于几乎无法获得信贷账户，她要求助于亲戚或邻居，也要经常求助于典当行和放债人。有时，女性可以从她们年幼的孩子那里获得额外的钱。在1918年政府对工业的家庭—工作的调查中，一位母亲解释说，因为她需要"一些自己的钱"，她的小儿子要在家帮她编念珠。还有一位需要一副假牙的母亲也"觉得孩子应该帮忙赚钱以购买假牙"。②

小说家们捕捉到了工薪阶层家庭在标记金钱的过程中所出现的一些竞争、困惑以及痛苦。以梅茜的愤慨——出自约翰·多斯·帕索斯（John Dos Passos）的《第42条平行线》（*The 42nd Parallel*）——为例，当她去储蓄银行把她的哥哥比尔给孩子的

---

① Kathy Peiss, *Cheap Amusements* (Philadelphia: Temple University Press, 1986), pp. 23-24; Tamara K. Hareven and Randolph Langenbach, *Amoskeag* (New York: Pantheon, 1978), p. 258.

② "Industrial Home Work of Children," U.S. Department of Labor, Children's Bureau Publication no. 100 (Washington, D.C.: Government Printing Office, 1924), p. 22. 有关女性收入的另外来源，参见 Kathryn M. Neckerman. "The Emergence of 'Underclass' Family Patterns, 1900-1940," in *The "Underclass" Debate,* ed. Michael B. Katz (Princeton: Princeton University Press, 1993), pp. 202-3; Ellen Ross, "'Fierce Questions and Taunts': Married Life in Working-Class London, 1870-1914," *Feminist Studies* 8 (Fall 1982): 590; Melanie Tebbutt, *Making Ends Meet: Pawnbroking and Working-Class Credit* (New York: St. Martin's, 1983); Pat Ayers and Jan Lambertz, "Marriage Relations. Money, and Domestic Violence in Working-Class Liverpool, 1919-39," in *Labour & Love: Women's Experiences of Home and Family, 1850-1940,* ed. Jane Lewis (Oxford: Blackwell, 1986), pp. 203-4.

5 美元"生日钱"存在孩子的学校费用账户中的时候,却发现她丈夫马克偷偷取出了 53.75 美元。那天晚上,当马克回到家中,梅茜愤怒地与马克对峙:"你从自己的孩子那里偷钱",肯定是把钱花在"喝酒或者别的女人身上了"。她还不知道马克需要那笔钱是要用在他叔叔蒂姆的葬礼上。马克承诺会把这些钱补回来,但梅茜还是嘲笑他"不够男人,不能让自己的妻子和孩子过上体面的生活,还要从自己天真无邪的可怜孩子的银行账户里拿钱"。这件事最终以马克抛弃了自己的家人告终。① 安齐亚·叶莎斯嘉(Anzia Yezierska)1925 年的《养家之人》(Bread Givers)是一部半自传性质的小说,记录了作者在纽约下东区(Lower East Side)长大的故事。在小说中,这个广受欢迎但最近才被发现的犹太移民生活的讲述者记叙了其父母在孩子赚来的钱这个问题上的争执。她的父亲坚持要把孩子们工资的十分之一捐给慈善机构(按照正统犹太法律的规定),"而且父亲加入了那么多的社团和地方分会,甚至都不用我们给自己买点什么想要的东西,这钱仅仅用来交给父亲所属的那些慈善机构都不够用"。当他的妻子提醒他孩子们需要钱买衣服,指责他用"孩子们的血汗钱"做慈善时,父亲反驳说:"不让我做慈善就仿佛上帝在我体内的呼吸停止了。"②

当家政学专家开始鼓励对家庭内的资金进行共同控制,工薪阶层家庭的财务系统的合法性便开始丧失了。对英国工薪阶

---

① John Dos Passos, *The 42nd Parallel* (New York: New AmericanLibrary, [1930]1979), pp. 140-41.
② Anzia Yezierska, *Bread Givers* (New York: Persea Books, [1925]1975), pp. 89-90.

层家庭的研究显示，工薪阶层家庭开始转向中产阶层家庭给妻子发放家务贴补的系统。有限的数据使我们很难确认同样的事情是否也确实在美国发生。20世纪20年代，在对印第安纳州曼西市的研究中，林德夫妇报告说很少有丈夫交出工资，并让妻子控制家庭经济。但阶层差异似乎一直存在：根据《妇女家庭杂志》对全国范围内的金钱调查，到1938年，在收入低于1500美元的群体中，只有38%的女性获得了贴补。而在收入高于1500美元的家庭中，这一比例为62%。[1]

零用钱还是真正的钱：定义女性的收入

当女性的钱并非来自她们丈夫的薪水时会发生什么？当女性为非亲非故的人工作，不管是在家里还是有固定薪水，这笔收入和真正重要的钱之间的界限仍然存在，只是存在的方式不同。例如，在工薪阶层，已婚女性的收入通常是通过照顾寄宿者，外接缝纫活儿或洗衣活儿得到的；农场家庭的女性是通

---

[1] Lynd and Lynd, *Middletown,* p. 127 n. 24. Henry F. Pringle, "What Do the Women of America Think about Money?" *Ladies Home Journal* 55 (April 1938): 102. 亦可参见 Friend, *Earning and Spending Family Income,* p. 108。有关英国家庭，参见 Laura Oren, "The Welfare of Women in Laboring Families: England, 1860-1950," *Feminist Studies* 1 (Winter-Spring 1973): 115; Peter N. Stearns, "Working-Class Women in Britain, 1890-1914," in *Suffer and Be Still,* ed. Martha Vicinus (Bloomington: Indiana University Press, 1972), p. 116; Jan Pahl, "Patterns of Money Management Within Marriage," *Journal of SocialPolicy* 9 (1980): 332-33.

过出售黄油、鸡蛋或家禽赚取的，这些收入与丈夫的工资不一样。① 由于女士的劳动是女性传统家务劳动的一部分，女士赚的钱被并入家庭的家用开支中，通常用于整个家庭的花销，包括家人的衣服或食物。事实上，在法律上，直到 20 世纪的前几十年，这些家庭收入都属于丈夫。法院坚决反对将妻子的现金转变为妻子的有形财产。在越来越多的人身伤害案件中，法律必须决定丈夫或妻子是否有权因女性无法工作而获得赔偿；在债权人提出的索赔中，法院坚持区分家庭货币和挣来的工资。如果妻子在家工作，即使她的劳动是面向陌生人的，是照顾寄宿生或照顾邻居，那笔钱也不是真正的收入，因此属于她的丈夫。有些讽刺但非常重要的是，在某些州，一个妻子在家庭内的收入可以成为她的财产，但只能是来自她丈夫的赠予。②

---

① Joan M. Jensen, "Cloth, Butter, and Boarders: Women's Household Production for the Market," *Review of Radical Political Economics* 12 (1980): 14-24; Laurel Thatcher Ulrich, *Good Wives* (New York: Oxford University Press, 1983), pp. 45-47; Ewa Morawska, *For Bread with Butler* (New York: Cambridge University Press, 1985), pp. 134-35.

② W. W. Thornton, "Personal Services Rendered by Wife to Husband under Contract," *Central Law journal* 183 (1900); Helen Z. M. Rodgers, "Married Women's Earnings," 64 *Albany Law journal* 384 (1902); Joseph Warren, "Husband's Right to Wife's Services," 38 *Harvard Law Review* 421 (1925). 从 19 世纪中期开始，有关已婚女性财产的法案就给予了她们拥有并控制自己财产的权利，但主要针对继承的财产。已婚女性对自己所赚取的酬劳的权利被这些法案排除在外，后来通过修正案或更晚近的法案进行的补充也非常慢，而且遭遇了很多阻力。见 Percy Edwards, "Is the Husband Entitled to His Wife's Earnings?" *Canadian law Times* 13 (1893): 159-76; Rodgers, "Married Women's Earnings"; Warren, "Husband's Right to Wife's Services"; Crozier, "Marital Support," pp. 37-41; Carole（转下页）

在家庭内部赚到的钱非常像贴补,因此跟赠予一样保留着单独的身份,而不是真正的金钱。已婚女性在劳动力市场中赚到的钱同样是特别的。在17世纪的英国,所谓的"零花钱"(pin money)指的是妻子个人使用的、单独的、独立的收入,会被上层阶级的家庭写入婚姻契约的正式条款之中,而世纪之交的美国,丧失了其英国的精英血统,认为妻子们所赚到的补充性家庭收入是与丈夫的收入比起来更加可笑、更不严肃的收入。正如《时尚芭莎》1903年的一篇文章恰当地评论的那样:"没有人会为零用钱而工作。这个想法本身就很可笑。"①

女性赚得的收入和丈夫的薪水之间的界限同样也由它们的不同用途而决定。例如,历史学家约翰·莫德尔(John Modell)指出,在19世纪晚期美国原住民家庭中,"没有对等的金钱",女性的收入(包括孩子的收入)会用于不同的开支,支出方式与丈夫的相比也更不自由。在农村家庭之中,女性卖鸡蛋的钱和卖黄油的钱区别于丈夫卖小麦的钱或者卖玉米的钱。历史学家琼·詹森(Joan Jensen)认为,此处存在一种双重经济,妻

(接上页) Shammas, Marylynn Salmon, and Michael Dahlin, *Inheritance in America* (New Brunswick, N.J.: Rutgers University Press, 1987), pp. 88-89, 96-97, 163.

① Priscilla Leonard, "Pin Money versus Moral Obligations," *Harper's Bazar* 37 (November 1903): 1060. 有关英格兰的情况,参见 Lawrence Stone, *The Family, Sex, and Marriage* (New York: Harper and Row, 1977), p. 244, 及 Susan Staves, "Pin Money," in *Studies in Eighteenth Century Culture* 14, ed. O. M. Brack, Jr. (Madison: University of Wisconsin Press, 1985), pp. 47-77, 亦可参见 Catherine Gore, *Pin-Money* (Boston: Allen and Ticknor, 1834) 这部19世纪早期非常受欢迎的英国"银叉小说"("silver-fork" novel)。

子和孩子支撑生活开销,丈夫付房贷以及购买新的机械设备。伊利诺伊州一位农场主的妻子喜欢写作,并且保留了大量的信件,她解释说,尽管丈夫会抱怨她写作的耗材成本,"但事实上,我用我自己的微薄收入付了这些钱"。而她的邻居却会批评她这项无利可图的消遣,她们会吹嘘"她们卖了多少……鸡蛋和老母鸡"。对于城市的中产阶层女性来说,她们在家里赚零花钱的一些低调方式得到了批准(比如做蜜饯、腌菜、肉饼,织披肩或者毛衣,饲养家禽或者安哥拉猫),但是,她们所赚取的零花钱仍然仅能用于有限的几类开支,比如慈善费用,或者"女儿上音乐课或美术课的费用"。《妇女家庭伴侣》的一篇文章写道:"一小股银子将流入她的金库,将用于在急需时买顶新帽子或者办一次生日聚会,订一份杂志或者买音乐会的门票。"①

在 20 世纪 20 年代和 20 世纪 30 年代,随着越来越多的已

---

① John Modell, "Patterns of Consumption, Acculturation, and Family Income: Strategies in Late Nineteenth-Century America," ed. Tamara K. Hareven and Maris A. Vinovskis (Princeton, New jersey: Princeton University Press, 1978), p. 225; Joan M. Jensen, "Cloth, Butter, and Boarders: Women's Household Production for the Market," *Review of Radical Political Economics* 12 (1980): 14-24; "Story of a Farmer's Wife," in Holt, *The Life Stories,* p. 99; Sangster, "Shall Wives Earn Money?," p. 32. 亦可见 Thornton, "Personal Services Rendered by Wife," p. 188; Mary M. Atkeson, "Women in Farm Life and Rural Economy," *Annals of the American Academy of Political and Social Science* 143 0929): 188-94; Ann Whitehead, "'I'm Hungry, Mum,'" in *Of Marriage and the Market,* ed. Kate Young, Carol Wolkowitz, and Roslyn McCullagh (London: Routledge and Kegan Paul, 1984), p. 112. 美国农业部的一项调查报告了农村家庭中妻子和丈夫在标记金钱方面的大量冲突。"Economic Needs of Farm Women," Report No. 106 (Washington, D.C.: Government Printing Office, 1915). 有关这条文献,我要感谢(转下页)

婚女性进入劳动力队伍，她们的劳动所得，不管数目是多少，仍会被定义为零用钱，被分类为补充收入，用在家庭的额外开销上或者被更为富有的夫妇标记为可以自由支配的"消遣"钱。举例来说，在 1928 年，一位女士告诉《展望》(Outlook) 杂志的记者，她的收入都被她留着用来买衣服。另外一位女士说："我们会把我的钱花在出国旅行上，或者买古董，总之是奢侈的东西上。"其他女性会用她们的收入付佣人的工资，剩下的自己存起来。1932 年，《星期六晚报》上的一篇故事报道了在妻子的收入方面经久不衰的"妻子完全自有理论"。妻子有工作的夫妇们在被问到妻子的钱会用来干什么，普遍的回答是："自己留着，存下来，花掉，都随她……重要的是……她不必帮她丈夫什么。"①

（接上页）凯思琳·巴比特（Kathleen R. Babbitt），她在纽约州立大学宾厄姆顿分校（SUNY Binghamton）的博士论文更详细地研究了这个问题。性别与收入来源在区分这两种金钱方面的相对重要性仍不清楚。比如说，托马斯（W. I. Thomas）和兹纳涅茨基（Florian Znaniecki）在 The Polish Peasant in Europe and America (New York: Dover [1918-20] 1958), p. 165 中指出，农民卖牛所得的钱和他妻子卖鸡蛋所得的钱在性质上的区别并非由性别标识，而是由每种金钱所代表的"不同的价值"而标记：牛是财产，而鸡蛋和牛奶是收入。每种金钱会被安排到不同的开支上。然而，由于财产在农民的经济生活中处于比收入"更高的经济等级"，因此，很明显，性别确实干预了社会对这两种金钱的性质的标记，价值更低的金钱被指定给了女性。

① Helena Huntington Smith, "Husbands, Wives, and Pocketbooks," *Outlook* (March 28, 1928): 500; Mary Beynon Ray, "It's Not Always the Woman Who Pays," *Saturday Evening Post* 205 (September 3, 1932): 11.

把家庭金钱留在家里

家庭货币是一种非常特别的货币。如果不了解新的文化"编码"和与之相伴的社会变迁,想要理解19世纪70年代至20世纪30年代美国的家庭金钱变迁中的含义、分配和用途将是非常困难的。对于已婚女性来说,有关家庭生活的各种观念的复杂综合,家庭内部正在变化的权力结构,以及社会阶层等因素,通常都会将她们的钱同真正重要的钱区分开。传统上,家庭应该是一个特殊的、非商业的领域,对家庭事务的一种公开的市场干预形式不仅是令人厌恶的,而且会直接威胁家庭的团结。因此,不论其来源,一旦金钱进入家庭中,其分配、计算以及用途就是一系列区别于市场规则的家庭规则的约束对象。家庭货币是不可替代的,社会屏障会阻止其转变为普通的工资。

但是家庭文化并不会均等地影响家庭成员。性别在家庭资金的流动中引入了另一种非市场的区分:妻子的钱跟丈夫的钱是不同的。当妻子不会赚工资的时候,性别会形塑很多东西:

一、**妻子的金钱的分配**。在具有等级制结构的家庭中,丈夫会把其收入的一部分赠予妻子,或者更罕见地,作为其妻子的一项权利。想要获得额外的钱,妻子们只能请求、哄骗或者偷窃。

二、**分配的时机**。要么没有事先确定的时机(赏钱的方式),这种情况下妻子每次想要钱都需要请求;要么遵循按周或者按月发放的模式(贴补)。

三、**妻子的金钱的用途**。妻子的钱就是家用开支,仅限用于家庭开销的必要的养家费,其中不包括任何用于个人开销的资金。零花钱是丈夫和孩子才有的预算,妻子没有。

四、**妻子的金钱的数量**。妻子收到的钱通常都很少。贴补的数额并不由妻子在家庭开支方面的效率决定,甚至也不依据这方面的数额决定,而是取决于人们普遍相信妻子应当拿到多少钱。因此,丈夫的工资变高并不会体现在家务贴补的增加上。以性别经济学为基础,这实际上或许只是增加了丈夫的个人收入。[①]

性别角色和家庭结构的变迁影响了已婚女性的金钱的意义和分配方式。传统的赏钱和"请求"的方式随着女性消费者身份的日渐突出,在越来越平等的婚姻中不仅变得效率低下而且也不再得体。贴补在 20 世纪初被誉为是一种更为公平的分配方法,但在 20 世纪 20 年代和 30 年代,家庭效率专家认为贴补这笔资金是无法满足现代女性的。共同账户作为新的文化理想出现了。那么已婚女性的金钱的用途呢?与各种各样的分配方式形成对比的是,为妻子用于集体消费的家用开支指定用途的过

[①] Laura Oren, "The Welfare of Women in Laboring Families: England, 1860-1950," *Feminist Studies* 1 0973): 110; Hilary Land, "Inequalities in Large Families: More of the Same or Different?" in *Equalities and Inequalities in Family Life,* ed. Robert Chester and John Peel (New York: Academic Press, 1977), pp. 163-176.

程仍然没有很大变化。尽管消费模式的个体化愈演愈烈，家政学家们也鼓励在家庭预算中为每个家庭成员分配个人资金，但是妻子们仍然要么通过各种秘密手段（subterfuge）获得自己消费所需的资金，要么在消费时会带着罪恶感。

即使当女性的收入是自己赚取的时，性别对其金钱的影响也仍旧存在。妻子的工资或者零用钱，不论有多少，甚至在这些钱对家庭来说是一笔必需的收入时，跟她丈夫的工资比起来仍然欠缺一些重要性。妻子的收入要么被集体化，要么被轻视，被并入家务基金而因此无法同集体收入区分开，或者被视为家庭开支（用于孩子的教育或用于度假），或者被用于不严肃的目的（衣服或首饰）。对女性收入的轻视延展到了私密的家庭经济之外。对于反对妇女劳动的人来说，零花钱是一种社会意义上不负责任的货币，是威胁真正的养家之人的奢侈收入。因此，虽然有强有力的证据表明，零花钱实际上经常是"家庭的固定螺栓，唯一能把家庭维系起来并支撑家庭生计的手段"，但女性的收入却还是被系统化地污名为"买小饰品和小玩意儿的钱"。[1]

然而，家庭内部金钱的流动并非仅仅由性别形塑。社会阶层为金钱的流动性增加了另一组限制。中产阶层分配家庭资金的方式在工薪阶层中被颠覆了，在工薪阶层的家庭中，妻子们给别人发贴补而不是接受别人的贴补。因此工薪阶层家庭的妻子手中的管理权力要大于中产阶层的妻子，虽然两者手中的自

---

[1] Mary Anderson, *United States Daily*, September 23, 1929. Cited in editorial, *Journal of Home Economics* 21 (December 1929): 921. 亦可参见 Alice Kessler-Harris, *Out of Work* (New York: Oxford University Press, 1982), pp. 100-101.

由裁量权可能差别不大。因此，家庭内部金钱复杂的文化和社会"生活"表明了纯粹工具化和理性化的市场货币模式的局限性，这种模式掩盖了现代世界各种货币之间的质的差异。[①] 家庭内金钱的流动是独特的，它们不仅仅是净化过的、非个人类型的经济交换，还是有意义的、社会建构的货币，被它们流通其中的家庭领域所形塑，也被"管钱的人"的性别和社会阶层所形塑。

孩子同样也会处理家庭金钱。事实上，19世纪70年代至20世纪30年代，孩子的金钱成为家庭中以及教育专家之间充满争议的话题。孩子跟他们的母亲们一样，陷入了没有自己的收入却要实践消费主义的困境。童工法案出台使得大多数儿童不能工作，所有阶层的孩子都要面临这种困境。政府机构认为不应该把钱赏给孩子：这种来自父母、亲戚、朋友的赠予会"把孩子变成乞丐"。把孩子变成一个家庭的佣人也不合适：这种家务劳动的报酬威胁了家庭和市场的边界。贴补，作为孩子完全有权享有的家庭收入的一份，开始成为孩子的正当收入。但是这种贴补的含义、分配方法和用途同中产阶层家庭的妻子或者丈夫的贴补完全不同。在父母的密切监督之下，贴补主要被定

[①] 讽刺的是，马克斯·韦伯自己的家庭为其货币的理性概念提供了一个反例。根据玛丽安娜·韦伯（Marianne Weber）在 *Max Weber: A Biography* (New York: Wiley, 1975), p. 141 中的记录，韦伯的父亲"是典型的（19世纪60年代）的丈夫……他们要自己决定家庭收入怎样使用，至于妻子和孩子则完全不知道家庭收入究竟有多少"。韦伯的母亲海伦娜（Helene）既没有家务贴补"也没有用于个人需求的特别资金"。关于这部分参考资料，我要感谢塞西莉亚·玛尔塔·基尔–斯威德伯格（Cecilia Marta Gil-Swedberg）。

义为教育资金，教给孩子得体的社会、道德和消费技能。①

可以肯定的是，马克思和恩格斯对小资产阶级把家庭关系"简化为单纯的金钱关系"的指责，在一定程度上是正确的。正如我们所见，金钱问题越来越多地渗透到了美国家庭中。事实上，在 20 世纪 20 年代，一些评论人士讽刺地预言，对理性化的家用开支和预算的全国性的热情，将把"甜蜜的家"变成"有偿付能力的家"，"妈妈和爸爸是一对收银机，孩子是小小计算器"。② 但是，这种对商业化的世界的噩梦般想象没能捕捉到货币化现象的复杂性和互惠性。金钱进入美国家庭，但是在这个过程中，金钱得到了转化，变成了家庭的社会关系和社会意义的结构的一部分。

来到 19 世纪与 20 世纪之交，法定货币的家庭化在某种程度上仍然是一个谜。家庭正在因高离婚率而发生翻天覆地的变化，再婚创造了新的宗族网络，单亲家庭数量在急剧增加而未婚的异性以及同性伴侣正形成新的家庭，女性有偿就业越来越多，家庭就业也重新出现，但我们却几乎完全不清楚以上种种是如何形塑家庭货币的。③

---

① Elwood Lloyd IV, *How to Finance Home Life* (New York: B.C. Forbes Publishing Co., 1927), p. 82. 如果想了解有关贴补产生的详尽讨论，参见 Zelizer, *Pricing the Priceless Child,* 1987.

② Karl Marx and Friedrich Engels, *The Communist Manifesto* (New York: International, [1848] 1971), p. 11; Philips, "My Adventures as a Bold, Bad Budgeter," p. 15.

③ 然而，由众多社会学家、历史学家、经济学家和人类学家们所做的一些正在兴起的跨学科和跨国的研究工作，正在对家政学传统的标准一致的（转下页）

认知人类学家让·莱夫（Jean Lave）的工作以及类似的研究表明，家庭内的金钱标记现在仍然非常常见，不过，研究者

（接上页）模型提出质疑。举例来说，有关社会学方面的批评，参见 Philip Blumstein and Pepper Schwartz, *American Couples* (New York: Pocket Books, 1985); David Cheal, "Strategies of Resource Management in Household Economies: Moral Economy or Political Economy?" in *The Household Economy: Reconsidering the Domestic Mode of Production,* ed. Richard R. Wilk (Boulder: Westview, 1989), pp. 11-22; *Gender, Family, and Economy: The Triple Overlap,* ed. Rae Lesser Blumberg (Newbury Park: Sage, 1991); Marcia Millman, *Warm Hearts & Cold Cash: The Intimate Dynamics of Families and Money* (New York:free Press, 1991). 经济学家们的相关立场，参见 Robert A. Pollak, "A Transaction Cost Approach to Families and Households," *Journal of Economic Literature* 23 (June 1985): 581-608; Nancy Folbre, "The Black Four of Hearts: Toward a New Paradigm of Household Economics," in *A Home Divided: Women and Income in the Third World,* ed. Daisy Dwyer and Judith Bruce (Stanford: Stanford University Press, 1988), pp. 248-62; Edward P. Lazear and Robert T. Michael, *Allocation of Income Within the Household* (Chicago: University of Chicago Press, 1988)。相关的人类学研究，参见 Daisy Dwyer, ed. *A Home Divided;* Marilyn Strathem, "Self-interest and the social good: Some implications of Hagen gender imagery," in *Sexual Meanings: The Cultural Construction of Gender and Sexuality,* ed. Sherry B. Ortner and Harriet Whitehead (Cambridge, Eng.: Cambridge University Press, 1981), pp. 166-91; R. L. Stirrat, "Money, Men, and Women," and Janet Carsten, "Cooking Money: Gender and the Symbolic Transformation of Means of Exchange in a Malay Fishing Community," in *Money & the Morality of Exchange,* ed. J. Parry and M. Bloch (Cambridge, Eng: Cambridge University Press, 1989), pp. 94-116; 117-41; Marion Benedict and Burton Benedict, *Men, Women, and Money in Seychelles* (Berkeley: University of California Press, 1982)。有关英国家庭内部会计系统的当代和历史的跨国研究，参见 Ross, "'Fierce Questions and Taunts'"; Laura Oren, "The Welfare of Women in Laboring Families: England, 1860-1950," *Feminist Studies* 1 (1973): 107-23; Peter N. Steams, "Working-Class Women in Britain, 1890-1914," in *Suffer and Be Still,* ed. Martha Vicinus（转下页）

们主要关心一对夫妇的相对收入如何改变家庭权力结构，特别是妻子收入增加的影响。他们发现，已婚女性收入的增加在总体上确实会提高女性的财务自主性及其家庭影响力。但是随着研究的渗入，研究家庭生活的学者发现了一些令人困惑的规律。以一项对当代家庭的细致研究——《美国夫妇》的发现为例，有时，即使在妻子赚得比丈夫多的时候，妻子的薪水对她在家庭内部的权力的影响也十分微弱：她仍然要"在财务上听从丈夫的安排，把对他们共有的金钱的最高控制交到丈夫手中"。一位财务顾问也提到了相似的案例，例如，有些客户"一直在工作中拼尽全力赚佣金，然后回到家里自愿地把工资交到丈夫手

（接上页）(Bloomington: Indiana University Press, 1972), pp. 1~20; Elizabeth Roberts, *A Woman~ Place* (New York: Basil Blackwell, 1984); Patricia Branca, *Silent Sisterhood* (London: Croom Helm, 1975); Wilson, *Money in the Family;* Pahl, *Money & Marriage;* Whitehead, "'I'm Hungry, Mum'"; Ayers and Lambertz, "Marriage Relations." 有关法国，参见 Evelyne Sullerot, "Les femmes et l'argent," *Janus* 10 (1966): 33-39; Marie Francoise Hans, *Les femmes et l'argent* (Paris: Grasset, 1988); 有关英国和法国的工人阶级家庭，参见 Louise Tilly and Joan Scott, *Women, Work, and Family* (New York: Holt, Rinehart and Winston, 1978)。Marianne Gullestad, *Kitchen-Table Society* (New York: Columbia University Press, 1984) 以及 Meg Luxton, *More Than a Labour of Love* (Toronto: Women's Press, 1980) 提供了一些非常好的有关挪威城市工人阶级家庭中母亲的数据。有关加拿大的情况，参见 David Cheal, "Family Finances: Money Management in Breadwinner/Homemaker Families, Dual Earner Families, and Dual Career Families," *Winnipeg Area Study Research Reports,* no. 38。有关以色列的情况，参见 Dafna N. Izraeli, "Money Matters: Spousal Incomes and Family/Work Relations Among Physician Couples in Israel," *Sociological Quarterly* (forthcoming)。以及有关阿根廷的情况，参见 Clara Coria, *El Dinero en la Pareja Algunas Desnudeces Sobre El Poder* (Buenos Aires: Grupo Editor Latinoamericano, 1989).

中。之后，她的丈夫会决定她这个月的贴补有多少"。①

在家务劳动的分配上，女性的收入同样以出人意料的方式发挥作用。虽然妻子的金钱确实会对丈夫参与家务劳动的情况产生影响，但这种影响是非常小的，有的时候甚至是反常的。当社会学家阿莉·霍克希尔德（Arlie Hochschild）对双职工家庭中那些赚得比他们的妻子**少**的男性进行考察时，她发现这些男性无一会分担家务。② 霍克希尔德所说的"钱袋子的逻辑"，在女性收入的用途上也失去了效力。特别地，当妻子的收入少于丈夫时，妻子的收入会被指定用于特殊开支，比如用于孩子

---

① Blumstein and Schwartz, *American Couples*, p. 56; Victoria Felton Collins, with Suzanne Blair Brown, *Couples and Money* (New York: Bantam, 1990), p. 147. Jean Lave, *Cognition In Practice* (Berkeley: University of California Press, 1988), pp. 131-41. 有关性别、阶层、金钱和家庭权力的分布之间的关系，亦可参见 Robert O. Blood, Jr. and Donald M. Wolfe, *Husbands and Wives* (New York: Free Press, 1965); Mirra Komarovsky, "Class Differences in Family Decision-Making on Expenditures," in *Household Decision-Making,* vol. 4 of *Consumer Behavior,* ed. Nelson N. Foote (New York: New York University Press, 1961), pp. 255-65; Mirra Komarovsky, *Blue-Collar Marriage* (New York: Vintage, 1967); Constantina Safilios-Rothschild, "The Study of Family Power Structure," *Journal of Marriage and the Family* 32 (1970): 539-52; Lillian B. Rubin, *Worlds of Pain* (New York: Basic Books, 1976); Susan A. Ostrander, *Women of the Upper Class* (Philadelphia: Temple University Press, 1984); Rosanna Hert7., *More Equal Than Others* (Berkeley: University of California Press, 1986); John Mirowsky, "Depression and Marital Power: An Equity Model," *American Journal of Sociology* 91 (1985): 557-92。有关女性与金钱的关系的早期言论，亦可参见 Phyllis Chesler and Emily Jane Goodman's *Women, Money and Power* (New York: Morrow, 1976)。有关女性在金钱方面的社会化，参见 Jerome Rabow, Michelle Charness, Arlene E. Aguilar, and Jeanne Toomajian, "Women and Money: Cultural Contrasts," *Sociological Studies of Child Development* (JAJ Press, 1992), vol. S, pp. 191-291.

② Arlie Hochschild, *The Second Shift* (New York: Avon, 1990), p. 221.

的教育、还房贷、雇保姆以及家务清洁开销，或者购买奢侈品。《美国夫妇》的作者们指出，丈夫的钱被定义为家庭的钱，而"妻子却可能觉得自己赚的钱不属于共同账户"，这是一种"耐人寻味的会计系统"。不过，需要注意的是，虽然人们普遍认为，妻子的钱要用在个人的需求上，而丈夫的钱则是共有财产，但事实上，妻子的额外收入要比丈夫的更有可能花在家庭需求而非个人需求上。英国一项重要的对金钱和婚姻的研究为女性在金钱的不同用途方面如何发挥作用提供了进一步的证据：看起来，当控制家庭，财务的人是妻子的时候，比起那些丈夫控制财务的家庭，这些家庭的集体收入会更多地被花在食品和日常开支上。丈夫似乎比妻子更倾向于留些个人开支。①

在试图解释当代家庭内部的资金流动时，研究者们也已开始更加仔细地研究，经济收入在进入家庭内部时会发生什么。大多数分析者的结论是，家庭货币的意义、分配和用途首要受"男性养家"这一思想观念一定程度上的持续存在的影响。只要夫妇坚持丈夫是收入的主要来源这种观念，妻子的收入有多少就并不重要，她的收入会被视为是不同的、不重要的、根本上可有可无的。对于阿莉·霍克希尔德而言，形塑了家庭的"道

---

① Blumstein and Schwartz, *American Couples,* p. 101. 亦可参见 Jane Hood, *Becoming a Two-job Family* (New York: Praeger, 1983), pp. 6-71. 有关英格兰，参见 Jan Pahl, *Money & Marriage* (New York: St. Martin's Press, 1989), pp. 128-31; 及 Gail Wilson, *Money in the Family* (Brookfield, Vt.: Gower, 1987)。有关其他跨文化的比较，参见 Rae Lesser Blumberg, "Income under Female versus Male Control: Hypotheses from a Theory of Gender Stratification and Data from the Third World," in *Gender, Family, and Economy: The Triple Overlap,* pp. 97-127.

德会计系统"的,是夫妻在男性和女性的相对权力上的观念,赚得比丈夫更多的妻子们,通过做更多家务来"抵消"她们更大的权力。[1] 其他关注家庭中的会计系统的影响的学者们认为,夫妻分开的会计系统更能公平合理地安排家庭财务,而收入的统一管理则会导致不平等的家庭财务安排。然而,正如研究当代婚姻的两位专家提出的,归根结底,单独的收入的影响同性别思想观念有关:如果夫妻双方拒绝由男性养家,那么夫妻单独的会计系统会增加女性的家庭权力,而在传统家庭中,女性的单独收入会被边缘化为零花钱,不能给她带来任何额外的权力。[2]

---

[1] 参见 Blumstein and Schwartz, *American Couples,* p. 56; Hochschild, *The Second Shift,* p. 222. 布鲁姆斯坦(Blumstein)和施瓦茨(Schwartz)也讨论了男性养家人思想观念的变化以及男女同性恋伴侣和同居异性伴侣的社会关系是如何改变了金钱对夫妻权力结构的影响。参见 *American Couples,* pp. 53-111. 有关族群和种族之间的有偿劳动和家务劳动的关系的变异,参见 Beth Anne Shelton and Daphne john, "Ethnicity, Race, and Difference: A Comparison of White, Black, and Hispanic Men's Household Labor Time," and Scott Coltrane and Elsa O. Valdez, "Reluctant Compliance: Work-Family Role Allocation in Dual-Earner Chicano Families," in *Men, Work, and Family,* ed. Jane C. Hood (Newbury Park, Calif.: Sage, 1993), pp. 131-50, 151-75.

[2] 参见 Philip Blumstein and Pepper Schwartz, "Money and Ideology: Their Impact on Power and the Division of Household Labor," in *Gender, Family, and Economy,* ed. Rae L. Blumberg; pp. 261-88. 有关会计系统的重要性,参见 Hertz, *More Equal than Others,* pp. 84-113。朱迪斯·特蕾斯(Judith Treas)使用全国的受访者样本研究,得出的结论为,对家庭会计系统的选择首要依据是对效率的考虑(尽管她的数据表明,妻子更高的教育水平促进了资金的隔离,即使是在夫妻共同管理资金的情况中,妻子也更有可能扣留部分收入)。"Money in the Bank: Transaction Costs and the Economic Organization of Marriage," *American Sociological Review* 58 (October 1993): 723-34.

社会学家凯瑟琳·格尔森（Kathleen Gerson）最近的研究比以上这些发现更进了一步。她对美国男性的家庭参与的考察显示，妻子的收入会帮助形塑家庭经济，但并非以人们预想的方式。妻子的收入的比重并不会直接转变为她在家庭中的权力，但是她的收入和远期的事业前景可能会重新定义一些夫妇的共同社会关系以及丈夫的身份，丈夫将从传统的养家之人转向被格尔森称作"参与其中的父亲"这种更加平等的安排。尽管传统的丈夫，用受访者的话来说，继续把妻子的收入当作是额外的"意外之财"（gravy）来对待；但更为平等的夫妇，尽管仍然是少数，却会把钱集中起来，对所有钱一视同仁。① 从一个角度上看，这种解释与我对美国家庭变迁中的货币的组织形式的观察结果非常吻合。与金钱和权力、理性的简单等式相对，收入的多少并不决定它们的用途或者支配，家庭货币的分配总是取决于对家庭成员之间关系复杂微妙的理解。而且，用思想观念所进行的解释看起来并不完整。一次又一次地，我们能够在各种情况下看到，思想观念在同已经存在的实践和社会关系互动时，其自身也处在变动中：想一想应对日益商业化的消费的迫切性是如何削弱了将妻子的家务基金视为丈夫的赠予的观点的。即使在今天，如果能在活跃着的思想观念、实践以及社会关系之间找到类似的互动，也是完全不令人意外的。

此外，与第三方（雇主、亲戚、政府机构，当然还有孩

---

① Kathleen Gerson, *No Man's land: Man's Changing Commitments to Family and Work*(New York: Basic Books, 1993), p. 192.

子)的联结也会强烈地影响家庭成员组织他们金钱的用途的方法。本书剩余章节将会更加详细地探索这些关系。这些联结很有可能时至今日都在影响家庭的金钱实践。举例来说,最近的一项研究记录了儿童使用家庭收入的情况,研究估计,平均来说,一个孩子能使用的家庭收入占成年人能使用的份额的40%。很明显,以这种及其他方式,儿童的存在显著影响了家庭收入的分配。① 如果妻子在家庭收入中所占的份额不再被定义为丈夫的赠予,那么在某种程度上,孩子所占的份额也是如此。然而,这并不意味着所有不论是否以金钱方式进行的赠予都在消失,以支持某种市场驱动的中立性。接下来,让我们更仔细地看一看金钱赠予在美国人生活中的地位。

---

① Lazear and Michael, *Allocation of Income Within the Household,* p. 147. 亦可参见 Joanne Miller and Susan Yung, "The Role of Allowances in Adolescent Socialization," *Youth & Society* 22 (December 1990): 137-59 中有关未成年人如何定义他们的贴补,要么是应得的权力,要么是赚来的家庭收入。有关亲属网络对家庭资金流动的影响,参见 Carol Stack, *All Our Kin* (New York: Harper and Row, 1975); Elizabeth Bon, *Family and Social Networks* (London: Tavistock, 1957).

3

作为礼物的金钱

《妇女家庭杂志》在其 1909 年的 12 月刊中，为每年新颖得体的圣诞礼物清单增加了一个不同寻常的选择。卢·埃莉诺·科尔比提议，为什么不给朋友和家人送圣诞节的礼金呢？科尔比向杂志的读者坦陈，她一开始没考虑金钱，认为它是不够格的、"不会被期待"的礼物，但她决定"把钱打扮一下，这样看起来就不会只像是商业交易"，她要找到一些"可以把我的个性放进礼物中的方法"。科尔比女士说，她的母亲在收到精心打扮成艺术品的 10 美元时非常激动：一张 10 美元的纸币被换成了 10 张一美元的纸币，然后塞进两张装饰画中。其中一张画中有五张伤心的、不知道要去哪里的美元，而第二张画则描绘了一个大团圆结局，"五张小美元开心地冲向"她妈妈的钱包。礼物最终以一首"美元颂"作为结尾，它的最后几句这样写道：

　　大笔收下舍客勒（shekels）[①]
　　母亲心中不悲伤
　　美元在她的钱包里安了家。[②]

[①] 以色列货币单位。
[②] Lou Eleanor Colby, "When You Send Christmas Money," *Ladies' Home Journal* 27 (December 1909): 37.

然而，把金钱变成得体的礼物并不是科尔比的原创。在杂志报道其他女性"送出圣诞节礼金新方法"的文章中，有读者们自己的精细设计。正如一位女士发现的那样："能够以一种可以被接受的方式赠予金钱是一种不同寻常的成就。"不过，美国人相当足智多谋。在19世纪晚期，他们通过刻印饱含情感的信息，将成千上万枚普通的硬币转化为"爱的信物"，使这些硬币成为情人们喜爱的浪漫礼物，也成为家庭庆祝生日、婚礼或周年纪念的礼物。可以肯定的是，甚至更早的时候，在19世纪早期美国人生活中一些合适的情况（niches）下，人们会把钱作为礼物：把金币送给孩子或者在圣诞节作为礼物送给奴隶。但是，把钱当成礼物送给地位平等的人则非常罕见。①

20世纪的头20年，进入礼物经济的金钱通过一系列新的、更加正式的装扮转变成了"礼金"。举例来说，1910年，美国运通第一个开始将现金汇票作为"不错的圣诞礼物"进行广告宣传。美国运通的职员们会收到特别的展示海报和导引，内容是美国运通自1882年以来一直发售的现金汇票不仅是一种安全高效的付款方式或者跨国汇款工具，也可以作为一种礼品出售。西联汇款也把独特的电报汇款形式用于特殊场合，加入了美国运通的礼物业务。贺卡公司生产了各种各样的新颖流行的专门

---

① "If You Run Out of Christmas Ideas," *Ladies' Home Journal* 23 (December 1905): 24. 亦可参见 "New Ways to Give Christmas Money," *Ladies' Home Journal* 29 (December 1912): 70 and "The Ethics of Receiving," *Living Age* 279 (October 4, 1913): 57-60。有关给奴隶的圣诞礼物，参见 Eugene D. Genovese, *Roll, Jordan, Roll* (New York: Vintage, 1976), p. 574.

用来装钱的贺卡，可以让人们在生日、圣诞节和其他节日用来给亲朋好友寄送硬币或纸币。而且，在 1905 年之后，特色商店和百货商店设计出了一种全新的货币：对应特定现金额度的礼品券，可以用来购买特定的商品（手套和鞋子在当时是流行的选择），或者只能在特定的商店使用。①

礼金的出现是礼物经济更为根本性的转变的一部分。讽刺的是，在一个总体上正在商业化的经济中，礼物赠予的扩张让金钱变成了一种更加有问题的礼物；赠予者和受赠者都会越来越多地面对把作为礼物的金钱同其他金钱的流动区分开来的窘境。这件事并不容易，因为法定货币的标准化增加了作为礼物的金钱的流动与工资、小费、慈善捐赠或偿还债务等形式的流动之间在外观上的相似性。如果捐赠者或受赠者已经难以把握他们关系的性质，那么误解可能会带来很大的伤害。

到 20 世纪 00 年代，美国的消费社会得到了极大发展，人

---

① 我需要感谢美国运通公司（American Express）和贺曼公司（Hallmark）提供的档案材料，特别要感谢档案管理员斯蒂芬·克雷斯科（Stephen R. Krysko）对材料所做的彻底而富有成效的搜索，也要感谢莎莉·霍普金斯（Sally A. Hopkins），她在贺曼公司的档案方面提供了很多帮助。西联汇款公司档案馆的管理员无法确定该公司第一次推广送礼电报的日期；可以找到的最早广告是 1930 年的。感谢克雷斯科先生提供了这一信息。参见 Ernest Dudley Chase, *The Romance of Greeting Cards* (Cambridge, Mass.: Harvard University Press, 1926), pp. 152-55; William Burnell Waits, Jr., "The Many-Faced Custom: Christmas Gift Giving in America, 1900-1940," (Ph.D. diss., Rutgers University, 1978)。根据某一种预测，圣诞节期间无法投递或者被退回的信件中共有大概一万美元现金，一百万美元的汇票和支票，还有一百万附在贺卡中的现金。见 Ronald Millar, "Our Billion Dollar Christmas," *American Magazine* 108 (December 1929): 88.

们购买商品不光为了自己,也越来越多地是为了作为送给他人的礼物。最值得注意的是,19世纪80年代后,随着亲戚、朋友甚至熟人开始交换节日礼物,圣诞礼物的数量成倍增加。新婚礼物也是一样。内战前,新婚夫妇只会从近亲那里得到现金或者财产形式的礼物。但是到19世纪末,部分中产阶层的婚礼成为一场令人自豪的礼物展,这些礼物不仅来自近亲,也来自远亲、朋友、熟人甚至同事。送礼物的机会成倍增加,举例来说,庆祝生日在19世纪还是非常少见的,到了20世纪00年代则成为非常受欢迎的社交活动。还有其他送礼物的场合被创造出来:母亲节产生于1908年,将鲜花变成了送给母亲们的充满情感的完美礼物。每一个可能用得着的节日或者个人纪念日都有对应的礼品卡,礼品商店和礼品目录会定义、分类并推销作为礼物的商品。[①]

新移民也很快地将他们自己的节日重塑为可以送礼物的仪式。举例来说,在1887年之后,为犹太节日准备的礼物卡变得非常流行。我们也可以思考一下犹太人如何塑造出了美国的光明节(American Hanukkah),复制了圣诞节互换礼物的狂欢。历史学家们认为,在19世纪末20世纪初,对于很多新犹太移民来说,买圣诞礼物是他们美国化的象征性标志。但是逐渐地,

---

[①] 参见 Ellen K. Rothman, *Hands and Hearts* (New York: Basic Books, 1984), pp. 76, 167-68; Waits, "The Many-Faced Custom," chap. 5; Chase, *The Romance of Greeting Cards*。有关母亲节,参见 Leigh Eric Schmidt, "The Commercialization of the Calendar: American Holidays and the Culture of Consumption, 1870-1930," *Journal of American History* 78 (December 1991): 887-916; 有关庆祝生日,参见 Howard P. Chudacoff, *How Old Are You? Age Consciousness in American Culture* (Princeton, N.J.: Princeton University Press, 1989), pp. 126-37.

犹太人开始买光明节礼物，以新颖现代的美国方式来庆祝每年十二月里这个他们自己的节日。起初，光明节是一个小节日，其标志是送"光明节彩头"（gelt）或者小硬币给小孩子。在美国版的光明节中，光明节彩头变成了光明节礼金，而且，到了20世纪20年代，这笔钱的消费方式变得同圣诞节礼金一样了，只不过要花在"光明节的乐子"上。成年礼（Mitzvah）和坚振礼（confirmation ceremony）也成为了犹太人送礼物的主要节庆仪式。历史学家詹娜·韦斯曼·约瑟利特（Jenna Weissman Joselit）说，到20世纪20年代，"成年礼的社会成分已经开始同其仪式功能相冲突，甚至盖过了后者"。犹太人的送礼行为催生出了"犹太"礼物商品这种特殊门类：犹太书是区别于普通书的特殊种类的商品，犹太画同普通的画相比蕴含着不同的意义。①

可以肯定的是，美国人对于送礼的热情会给商人和广告商带来丰厚的利润，把假期变成购物日是营销人员的乐趣所在。而评论家们事实上对美国节庆活动的贪婪的商业化感到惋惜和

---

① Jenna Weissman Joselit, "'Merry Chanuka': The Chaging Holiday Practices of American Jews, 1880-1950," in *The Use of Tradition*, ed. Jack Wertheimer (New York: Jewish Theological Seminary of America, 1993), p. 313. 有关光明节的美国化，亦可参见 Andrew R. Heinze, *Adapting to Abundance* (New York: Columbia University Press, 1990), pp. 71-79。关于受戒礼，参见 Jenna Weissman Joselit, "'A Set Table': Jewish Domestic Culture in the New World, 1880-1950," in *Getting Comfortable in New York: The American Jewish Home, 1880-1950*, ed. Susan L. Braunstein and Jenna Weissman Joselit (New York: The Jewish Museum, 1990), p. 66。有关犹太节日卡片，参见 Luna Frances Lambert, "The Seasonal Trade: Gift Cards and Chromolithography in America, 1874-1910" (Ph.D. diss., George Washington University, 1980), p. 21.

绝望。每年十二月，都会有人呼吁停止"这种由商店店主鼓动的、由我们自己纯粹的野心和虚荣推动的……悲哀愚蠢的**收了礼物就要回赠**的活动"。[1] 但是，送礼物并不仅仅是粗暴的商业操纵的产物，人们会选择把他们收入的一部分分出来，以牺牲自己的消费为代价，用在给别人买礼物上。家庭预算也反映了这种有意识地确立"礼物"专款的行为：同食品、住房、衣物、人寿保险以及其他开支一起，20世纪早期的家庭中越来越详细的会计本也将礼物单独列为了一类开支，有时甚至会细分出圣诞节、生日、毕业、婚礼以及纪念日买礼物的资金。1910年之后，美国人通过将节日现金存入储蓄银行开设的极为成功的"圣诞俱乐部"账户，正式将他们的"圣诞节礼金"同其他的钱区分开来。在圣诞俱乐部出现之前，穷人已经会把钱存进一分钱银行（penny provident bank），这种储蓄银行是慈善组织协会发明的，被穷人用作一种为特定开销预留小额存款的方式。

作为理性预算的主要推动者，家政专家盛赞这种为别人花钱的行为，他们称"家庭预算需要为给亲朋好友送东西做些准备，这是生活的恩典的一部分"。这些"友谊礼物"被人们认为区别于给宗教或者慈善组织的捐赠，更像是一种"对那些家庭内部的人，或者家庭以外受尊重的人的情感表达"。家政专家们

---

[1] Margaret Deland, "Concerning Christmas Giving," *Harper's Bazar* 38 (December 1904): 1157. 有关美国节假日的商品化的出色记录和分析，参见 Schmidt, "The Commercialization of the Calendar." 亦可参见 James H. Barnett, *The American Christmas: A Study in National Culture* (New York: Arno Press [1954] 1976), and Daniel J. Boorstin, *The Americans: The Democratic Experience* (New York: Vintage, 1974), pp. 157-64.

会呼吁母亲们训练她们的孩子,早早让他们学会选礼物,"来表达他们的爱和友谊",这样"他们长大后就会成为慷慨……聪慧的给予者"。①

送礼物的"指南"通过读者众多的礼仪专家们广泛传播。认识到"礼物的挑选、寄送时间和寄送方式、应随礼物附上的纸条或卡片等方面的不确定性",礼仪手册增加了关于婚礼、周年纪念日、生日、探亲、洗礼的特别章节,有时甚至会包括"通用礼物"的类别。1905年,一位作家建议说,除了"有规律的、指定的送礼场合",还出现了很多"临时的,时常出现在亲朋好友圈中"的场合。送礼的机会似乎无穷无尽:"无论何时,只要有真挚的感谢想要通过祝福表达;无论何时,只要有衷心的祝贺想要给予;无论何时,只要优雅的举动能比言辞更加富于表现力地说出心声——在所有这些时候,送礼物都是得体的。"② 移民手册甚至都会在礼物礼节方面给读者提供建议。举

---

① Benjamin R. Andrews, *Economics of the Household* (New York: Macmillan Co., 1924), p. 512; Ernestine P. Swallow, "Children's Christmas Giving," *Journal of Home Economics* 8 (December 1916): 659-60. 关于家庭预算中包含礼物的例子,参见 "Family Finance," *Good Housekeeping* 49 (December 1909): 635; Christime Frederick, *Household Engineering* (Chicago: American School of Home Economics, 1919), p. 273; Alice Bradley, *Fifty Family Budgets* (New York: Woman's Home Companion, 1923), p. 12.

② *Correct Social Usage* (New York: New York Society of Self-Culture, 1905), pp. 518, 521. 在 *Behavior in Public Places* (New York: Free Press, 1963), pp. 5-6 中,欧文·戈夫曼(Erving Goffman)对将礼仪手册作为社会学研究的证据给出了具有说服力的论证。虽然礼仪手册也许不能提供真实行为的实证材料,但是戈夫曼认为,它们仍然描述了"一些**影响**我们的中产阶级行为的(转下页)

例来说，在亚历山大·哈卡维给新犹太移民所写的非常流行的信件写作课本中，就有随生日礼物、新婚礼物、新年礼物等各种不同的礼物一起被送出的赠言的得体范例。①

赠送礼物的人际网络扩大了，作为礼物的商品也越来越多。鲜花和书籍或者传统的手工艺品仍然是广受欢迎的礼物，新创造出来的各种奢侈品或者实用器具也越来越受欢迎。在20世纪10年代，甚至洗碗机、吸尘器或者汽车都成为了圣诞礼物。金钱也是一样。《妇女家庭杂志》的一篇专栏文章解释说，圣诞节的金钱"能够清晰传达珍贵的愿望，增添小小的奢侈，杜绝忧虑，并且给了人们机会去帮助别人，这些都是其他礼物做不到的"。礼仪专家也认可金钱作为礼物的潜力，指出其常常是"最受欢迎的礼物"，举例来说，送婚礼支票可以帮助新人"去购买那些其他人遗漏的东西，满足一些特殊的愿望，也可以为未来的需求或者紧急情况预留起来"。莉莲·艾克勒在1924年最为畅销的礼仪书中提到，礼物券这种"自选礼物的方法"越来越在"良好社会中受到喜爱。一个人送给新娘一张10美元、20美元、50美元的信用卡片……然后新娘可以去商店选择她想要的任何东西"。而且，作为毕业礼物，支票"永远都受人欢迎"。家政专家们在这点上观点一致：一位一流的家庭经济学家宣称，

（接上页）规范"。而且，这些手册给了我们"有关美国公共行为结构的建议的少数来源之一"。对美国礼仪书籍的历史解释，参见 Arthur M. Schlesinger, *Learning How to Behave* (New York: Macmillan, 1947).

① *Harkavy's American Letter Writer and Speller, English and Yiddish* (New York: Hebrew Publishing Co., 1902), p. 701.

金钱礼物的赠予是"令人向往的风俗"。① 礼金不仅仅是属于精英的奢侈。《纽约时报》1911 年 12 月 13 日的一则报道提到，当年，在美国的外国居民向他们不在美国的家人们以邮政汇票的方式总共寄去了 400 万美元的"圣诞礼物"。

不过，作为礼物的金钱是独特的，令人疑惑的，有时候甚至是麻烦的货币。同样的法定货币，在用于付薪水、贿赂官员、给门童付小费、帮助穷人、给妻子做家务的贴补的同时，怎么可以用来作为表达个人关怀、喜爱或喜悦的充满情感的礼物呢？赠予者和受赠者是如何得知这些美元何时被作为礼物的？本章将探索作为礼物的金钱的"发明"，首先关注总体上礼物的性质，然后关注作为礼物的金钱同其他种类的货币得以区分开的各种方式，最后关注作为礼物的金钱在 20 世纪 00 年代的生产和标记。

亲密货币

我们对现代工业社会中的礼物赠送行为知之甚少，少得让

---

① "New Ways to Give Christmas Money," p. 70; Mrs. Burton Kingsland, The Book of Good Manners (New York: Doubleday, Page & Company, 1910), p. 227; Lillian Eichler (Mrs. T. M. Watson), *The New Book of Etiquette* (Garden City, N.Y.: Doubleday, 1924), p. 77; Ethel Frey Cushing, *Culture and Good Manners* (Memphis, Tennessee: Students Educational Publishing Co., 1926), p. 291; Andrew, *Economics of the Household*, p. 50. 有关婚礼的礼金，亦可参见 Virginia Belle Van de Water, *Present Day Etiquette* (New York: A. I. Burt Co., 1924),（转下页）

人吃惊。直到最近，社会学家们仍被现代化的腐蚀性影响所困扰，把礼物视为那个已经远去的、充满亲密和社区的世界的情感残余，而礼物经济的女性化更是降低了礼物的受关注度。①或者，礼物会被归入异国的、前资本主义的、原始社会的范畴。意料之中，当涉及礼物赠予时，绝大多数研究工作都是由人类

（接上页）p. 134。有关实用礼物在 20 世纪 10 年代至 20 世纪 20 年代的流行，参见 Waits, "The Many-Faced Custom," pp. 94-103; 关于汽车被作为圣诞节礼物，参见 the *New York Times*, December 24, 1911, sec. 8, p. 8.

① 近期一些重要的贡献是对当代送礼行为的持续性和重要性的记录和解释，参见 David Cheal, *The Gift Economy* (New York: Routledge, 1988); James Carrier, "Gifts, Commodities, and Social Relations: A Maussian View of Exchange," *Sociological Forum* 6 (March 1991): 119-36; Michael Schudson, *Advertising, The Uneasy Persuasion* (New York: Basic Books, 1984); Theodore Caplow, "Christmas Gifts and Kin Networks," *American Sociological Review* 47 (June 1982): 383-92. 有关礼物的早期观点，参见 Barry Schwartz, "The Social Psychology of the Gift." *American Journal of Sociology* 73 (July 1967): 1-11.. 消费者行为方面的研究也探讨了送礼，参见 Russell W. Belk. "Gift-Giving Behavior," *Research in Marketing* 2 (1979): 95-126; John F. Sherry, Jr., "Gift Giving in Anthropological Perspective," *Journal of Consumer Research* 10 (September 1983): 157-68. 有关经济学家对礼物流动在当代劳动力市场中的重要性的分析，参见 George A. Akerlof, "Labor Contracts as Partial Gift Exchange," *The Quarterly Journal of Economics* 97 (November 1982):543-69. 有关礼物经济的女性化，参见 Cheal, *The Gift Economy,* pp. 173-83; Caplow, "Christmas Gifts"; Eileen Fischer and Stephen J. Arnold, "More Than a Labor of Love: Gender Roles and Christmas Gift Shopping," *Journal of Consumer Research* 17 (December 1990): 333-45. 送礼——同其他活动，比如拜访、写信、打电话——都被米卡埃拉·迪·莱昂纳多（Micaela di Leonardo）称为女性没有酬劳、很大程度上不可见，但是在社会意义上却非常重要的"亲属工作"的一部分；参见 "The Female World of Cards and Holidays: Women, Families, and the Work of Kinship," *Signs* 12 (Spring 1987): 440-53.

学家完成的,他们留下了丰厚详尽而且时常具有争议性的研究成果。

一直以来,人类学家们的一个主要关切是,在多大程度上,现代的市场取代了礼物的流动。传统的发展观点认为,市场消灭了与社会嵌入得更加紧密的礼物,但这一观点正在受到另一些人的冲击,那些人认为不同的流动形式共存于现代社会中。正如约翰·戴维斯所说:"我们有一整套被社会接受的做法,只是这些做法在文化上、道德上甚至经济上都是不同的。"[1]作为这种论点的一部分,人类学家还争论了礼物流动和商品交换的相对对立性或者亲和性。那些坚持认为互惠的、情感的、受社会约束的礼物与客观的、工具的、社会意义上"自由"的商品之间存在深刻矛盾的学者,受到了那些坚称这种二元对立是错误的人们的强烈挑战。商品,以及更广泛意义上的市场交换,不仅是跟礼物同等的文化和社会过程,是同样的物品;而且,一些分析家指出,只要人们能够仔细地观察礼物交换,就会发现其同市场交易一样务实、精于算计且具有强制性。或者,

---

[1] John Davis, *Exchange* (Minneapolis: University of Minnesota Press, 1992), p. 11. 有关经典的发展主义的视角,参见 Marcel Mauss, *The Gift* (New York: Norton, [1950] 1990) 蒂特马斯(Richard M. Titmuss)的 *The Gift Relationship* (New York: Vintage, 1971) 比较了有偿献血和自愿献血,由此对莫斯的理论进行了强有力的提升。卡尔·波兰尼(Karl Polanyi)非常有帮助的类型学——互惠、再分配和市场交换,假定了后者在资本主义社会中占主导地位,参见 *The Great Transformation* (New York: Beacon Press, 1957); Karl Polanyi, Conrad M. Arensberg, and Harry W. Pearson, eds. *Trade & Market in the Early Empires* (Glencoe, Ill.: Free Press, 19;7).

礼物主要会被作为展示性的商品，是象征赠予者的财富的可见符号。①

那么，在我们现代的商业世界中，个人之间的礼物究竟有怎样的含义？我们同谁交换它们？怎样交换？试想，我们如何定义"好"的生日礼物？当然，它要表达某个特定的社会联结的亲密关系，要承载情感，要象征体贴。但礼物的意义多种多样。举例来说，新婚礼物是集体团结又一个共同的象征，而送给门卫的礼物则往往会加剧赠予者和受赠者之间的不平等，拉大二者之间的距离。礼物的形式和方式——金钱的或其他的——象征着双方关系的性质。

当然，一些礼物的流动在市场交换的边缘徘徊。但是，如

---

① 对于礼物交换和商品交换是根本对立的观点的批判，参见 Pierre Bourdieu, *Outline of a Theory of Practice* (Cambridge, Eng.: Cambridge University Press, 1977); Arjun Appadurai, "Introduction: Commodities and the Politics of Value," in *The Social Life of Things,* ed. Arjun Appadurai (New York: Cambridge University Press, 1986), pp. 1-63; Maurice Bloch and Jonathan Parry, "Introduction: Money and the Morality of Exchange," in *Money & the Morality of Exchange,* ed. J. Parry and M. Bloch (Cambridge, Eng.: Cambridge University Press, 1989). pp. 8-12. 有关认为礼物和商品是对立的观点，参见 Lewis Hyde, *The Gift* (New York: Vintage, 1983), and C. A. Gregory, *Gifts and Commodities* (London: Academic Press, 1982). 乔纳森·帕里（Jonathan Parry）曾指出，礼物同商品的对立本身就是文化制造的产物，帕里将这种思想观念称作"纯粹的礼物"："利他的、道德的并且充满情感的"，他认为，这种观念的发展与日益成长的市场相对立，在市场中利己的实用主义交换占据上风；参见 "The Gift, The Indian Gift And The 'Indian Gift'," *Man* 0986) 21: 466. 类似的观点参见 Allan Silver, "Friendship in Commercial Society: Eighteenth-Century Social Theory and Modern Sociology," *American Journal of Sociology* 95 (May 1990): 1474-1504.

果它们越过了这个边界，它们就不再是礼物了。因此，如果将礼物等同于市场流动，会忽略一点：现代的物品或者资金流动有很多种类型，而不只是单一的商品市场交换。礼物构成了一系列区别于报酬或者权益的流动，而且呼应着一系列不同的社会关系。礼物是标志赠收双方的亲密无间和相对平等的赠予。为了保持这种关系，除去理解和感激之外，礼物并不需要即时的回报，而且双方会假定他们的关系会持续较长的时间。另一方面，给弱势一方的礼物，则会变成一种捐赠，而给强势一方的礼物会变成一种进献。这就是礼物的个性化非常重要的原因：礼物必须在性质和价值上与双方的关系相适应，要能够体现赠予者与受赠者之间的亲密和平等。好的礼物会带有赠予者的特质，也能明显看出来是为特定的受赠者而准备的。然而，挑选礼物之所以会成为一种复杂困难的任务，是因为礼物不仅会反映社会关系，还会重新定义社会关系。送一份过于私人的礼物给一个一般的熟人，或者送一份过于昂贵的礼物给未婚妻，或者送一份没有人情味的礼物给母亲，都会因为给社会关系暗示或者强加了错误的定义而让人感到困惑、感到烦恼甚至感到被冒犯。

在19世纪与20世纪之交，随着礼物的数量急剧增加，美国人开始就送礼物的问题公开进行思考、辩论以及定义。礼物应该送给谁？刚开始流行送礼的时候，人们会给很多人送圣诞礼物，从近亲到生意伙伴。但是，在1910年之后，更为"贵重或者亲密"的圣诞礼物就主要只送给家庭成员和亲密的朋友。鲜花、糖果或者书籍是送给"不是特别亲近的"朋友们的得体礼物。圣诞贺卡则可以寄给所有人。相似的区分也出现在新婚礼物上，礼仪指南会推荐"只有最亲近的朋友"才能送昂贵的礼物。① 因此，礼物不仅被定义为给亲近之人的赠予，也会被用来区分亲密程度。

什么是送给亲人或者朋友的"好礼物"？最重要的是，礼物的价值并不由它的价格决定，因此，礼物便同报酬区分开来了。沃德夫人早在 1878 年出版的《通情达理》（*Sensible Etiquette*）一书中就解释道，礼物的"灵魂"不"在于其纯粹的昂贵"，而在于"它传达的情感"。沃德夫人警告说，送礼绝不应该被视为"单纯的投资问题或者交换问题"。最好的圣诞礼物"不会意味着金钱……它们同债主或债务人不会扯上关系"。埃塞尔·弗雷·库欣在其 1926 年的《文化和良好礼节》（*Culture and Good Manners*）一书中警告说，事实上，"如果动机是唯利是图的或者敷衍他人的"，这份礼物就不能"表达真正的友谊"。在礼物的世界中，"不应该考虑可能的回报"。② 值得注意的是，早期的礼仪手册尖锐地谴责了越来越多的交换新婚礼物的实践。有这样一则轶事，一位新娘把她收到的新婚礼物送到打造这些礼物

---

① Cushing, *Culture and Good Manners,* p. 288; W. C. Green, *A Dictionary of Etiquette* (New York: Brentano's, 1904), p. 272. 有关越来越受欢迎的圣诞礼卡，见 Waits, "The Many-Faced Custom," chap. 5; 韦茨（Waits）认为，在世纪之交，礼物交换的爆炸式增长中包括向越来越广泛的关系圈赠送小而便宜的礼物，这一问题通过限制给亲戚和更亲密的朋友送礼，向不太亲密的关系赠送更实惠、更容易挑选的圣诞卡而得到解决。

② Mrs. H. O. Ward, *Sensible Etiquette of the Best Society* (Philadelphia: Porter & Coates, 1878), p. 393; Deland, "Concerning Christmas Giving," p. 1159; Cushing, *Culture and Good Manners,* p. 287.

的银匠那里,"用这些礼物换取相应价值的她喜爱的别的东西"。这则轶事被人们当作负面的道德寓言,表明交换如何将"感情降格为唯利是图的精神"。独一无二的礼物不能够被当作市场上普通的、可交换的商品来对待。到 20 世纪 20 年代,新的礼仪允许了新婚礼物的交换,但是"礼物包含明确的意义,或者上面标有新娘名字的缩写",或者礼物是由新郎新娘的家人挑选的这几种情况**除外**。① 因此,亲密性会让礼物变得独特。

要把赠予的东西标记为礼物,赠予者不仅需要把他们送的东西同报酬或者权益区分开,还要把礼物同其他不平等的赠予区分开。《生活时代》的一位评论员在 1904 年提到,只有特定种类的食物可以作为得体的礼物:"巧克力和甜点是……可以的,蛋糕和饼干就会有点可笑;但要是送给朋友用来充饥或者仅仅用来维持生命的食物,那就会被视为严重的失礼。"②

如果有些礼物因为跟捐赠类似而让人不舒服,那么其他的一些礼物,比如雇员送给雇主的圣诞礼物,或者学生给老师的圣诞礼物,就会被谴责为不得体的贡品。1912 年,受人欢迎、广为人知的"禁送无用礼品协会"——西奥多·罗斯福是该协

---

① Mrs. Burton Kingsland, *The Book of Good Manners* (New York: Doubleday, Page & Company, 1910), p. 227; Eichler, *The New Book of Etiquette,* p. 78; Emily Post, *Etiquette* (New York: Funk and Wagnalls, 1922), p. 323.

② C. B. Wheeler, "Gifts," *The Living Age* 242 (September 24, 1904): 797. 有关将食品变成送给朋友的礼物而不是捐给穷人的东西这一问题,参见 Waits, "The Many-Faced Custom," p. 328. 在 20 世纪 20 年代以后,食品杂货业努力推动人们把食品选为礼物,亦可参见 Ralph F. Lindner, "Groceries for Christmas Gifts," *Printer's Ink* (December 7, 1933): 698-99.

会第一任男性会长——成立了,其初衷是阻止半强制性地从商场和商店里的打工女孩那里收钱来为他们的上级购买圣诞礼物的行为。协会的赞助人宣称,这样的礼物不是礼物,而是敲诈或者贪污,"因为对于受害者来说,这就像公职人员要给政客酬金一样,根本无法逃避"。①禁送无用礼品协会的组织者明确表示,这种"毫无用处"的送礼不包括真正的礼物,比如"送给父亲的手绘丝质香囊,或者送给兄弟的番茄形状的红色法兰绒针插,或者任何出于真心的礼物"。禁送无用礼品协会的支持者解释道:"礼物的魅力,全在于其来自朋友的赠予。它应该展现无私,展现一些通过精心选择和礼貌得体来取悦别人的个人努力。"②

为了赋予礼物交换以平等性,赋予礼物以亲密性,赠予者和受赠者都要精心地把礼品变得个性化。体贴入微被认为标志着卓越的送礼水平,礼物应当展现出"你为受赠者考虑了一番"。一位礼仪专家建议说,生日礼物应当"像是一起带来了一次温暖的握手、一个轻柔的吻"。手工制作的礼物也许最能突出

---

① Edward Marshall, "Working Girls Bear Brunt of Holiday Giving," *New York Times*, December 15, sec. 5, p. 2, 1912. 禁送无用礼品协会是全美公民联合会（National Civic Federation）前一年组建的纽约工薪女性假日储蓄基金（New York Working Girls' Vacation Savings Funds）的扩充。该组织备受媒体的关注与赞誉,也从主要的政治和宗教领袖那里获得了支持。在禁送无用礼品协会组建一个月之后,据称就已经有两千名成员。到 12 月 14 日,这个全部成员都是女性的组织开始接收男性成员。参见 *New York Times,* December 18, 1912, p. 5.
② *New York Times,* December 4, 1912, p. 2; "Worse than Careless Giving," *Outlook* (December 21, 1912): 833. 有关工人阶级女性强制性的礼物,以及送给学校教师的礼物,参见《展望》上述社论。

赠予者的特点，如果礼物能够展现"赠予者确实费了一番功夫了解其朋友需要什么，并且有耐心找到那个东西"，1910年之后流行起来的批量制造的实用物品也可以很有"人情味"。① 礼品卡也变得越来越特别。早期的贺卡上面只有图画，而1905年之后，贺卡上会留下足够的空间供人们手写发件人的姓名和留言。②

　　受赠者会用他们自己的方式量身定制礼物的交易。礼仪专家会规定人们手写感谢信时，要"用某种方式来谈论这份礼物，好让赠予者感到这份礼物是私人性的，而不是其他什么东西的一个复制品"。凸版印刷的卡片是"失礼的……只有私人文具上的亲笔留言才行"。还有一位作家强烈主张大家一定要注意"收到的礼物的类型"。莱斯利小姐于1859年出版的《品行之书》（*Behavior Book*）对如何量身定制礼物提供了更为有力的指导："当一件物品送给你是专门用于一个用途的时候"，莱斯利小姐说，"你的责任就是依照赠予者的愿望，把它用在**那个**用途上，而不是任何其他用途"。③

　　但是量身定制礼物还不够。随着礼物数量的增长和礼物的货币化，礼物需要与特定类型的关系和亲密程度密切对应，将朋友、不同的亲属或者熟人区分开。礼仪手册认为"我们当中

---

① Eichler, *New Book of Etiquette,* pp. 61, 60; Catherine D. Groth, "The Giving of Christmas Presents," *Harper's Weekly* (December 25,1909): 29.

② Lambert, "The Seasonal Trade," p. 29.

③ Kingsland, *Book of Good Manners,* p. 228; Eichler, *New Book of Etiquette,* p. 78; Cushing, *Culture and Good Manners,* p. 292; Eliza Leslie, *Miss Leslie's Behaviour Book* (New York: Arno Press, (1859) 1972), p. 174.

很少有人拥有知道该送什么的天赋",因此需要指导读者在复杂的礼物交换的社会迷宫中前行。以 1905 年的《正确的社会用途》(*Correct Social Usage*)中典型的有关新婚礼物的建议为例:家装和床单由新娘的近亲提供是得体的,而"单身朋友不应该选择这些东西作为结婚礼物,也不应该选择任何服装"。另一方面,一般的熟人"通常只会送花"。也可以看一看给年轻女孩的生日礼物:大多数朋友会送书、送花或者送糖果;而她的姐妹们或者"非常亲近的朋友们"则可以送"精致的内衣"。只有"很亲近的亲属"才适合送珠宝。① 因此,现代的礼物是有区分的,特定的亲属和朋友的社会关系形塑了高度个性化的赠予,亲密性和平等性会塑造礼物,反过来也会被礼物影响。最好的礼物会展示对受赠者和双方关系的详尽而充满感情的了解。最糟糕的礼物是冷漠的,尤其是仅考虑价格的礼物,就像《时尚芭莎》提到的那样:那些人会"在圣诞季的时候出现,然后说:'我想花 10 美元买个礼物,什么都行'"。②

当然,这样的观念让金钱不太可能成为礼物赠予的候选品。当法定货币可以用在所有其他不平等的、非个人化的交易中,比如给陌生人付报酬,给孩子当零花钱,捐给有需要的人,给有权有势的人做献金……当金钱能够做这些事时,它如何还能将一个社会关系定义为是亲密而平等的?事实上,正如我们所见,国家通过长时间的巨大努力,才将美元塑造成一种适合所

---

① Eichler, *New Book of Etiquette,* p. 75; *Correct Social Usage,* Pt. 2, p. 518; Eichler, p. 80.
② Deland, "Concerning Christmas Giving," p. 1159.

有社会交易的没有个性特征的货币。此外,牵涉金钱交易的社会关系的范畴得到了极大的扩张,这意味着人们对交易的形式、方式、意义所做的区分也同样增加了。

因此,将金钱带入礼物的领域会造成一个问题。其他商品比如书、领带、圣诞食品篮、礼物卡,尽管需要付出一定的努力,但也都是能作为礼物的商品。① 但是除了面额、发行时间或者品相的差异之外,人们怎样区分在外观上完全相同的美元?对一些人而言,这个任务是不可能完成的。值得注意的是,格奥尔格·齐美尔在《货币哲学》中特别指出了货币作为礼物的缺陷。齐美尔认为,带有"不可妥协的客观性"的一笔钱,绝不可能成为"人际关系合格的中介"。他解释说:"货币形式的礼物会更加明确地将礼物同赠予者拉远并使二者的关系变得疏离。"金钱只适合作为市场的非个人社会关系的中介,在那里,"生意就是生意……(而且)他人对我们漠不关心"。齐美尔解释道,这就是为什么"有教养、心思敏感的人在通过礼物向一个人表达敬意的时候,一定要隐藏礼物的金钱价值"。不过,礼金不仅"同上流社会圈子的标准不相容",还如齐美尔观察到的一样,"即使仆人、车夫、信使都宁可要一支雪茄而不要哪怕是

---

① 对于一本书,我们有许多需要关注的维度:主题、作者、制作或者阐述的质量。或者,像娜塔莉·戴维斯(Natalie Zemon Davis)指出的,投入的精力能够很大程度地把一本书个性化。"Beyond the Market: Books as Gifts in Sixteenth-Century France," *Transactions of the Royal Historical Society,* 5th ser., 33, (1983): 69-88. 有关美国礼品书籍产业在 19 世纪早期的成功,参见 Richard L. Bushman, *The Refinement of America* (New York: Alfred A. Knopf, 1992), pp. 283-85.

这只雪茄价钱的三倍的小费"。①

在齐美尔发出这番评论的一个世纪之后，礼金仍然被视为一种矛盾体，甚至是一种腐化堕落。在《物的世界》(*The World of Goods*) 一书中，玛丽·道格拉斯和巴伦·伊舍伍德坚持认为，现金和礼物之间的区别对于保持商业关系和个人关系之间的关键界限至关重要。经济学家科林·卡默勒（Colin Camerer）解释说，"无效率"的礼物——与现金正相反——能更好地"表明"一段长久的个人关系的本质信息。而且，卡默勒指出，"极其冰冷"的礼金也许会起到终结某段社会关系的标志性作用。社会学家大卫·切尔（David Cheal）在他对温尼伯（Winnipeg）的礼物交换的原创研究中证实，金钱是一种"低级的象征性礼物"，因为它"消除了个人关系所依赖的人的所有痕迹"。然而，切尔发现，温尼伯当地人送出的三分之二的新婚礼物都包含金钱。他总结说，金钱等实用礼品确实进入了礼物赠送的"道德经济"，但是，就像其他实用礼品一样，金钱仍处于一种棘手的边缘地带，令人不安地接近"礼物经济的边缘"而不算是礼物世界中平等的一员。②

---

① Georg Simmel, *The Philosophy of Money,* trans. Tom Bottomore and David Frisby (London: Routledge & Kegan Paul, 1978), pp. 373, 376, 333, 227, 407, 269.
② Mary Douglas and Baron Isherwood, *The World of Goods* (New York; Norton, 1979), p. 58; Colin Camerer, "Gifts as Economic Signals and Social Symbols," *American Journal of Sociology 94* Suppl. (1988): 198; Cheal, *The Gift Economy* (New York: Routledge, 1988), pp. 131, 138, 122; and Cheal, "'Showing Them You Love Them': Gift Giving and the Dialectic of Intimacy," *The Sociological Review* 35 (1987): 165. P. Webley, S. E. G. Lea, and R. Portalska, "The Unacceptability（接上页）

与此同时，人类学家们报告说，在一些非西方的乡村社会，比如新几内亚南部高地的门迪或者马达加斯加中部的梅里纳，现代货币经常作为合法的个人性或者仪式性的礼物而流通。帕里和布洛赫认为，这之所以可能，是因为经济仍然被视为由道德和社会所规范的领域，而现代货币还不是一种中央货币。在货币关系被定义为亲情和友谊关系的对立面之前，他们认为，"用金钱来巩固这种关系并无不妥之处"①。然而，金钱礼物在先进的市场经济中也会创造并维持亲密关系。事实上，在美国，随着商业生活的扩展，以及官方货币变得**更加**统一和一般化，用金钱送礼的形式和意义似乎在成倍增加。

那么，金钱是怎样在 20 世纪早期转变为礼物的呢？人们当然知道这个任务非常敏感。如同《妇女家庭杂志》的一篇文章承认的那样，虽然圣诞节的金钱在"未来远远胜过邻居在圣诞节早上挽在臂弯送来的漂亮礼物"，但"在全世界都还在收取冬

（接上页）of Money as a Gift," *Journal of Economic Psychology* 4 (1983): 223-38; Rik G. M. Pieters and Henry S. J. Robben, "Receiving a Gift," in *New Directions in Economic Psychology: Theory, Experiment and Application,* ed. S. E. G. Lea, P. Webley and B. M. Young (Cheltenham Eng.: Edgar Elgar, forthcoming).

① Jonathan Parry and Maurice Bloch, "Introduction: Money and the Morality of Exchange," in J. Parry and M. Bloch, *Money & the Morality of Exchange,* p. 9. Rena Lederman, *What Gifts Engender* (New York: Cambridge University Press, 1986), pp. 231-33, and "Pearlshells *in* and *as* Mendi History," paper delivered at the Annual Meeting of the American Anthropological Association, Phoenix, Arizona, November, 1988; Maurice Bloch, "The Symbolism of Money in Imerina," in Parry and Bloch, *Money & the Morality of Exchange,* pp. 165-90; C. A. Gregory, "Gifts to Men and Gifts to God: Gift Exchange and Capital Accumulation in Contemporary Papua," *Man,* n.s. 15 (December 1980): 648-49.

青色包装、缎带系紧的美丽实用的礼物时,明明白白不加修饰的金钱很难在圣诞节获得青睐"①。"礼金"的悖论没能从幽默作家的笔下逃脱。比如下面一出 20 世纪 20 年代的杂耍喜剧表演的内容:

> 男:把价格标在礼物上,算不算是很糟糕的做法?
> 女:是的,我认识一个总是心不在焉的女人,有次她想送别人 50 美金作为圣诞礼物,居然要把钞票上面的面额数字擦掉……她是想把这 50 美金送给她已经结婚的女儿,但不想女儿知道这礼物值多少钱。
> 男:那她结了婚的女儿收到这 50 美金之后拿来做了什么?
> 女:她用这 50 美金还清了欠杂货商的杂货钱。
> 男:然后她妈妈怎么样了?
> 女:她妈妈哭了,然后说,虽然她真心喜欢送圣诞礼物,但是替她女婿付杂货钱确实没什么意思。②

确实,作为礼物的金钱的价签是没法被去掉的,而且,一旦金钱被作为礼物送出去,它当然可以轻而易举地被用来付账单,花在赠予者没有想到甚至会不喜欢的地方。因此,这里的挑战显然是如何将这种明显具有自主性、在社会层面具有中立性的货币变成一种富有情感的个性化的礼物。这种标记是怎样

---

① "New Ways To Give Christmas Money," p. 70.
② W. M. McNally, "Season's Greetings," *McNally's Bulletin,* no. 11 (New York: William McNally, 1925), pp. 79-80.

完成的？现在，让我们将目光转向创造礼金的一些方法，包括：（1）**发明**一种不会在其他社会关系中流动的货币；（2）为货币**限定边界**，包括比如在外观上和符号上对法定货币进行区分，以及对礼金进行隔离并限制其消费等一些有关技术。注意，礼金会在以下四种不同的情境中出现：（1）收到被指定为礼物的金钱；（2）收到为未来的用途预留下来的钱；（3）**并不是**来源于赠予的钱被留着送给别人；（4）把钱作为礼物送给他人。以上每种送礼情境都有其独特的划分界限的问题，每种场合都有其一系列独特的社交技巧。

金钱的礼物化

19世纪的"旧式"规则非常简单：礼金只能在近亲或者亲密的朋友之间进行交换。英国《观察家》杂志1898年发表的一篇文章谴责了礼金的新扩张，重申礼金只有在"有自然的爱和感情，如跟父母或非常亲密的朋友之间"的情况下才是正直体面的。虽然这些讨论通常聚焦于借贷，但一类是家庭成员或者准亲属，另一类则是朋友或者熟人，这二者的区分对于送礼来说也非常重要。礼仪手册也如出一辙地肯定了"除了男女双方家庭成员或亲密的老朋友以外，不应将钱作为新婚礼物"的规矩。[①] 洗

[①] "Gifts of Money," *The Spectator* 81 (August 13, 1898): 206-7; *Correct Social Usage*, Pt. 2, p. 518.

礼也是如此。孩子的教父，尤其是以其名字给孩子取名的教父会送钱，而其他客人则会送银首饰或者珠宝。① 一个普通朋友或者熟人送钱会被视为令人反感的，至少在中产阶层和上流社会中是如此。

"家庭限制"在19世纪中产阶层家庭经济的语境下是成立的。在一定程度上，任何家庭财务流动都是礼金。毕竟，情感化的家庭被认为是一个享有特权的非商业领域，不受工具性的市场考虑的影响。一旦丈夫的薪水进入家庭中，它就会发生转变，作为他的礼物分给其妻子和孩子，而非作为他给他们的报酬。

但是，随着各种各样的送礼在20世纪早期大量增加，礼金不再只是家庭货币。举例来说，圣诞节的礼金卡②那时也会被送给朋友以及远亲。将金钱作为礼物的新的形式出现了，比如给打工者的小费或者给雇员的圣诞奖金。更重要的是，正如我们所见，在家庭内部，作为礼物的金钱成为一种越来越有争议的货币：丈夫把钱分配给妻子和孩子作为"礼物和宠溺"的传统方法被强烈抨击为不公正且有辱人格。苏珊·安东尼抗议道："妻子会觉得（这些钱）仅仅是赠予而不是她应得的；但这些钱事

---

① 参见 Mrs. john Sherwood, *Manners and Social Usages* (New York: Harper & Brothers, 1884), p. 257; Maud Cooke, *Social Etiquette* (Boston, 1896), p. 317; Green, *Dictionary of Etiquette*, p. 88. 根据 Eichler's *New Book of Etiquette*, pp. 2-3, 到20世纪20年代，朋友给婴儿送银制礼物的习俗消失了，取而代之的是"现在，如果关系足够亲密的话，人们会给母亲送花，也许也会给孩子送一点点衣物"。

② 一般指夹带现金的贺卡——译者注。

实上是她应得的收入。"① 新的家庭货币是以权益而非礼物的形式建立的——比如给妻子的家务贴补和给儿童的教育津贴——而现金礼物有别于其他家庭资金,专门用于建立、庆祝和维持亲密关系。举例来说,作为礼物送给孩子的一枚金币从那一刻起就开始区别于孩子的零花钱。

作为情感性的货币,礼金会成为女性的资金。逛街买礼物是一种要求很高且非常重要的新任务。而且这会给手头没有现金的主妇们制造额外的难题。尽管家庭预算专家们敦促人们为每个家庭成员单独设立"不被干涉且未经检查"、可以部分用于礼物的个人基金,但女性们仍在不断抱怨她们的家用开支贴补几乎没给她们剩下额外的钱。《时尚芭莎》的一位作者观察到,已婚女性缺乏"赠予的特权"。另一位家庭财务方面的评论家提到:"她要是想送给朋友一份小礼物……或者给孩子准备些小惊喜,有时候只能如鲠在喉,让这些想法过去"。据说,这种现实逼得一些女士去商店偷东西,比如"用来装饰婴儿衣服的丝带或花边,或者常常是送给(她们丈夫)的小礼物"。比如,一名中年妇女从百货公司偷了一张价值50美元的桌布,当她被抓住时,她"含泪"解释说:"我想把它作为新婚礼物送给我的女儿。"②

---

① Susan B. Anthony, "Men and Women: Their Province in the Household," *Independent* 54 (May 8, 1902): 1126.

② Margaret Hamilton Welch, "The Wife's Share of the Income," *Harper's Bazar* 34 (April 6, 1901): 92-93; Alice Ives, "The Domestic Purse Strings," *Forum* 10 (September 1890): 108; "Husband Who Makes His Wife a Thief," *Ladies' Home journal* 32 0915): 16; Alvin F. Harlow, "When Lovely Woman Stoops to Stealing," *Collier's* 76 (August 22, 1925): 10.

因为属于自己的钱非常少，妻子们经常陷入需要丈夫额外赠予金钱的特殊困境，当然，这部分钱是用来给丈夫买礼物的。更糟糕的是，不是挣来的而是被赠予的金钱被认为比自己赚来的钱价值更低。结果，在20世纪00年代早期，很多一直未进入常规劳动力队伍的已婚女性会选择从事一份季节性的工作，只为了赚取圣诞节礼金。家政顾问们指出，即使是孩子要送别人礼物，"价格很低的礼物在送礼时价值也很小"，顾问们敦促母亲们要让她们的孩子"赚些钱，至少赚一部分，让他们用这些钱买圣诞礼物"。女性不仅是买圣诞礼物的人，也是卖圣诞礼物的人，20世纪10年代大多数新开的时尚礼品商店都是由"有魅力有教养的女性"经营的。[1]

礼金是有钱人的特权吗？毕竟，礼仪手册和女性杂志主要的读者群都是中产阶级或者上层阶级，指引着富人的社会经济。而在承担了食品、燃料、住宿和其他必需开支之后，工薪阶层家庭几乎没有可以用于赠送的可支配收入。然而，虽然证据尚不完备，但是工薪阶层的移民似乎仍然会定期给买礼物留专款，虽然对他们来说，向国外的亲戚汇款以及生活在新国家的巨大压力都是日常要面对的现实。有时，在工薪阶层的预算中会出现一个单独的礼物类别，特别标明为"友谊礼物"，区别于贷

---

[1] Swallow, "Children's Christmas Giving," p. 659; Lillian M. Osgood, "Gift Shops," *The House Beautiful* 33 (December 1912): 21. 亦可参见 Estelle Lambert Matteson, "The 'Many Happy Returns' Shop," *Woman's Home Companion* 39 (October 1912): 28. 关于女性自己赚钱以购买圣诞礼物，参见 Waits, "The Many-Faced Custom," pp. 146-50.

款、教堂捐款或慈善捐款。20世纪初，一项针对纽约市工薪阶层家庭预算的研究发现，虽然土生土长的人和"美国化"的移民群体会将更多的收入用于娱乐和个人开支，但在外国出生的移民的家庭却会将更多的钱花在宗教捐款和给朋友的礼物上。①而且，他们越来越多地把钱存在家中或者特别的储蓄账户里，以专门用来购买节日礼物。礼金是移民家庭送礼的一个重要部分，他们不仅为每年十二月寄给不在美国的家人们的圣诞节礼金做了准备，还为命名日、复活节、新婚日以及其他节日做了同样的准备。波兰移民在他们寄给家人的信中，会把圣诞卢布和其他私人的礼物性质的金钱同非礼物性质的汇款、船票钱、借贷、教堂献礼或者弥撒捐款区分开。②

---

① Louise Bolard More, *Wage-Earners' Budgets* (New York: Henry Holt and Company, 1907), p. 104. Kathy·Peiss, *Cheap Amusements*(Philadelphia: Temple University Press, 1986), p. 30. 有关工人阶级包含礼物的预算，参见 William C. Beyer et al. *Workingmen's Standard of Living in Philadelphia,* A Report by the Philadelphia Bureau of Municipal Research (New York: Macmillan Co., 1919), p. 85; Louise Marion Bosworth, *The Living Wage of Women Workers* (New York: Longmans, Green, and Co., 1911); Daniel Horowitz, *The Morality of Spending* (Baltimore: Johns Hopkins University Press, 1985), p. 121. 工人阶级的亲属、朋友、邻居中的借贷和"象征友谊的礼物"之间的精确界限仍然需要进一步的分析。

② 参见 W. I. Thomas and Florian Znaniecki, *The Polish Peasant in Europe and America* (New York: Dover, [1918-20] 1958), pp. 358, 404, 433, 438. 亦可参见 Walter D. Kamphoefner, Wolfgang Helbich, and Ulrike Sommer, *News from the Land of Freedom: German Immigrants Write Home* (Ithaca, N.Y.: Cornell University Press, 1991), pp. 471, 559; Sophonisba P. Breckinridge, *New Homes for Old* (New York: Harper and Brothers, 1921), p. 86; Elsa G. Herzfeld, *Family Monographs* (New York: James Kempster Printing Co., 1905), p. 58.

刚好，我们手中有特别丰富的有关犹太移民的记录。犹太人——大多数都是工薪阶层——会将金钱包含在他们的仪式、社会生活以及礼物馈赠中，这是他们悠久的传统。事实上，一项对传统的犹太宗教文本和文学资料的引人瞩目的调查，确定了约七百种来自犹太历史上不同的地方和时期的社会或宗教货币。这些"犹太钱"（Yiddishe gelt）的种类很多，从妻子的私房钱，孩子的零花钱，专门为慈善预留在特别的"捐款箱"里的善款等**家庭货币**；到节日货币——"麦子钱"（maot hittim），也就是在逾越节①专门为穷人的节日开销②准备的钱，"光明节钱"，"普珥节钱"，献给教师额外的一笔"新月"（Rosh Hodesh）钱；到多种不同的**通过仪式所用的钱**（rites-of-passage monies），包括小男孩的教父在孩子割礼前一天晚上洗澡时送的"洗澡钱"，以及出生后第13天孩子的父亲给牧师的五枚银币，即从上帝手中将孩子象征性地赎回的"男性长子赎金"；到多种新婚钱，比如给陪伴新婚夫妇走到"新婚彩棚"的特别酬劳，扔向新婚彩棚里新婚夫妇的硬币——富人会扔金币和银币，不那么富裕的人会扔戈比（这些钱之后会被穷人捡走），为新郎在婚礼上打碎的玻璃付给哈赞的钱，在新娘剪了头发并在头上盖上面纱或者发饰以标志其成为已婚女性之后给新娘的"面纱钱"，以及，最终，为那些守着尸体并在埋葬前祈祷的人付给丧葬会的"埋葬钱"，还有给穷人的"裹尸布钱"，在纪念死者的悼念仪式之后

---

① 最神圣、最广为庆祝的犹太节日之一——译者注。
② 逾越节的节日习俗，即为穷人免费提供食物等——译者注。

捐给慈善机构的"悼念仪式钱"。而且，还存在对金钱的道德上的区分："合法"（kosher）和"不合法"（nonkosher）或者说不诚实的钱，比如说，妓女赚来的钱不能够作宗教用途。不诚实的钱也不能作迷信用途，比如从祈祷好运的浸礼归来的女性送给穷人的浸礼（mikvah）钱，或者放在新外套或者新手包里面的"好运"硬币。"慈善"资金区别于为了贺礼（mazel tov）的礼金而存起来的钱。而且，在传统的犹太教堂中，犹太人会进行"拍卖"（shnuddering）：教众出价（有时通过拍卖）换取参加仪式的资格，比如诵读《摩西五经》的特权。①

我们对于美国犹太移民中这些金钱区分有多少延续下来、以怎样的形式延续下来都知之甚少。有时，传统形式的礼物性质的金钱肯定会给新移民带来冲突，以1906年写给《犹太前进

---

① ltzhok Rivkind, *Yiddishe Gelt: A Lexicological Study* (New York: American Academy for Jewish Research, 1959), pp. 113, 190, 155, 102-7, 189-90, 237, 40, 188, XXII, XXIII, 54, 277, 93, 287, 120, 131, 177, 190, 149. 诚挚感谢米尔德雷德·泰彻（Mildred Teicher）把这篇文章的一部分从意第绪语翻译成英语。有关卖淫的收益，参见 Deuteronomy 23:19, with commentary by Dr. j. H. Hertz, ed., *The Pentateuch and Haftorahs,* 2d ed. (London: Soncino Press, 1977), p. 848 n. 19. 有关私房钱（*knipl* money），参见 *Weinrich Yiddish Dictionary* (New York: McGr.tw-Hill, 1968), p. 418; 有关"拍卖"（*shnuddering*），参见 Ewa Morawska, *Insecure Prosperity: Small-Town Jews in Industrial America,* 1880-1940 (Princeton, N.J.: Princeton University Press, forthcoming) and Charles W. Smith, *Auctions: The Social Construction of Value* (New York: Free Press, 1989), p. 13. 有关其如何被现代化的正统犹太教堂废除，参见 Jenna Weissman Joselit, "Of Manners, Morals, And Orthodox Judaism: Decorum within the Orthodox Synagogue," in Jeffrey S. Gurock, *Ramaz: School, Community, Scholarship, and Orthodoxy* (Hoboken, N.J.: Ktave Publishing House, 1989), pp. 30-31。

日报》"给主编的信"栏目的"新手"为例,他想知道在美国赚的第一笔钱中的一部分应该怎样花掉。他解释说,在他离开俄罗斯之前,他向失明的父亲保证:"我会把我在美国赚到的第一笔钱寄给你。"但是现在,他害怕这份工作可能没法一直做下去,所以需要一些建议:"我是应该为了逾越节给我爸寄些钱,还是应该把这点钱留给自己?"他得到的建议是把钱寄给他的父亲。[①]

显然,在犹太人的社会生活中,作为礼物的金钱并不是一种异国的或者不正常的金钱。而且,正如汇款的多样性以及各种向海外的资金流动所显示的那样,对金钱的复杂区分也并非犹太人所独有。其他移民群体也会用金钱作为礼物来纪念他们的宗教和家庭节庆——婚礼、洗礼、首次圣餐仪式。以新婚礼物为例。在19世纪与20世纪之交的纽约下东区,金钱或实用的家居用品是意大利以及犹太婚礼的传统礼物。波兰婚礼也是如此。索芬尼斯巴·布雷肯里奇(Sophonisba P. Breckinridge)在20世纪20年代对移民生活的研究中记载了在波兰人中非常流行的一个习俗,就是用礼金"购买"跟新娘跳舞的机会。她报告说,这一做法有时会有些过分:"男人们把他们的礼物分成很多份,然后要新娘跟他们跳很多次舞,经常搞得新娘精疲力竭。"在另外一些波兰婚礼中,年长女性或者花童会传递盘子来收钱,有时,人们会把纸币钉在新娘的裙子上,还有些男性宾客会试图用银币砸坏这些结实的晚餐餐盘。婚礼上的礼金部分会用来资助婚礼,同时也会给新婚夫妇留下一笔积蓄。不过,

---

① Isaac Metzker, ed., *A Bintel Brief* (New York: Schocken Books, 1971), p. 37.

布雷肯里奇指出，二代移民可能会不太习惯甚至讨厌礼金。①

在工薪阶层的家庭经济中，女性也是主要的送礼者，会为了亲属和朋友存钱，为特别的金钱往来做准备。圣诞俱乐部账户的储户很多都是女性，而且她们跟她们的孩子也是慈善机构组织的一分钱银行的老客户，经常为节假日基金存钱。另一方面，工薪阶层的男性会设计自己的送礼活动，在19世纪末的酒馆中，工薪阶层男性会请他们的伙伴一轮一轮地喝啤酒，这被视作团结和社区的象征。②

因此，作为礼物的金钱是一种特殊的货币，专门用在朋友和亲属间，加强了特定社会关系的亲密度。作为礼物的金钱要展示对受赠者私密而亲热的了解，而赠予者与受赠者之间的关系在某种程度上与其他会发生金钱往来的情境和关系的非个人性相互矛盾，正因为如此，作为礼物的金钱才成为问题。让我们以三种情况为例，来看一看这些原则如何在那些涉及越来

---

① Breckinridge, *New Homes for Old,* pp. 102-3. 亦可参见 Elizabeth Ewen, *Immigrant Women in the Land of Dollars* (New York: Monthly Review Press, 1985), p. 237; Eugene E. Obidinski and Helen Stankiewicz Zand, *Polish Folkways in America* (Lanham, Md.: University Press of America, 1987), pp. 91-92; Marian Mark Stolarik, *Immigration and Urbanization: The Slovak Experience, 1870-1918* (New York: AMS Press, 1989), p. 98; Margaret F. Byington, *Homestead* (Pittsburgh: University of Pittsburgh Press, [1910] 1974), pp. 149-50; Caroline F. Ware, *Greenwich Village, 1920-1930* (New York: Harper and Row, (1935) 1965), p. 366.

② 有关"款待"，参见 Roy Rosenzweig, *Eight Hours for What We Will: Workers & Leisure in an Industrial City, 1870-1920* (New York: Cambridge University Press, 1983), pp. 57-64. 有关犹太移民如何接受请客这一习俗，参见 Heinze, *Adapting to Abundance,* p. 122.

微妙的社会关系的情况中发挥作用——圣诞奖金、消费以及恋爱礼物。

奖金和小费

　　一些金钱形式的礼物的性质之所以十分微妙，正是因为它们发生在双方的重要性差距非常巨大的关系之间的界线上。我们首先来看一下，当金钱被视为礼物赠予的行为发生在亲密关系网络之外时会发生什么。在世纪之交，扩张的礼物经济催生了不同种类的礼品货币，如圣诞节奖金和小费，这些都让赠予者和受赠者感到迷惑和困惑，有时甚至会感到愤怒。不同于给亲戚朋友的礼金，这些货币更多地出现在非个人化的，而且明显是不平等的赠予之中，雇主给雇员，顾客给服务员。然而，它们同薪金相比并不是同样的法定货币，这种赠予在法律上是非强制性的、非正式的，其数目不定，可以变动，赠予者可以随心所欲地选择其数目。这些金钱能够被视为礼物吗？它们又为赠予者跟受赠者之间的关系赋予了什么？

　　让我们来看一看圣诞奖金。1913年12月23日，《纽约时报》头条披露，仅在芝加哥一地，银行和大型的工业企业当年就给他们的员工发放了总价值超过100万美金的圣诞礼物。这些圣诞礼物有很多种类。以沃德百货公司为例，该公司给其7500名在芝加哥、纽约和其他城市的雇员每人送了"一顿圣诞节午餐，以及内有一只火鸡和其他东西的礼品篮"。员工也可以选择5美元的金币。布鲁克林的一家公司庆祝了其成立50周年,花了超过100万美金给员工买了集体人寿保险;还有一家公司选择给员工的养老金基金和疾病福利协会捐钱。新奥尔良铁路公司把圣诞节变成了售票员"不退还零钱"(keep the change)的日子,还会将当天收到的车票钱中的一定比例送给售票员。

这样,雇主们找到了巧妙地将他们的圣诞礼物区别于普通薪水的一种流通方式。在19世纪,他们曾通过发放金币或者实物,比如火鸡、手表、糖果,来实现这一点。进一步地,他们在为所有员工举办的特别节日庆典上赠送圣诞礼品,包括实物礼品或者现金。在一些案例中,一位评论家指出,送礼物的过程是那么"彬彬有礼,像是私人的问候",办公室"一时间"变成了"主人接待客人们的接待室"。[①] 女性杂志建议职场女性认识到"礼物背后的善良精神",并敦促她们向上级表示"对公司给予的一切的感激"。一些人的确这样做了,据一份报告称,一家百货公司的女售货员们"给经理办公室发了几十封信,分享自己用'圣诞基金'都做了什么",从而证明"节日佣金对她们来说比工资有更大的意义"。[②]

但是,一旦雇主们开始把金钱作为礼物,他们也就进入了一个更有风险的领域。据《纽约时报》报道,尽管在1913

---

① Ralph D. Paine, "Christmas in Business Life," *The World's Work* 7 (December 1903): 4244. 我没有看到系统地、历史地处理美国赔偿制度变迁的研究。本课题为这方面的研究和综合提供了一个很好的机会。

② Anna S. Richardson, "For the Girl Who Earns Her Own Living," *Woman's Home Companion* 32 (December 1905): 27; Paine, "Christmas In Business Life," p. 4243.

年，许多公司仍然坚持"传统习俗，即赠送火鸡和不同面额的金币"，但提供"以工龄报酬为一个系统化的基础所组织的利润分享计划"或者现金红利的公司数目有所增加。早在1902年，摩根大通就开创先河，给每位员工发放一整年的工资以作为圣诞节礼物。现金形式的礼物越来越标准化，开始以工资的一定比例进行金额计算。到1911年，10%的奖金比例会被认为是"开明的"。有些银行甚至开始用圣诞奖金替换每年最初的年度涨薪。①

不过，大多数雇主还是想把奖金继续当作一种可以自由安排的礼物，毕竟，这种"问候工人"的习俗在监督和管理工人的生产力以及确保其忠诚方面对雇主帮助很大。事实上，伍尔沃斯在1899年第一次给员工发放圣诞奖金（奖金数额为任职年限乘以5，最高25美元）就是为了应对竞争者更高的工资，避免女售货员们罢工。用这个方法来支付加班费也可能是更便宜的。在1910年前后，一位在纽约市一家百货公司工作的25岁的女售货员告诉全国消费者联盟的调查员，在圣诞节前的一周"她每天要站着工作超过14小时……站这么长时间，脚实在是太疼了，有些女孩中午会选择不吃饭，去给自己……泡个脚"。公司为她的加班给了她20美金，"当作礼物送给她，不是报酬，而是一份圣诞礼物"。

值得注意的是，一些公司会给每位员工发奖金，而另一些

---

① *New York Times,* December 23, 1913, p. 1; December 13, 1911, p. 20; December 22, 1909, p. 1.

公司则会根据员工的工龄或工作效率记录准备圣诞礼物。有些公司还会规定工人对奖金的正确处置方式：据报道，在1914年圣诞节，明尼阿波利斯一家大型面粉加工公司给每位员工发放了一张25美元的支票，但员工必须将支票存入储蓄银行，否则这张礼物性质的支票将会作废。①

但是，与其他形式的报酬类同会使受赠者将奖金视为一种应有的权益，迫切要求将这一额外收入定义为一种权利。早在1903年，一份有关圣诞节在商业生活中的作用的报告就谴责一些雇员"把这份'礼物'当成他们收入中的一部分"，因此丢掉了"节日的气氛"。1905年，《妇女家庭伴侣》同样感叹道，太多工作的女孩"将来自公司的这种自愿的纪念品当成了她们的权利"。②

圣诞奖金越来越难同工资区分开。在赠予变得标准化、可预期的情况下，想要维持雇主给雇员的商业赠予的个性化是很难的。到20世纪50年代，圣诞奖金正式失去了其作为礼物的地位：一家公司试图削减其一年一次的圣诞奖金，以弥补新的开销更高的退休金计划的成本，其员工工会尝试就雇员的圣诞奖金跟公司进行谈判。在公司拒绝一切讨价还价之后，工会上

---

① *New York Times,* December 23, 1914, p. 7; Sue Ainslie Clark and Edith Wyatt, *Making Both Ends Meet* (New York: Macmillan, 1911), pp. 5-6; T. D. MacGregor, *The Book of Thrift* (New York: Funk & Wagnalls, 1915), pp. 140-41. 有关伍尔沃斯（Woolworth）的奖金政策，参见 John K. Winkler, *Five and Ten* (New York: Roben M. McBride & Company, 1940), pp. 123-24.

② Paine, "Christmas in Business Life," p. 4243; Richardson, "For the Girl Who Earns Her Own Living," p. 27.

诉至国家劳工关系委员会。委员会裁决，圣诞奖金不再被视为雇主可以自由裁量的礼物，而是工人工资中应有的、可协商的一部分。尽管一名持异议的委员会成员抗议说，"真正的圣诞礼物不应出现在谈判桌上"，但人们普遍认为，奖金不再是礼物，而是同普通工资分开的另一类报酬。①

小费则会涉及赠予者跟受赠者之间更困难、更混乱而且经常有争议的社会互动。不同于奖金，小费不仅仅是圣诞节时的礼物，而且也是世俗的、在一年之中会随时发生的赠予，其会影响一系列社会交换中的很多相关方。对于一些人来说，小费确实是一份礼物，是对工资的情感性的补充，是一笔单次给付的、将商业交易个性化了的资金。在1911年的一期《大西洋月刊》中，一位评论员解释说："它让我展示我的博爱、善意、感情和义务的尺度，这些东西本不可度量。"但是对于其他人而言，小费是对礼物麻木不仁的腐蚀，是对陌生人提供的个人服务的金钱贿赂，"让你看到服务员的微笑，或者让你不用看到那副糟糕的表情"。威廉·斯科特在阐明了小费问题的《焦急等待的手掌》(*The Itching Palm*)一书中为此提供了证据，那些给小费的人"不会觉得自己是在送给朋友一笔钱，要是别人这样给他们

---

① Niles-Bement-Pond Company and Amalgamated Local No. 405, International Union, United Automobile, Aircraft & Agricultural Implement Workers of America, CIO (November 29, 1951), in *Decisions and Orders of the National Labor Relations Board,* 97 (Washington, D.C.: Government Printing Office, 1952), p. 172. See also Barnett, *The American Christmas,* pp. 93-95; Waits, "The Many-Faced Custom," pp. 387-92.

钱，他们会觉得自己是被侮辱了"。①

　　这种不同意见并不是孤例。20世纪00年代早期，在付小费变得越来越流行的时候，这种行为就引发了很大的道德争议和社会争议。事实上，全国范围内的很多州立法机关都试图通过将小费变成可处罚的轻罪来废除它，有些尝试是成功的。在无数的报纸社论和杂志文章中，在礼仪手册中，甚至在法庭上，小费都被人们用混合着好奇、消遣、矛盾以及时常公然敌对的态度仔细地审视过。1907年，当政府允许美国海军的军官和士兵将小费作为一个项目列入他们的旅行费用收据而正式地认可了小费时，这一决定被谴责为是对贪污的非法背书。② 当时会有人定期呼吁组建反小费联盟。

　　小费为何会是这样一种麻烦的礼物？毕竟，小费只是些小零钱罢了。部分时候，这只不过是个小麻烦，如难以预测金额，送出时会尴尬。但事实上，付小费的礼仪变得越来越复杂，不仅在付多少小费方面有指引，在付给谁小费，何时付小费，如

---

① "Tips," *The Atlantic Monthly* 108 (December 1911): 857; "Tipping," *Living Age* 257 (May 23, 1908): 509; William R. Scott, *The Itching Palm* (Philadelphia: Penn Publishing Co., 1916), p. 119. 正如"pourboire"（小费）和"trinkgeld"（小费）这两个词所暗示的那样，小费从一开始就是一种专用货币，用来给服务员买些喝的。

② "The Reclamation of the Tip," *Outlook* 87 (October 26, 1907): 373; "Tip and Tipping," *Outlook* 87 (November 16, 1907): 593. 在1912年，珠宝部门允许其管理者和职员在其出差开销中包含给旅店服务员、铁路搬运工、蒸汽轮船服务员的小费。参见 *New York Times,* October 30, 1912, p. 12. 关于反小费法案，参见 Mississippi Laws 1912, chap. 136, sec. 4. 关于对其他州反小费法案的讨论，参见 Scott, *The Itching Palm,* pp. 122-43.

何付小费方面也有指引。而且，小费带来了一个更为根本的难题：它位于其他截然不同的金钱往来的边界，不全然是一笔报酬，不全然是贿赂，不全然是施舍，但也不全然是礼物。这种迷惑扩展到对给予小费的行为对小费赠受双方之间的关系也产生了影响。

一些观察家不假思索地将小费视为现代礼金的另一个版本，情感化了"个人关系的魅力和诗意"。正如一位礼仪专家解释的那样，不同于一笔报酬，小费发挥了"感念"那些"付出个人服务"的人的作用。事实上，根据斯科特的研究，很多法庭判决认为，反对小费的法律因干涉了习惯法赋予人们的送礼物的权利，因而是违宪的。①

但是小费的批评者反对说，如果付小费的人几乎不认识收小费的人，小费怎么能算是一种礼物？《纽约时报》的一篇社论将圣诞节时向"忠诚的、久经考验的仆人"提供的"对友谊的致敬"，同向"没有任何权利要求（给予者）的慷慨馈赠的人"分发礼金的"有害习俗"区分开来，谴责给小费是"无效的贿赂"。②更糟糕的是，给小费会制造虚假的关心的样子："一转眼就会被丢掉的虚假的友好表现"会降低"真正的友好出现的几率"。当时大范围的对政治腐败的担忧使得小费成为了其他那些不劳而获的、不正当的、不合法的腐败交易的可疑的暗示。有一位评论员解释说："把25美分作为小费赠给服务员是一种错误

---

① "Regulating Tips," *Scribner's Magazine* 45 (February 1909): 252; Green, *Dictionary of Etiquette*, p. 170; Scott, *The Itching Palm*, p. 126.

② "Foolish Christmas Giving," *New York Times*, December 28, 1910, p. 8.

的做法,因为付小费的人什么也得不到,得不到任何实质性的东西。"此外,不劳而获的钱更容易被挥霍掉,一位作家在《法律季度评论》(Law Quarterly Review)上指出:"不正常的收益会催生异常的奢侈;给任何人超过其服务的经济价值的报酬,都会扰乱其对金钱价值的估计。"①

即使不至于败坏道德,小费也会被指责对社会造成了损害。一些批评家问,如果一种礼物会羞辱受赠者,这能算是什么礼物?1913年,《哈珀月刊》的编辑声称:"我们不相信,一个诚实地工作谋生的人在拿走这些不劳而获的钱时会毫无痛苦。那些靠救济金生活的乞丐一定很了解这种痛苦。"由于受助者并不贫穷,小费事实上比捐赠更糟糕,"这是对仁慈的施舍的粗暴无礼的讽刺……它诅咒施舍者,也诅咒受助者"。②

因此,不像亲戚朋友之间作为礼物的金钱,小费表明了付小费的人和收小费的人之间的距离和不平等。批评者们辩称,从这种令人讨厌的"不美国"的、欧洲贵族式的舶来品中,人们能获得什么呢?斯科特在《焦急等待的手掌》中断言,小费是"一个美国人想花一笔钱让另一个美国人承认自己的低等"。斯科特接着说:"想象一下,如果向光顾餐馆、出租车和理发店

---

① Scott, *The Itching Palm,* p. 28. 亦可参见 Courtney Kenny, "Jhering On Trinkgeld And Tips," 127 *The Law Quarterly Review* July 1916): 318. 肯尼的文章是对19世纪德国著名法学家鲁道夫·冯·杰林(Rudolf von Jhering)关于小费的小册子的深刻讨论,该小册子已经出版了五个版本。有关19世纪末美国刑法关于贿赂部分的扩展,参见 John T. Noonan, Jr., *Bribes* (Berkeley: University of California Press, 1984), p. 578.

② Howells, "Matter of Tipping," *Harper's Monthly Magazine* 127 July 1913): 312.

的普通'绅士'提供小费，会发生什么呢？"①

值得注意的是，当付小费的人跟拿小费的人之间的地位变得平等时，小费会变得让人感到尴尬。《人人》杂志的一位作者讲了一个故事，故事中的男人坚持多年给自己的理发师付小费，但在他的理发师有了自己的店面之后，这个男人不知如何是好了。于是，他问理发师："既然你现在也拥有自己的店面了，你我就是平等的，而我不会给与我平等的人小费。那以后我们两个该怎么办，聊天但是没有小费，还是有小费但不聊天？"当理发师又失去了自己的店铺时，事情变得更加复杂了："他应该重新开始给小费，羞辱他的老朋友吗？"②

事实上，小费同雇主发的薪水不同，小费可以被任意定夺，"取决于付小费的人的一时兴致"，这一事实更加确立了收小费的人的弱势地位。一位评论家不无赞许地认为，小费可以被用来作为"道德和社会纪律的工具，不给或减少小费应该是一种惩罚，而给小费或多给小费是一种奖励"。小费不仅显示了接受者的弱势，而且，一些批评者坚持认为，借着小费可以补充工人的收入的假设，雇主会选择支付较低的工资，这就会导致不平等现象长期存在。③

这就是为什么拒绝小费是对独立和尊严的强有力的象征性声明，拒绝小费冒犯了把小费作为仁慈赠予的顾客，但是会

---

① Scott, *The Itching Palm,* pp. 10, 37-38.
② Richard Barry, "Tips," *Everybody's Magazine* 28 (January 1913): 67.
③ Scott, *The Itching Palm,* p. 24; "Regulating Tips," *Scribner's Magazine* 45 (February 1909): 252.

受到那些认为小费有辱人格的人的钦佩。以一位在沃纳梅克百货公司做送货员的年轻移民的经历为例,这段经历是他姐姐在1918年讲述的。一次,在送了一个98美分的包裹后,下订单的女人给了他一美元,并告诉他不要找钱:"他说,他没有拿'小费',而是把那两美分拿出来了。我想她有点生气了。她上下打量他,当着他的面把门关上了。于是,他把两个便士放在了她的门口,然后走开了。"两天之后,这个年轻人就被炒鱿鱼了①。

当然,不仅仅是付费者,接受者也会将小费当作礼物、捐赠、报酬或者贿赂。在汉密尔顿·霍尔特于20世纪00年代早期为《独立报》搜集的一系列"人生故事"中的一篇里,一位在蒸汽游艇上做船舱服务员的年轻日本移民回忆了他是如何"感激地从一位以那么友好而充满同情的方式给我钱的女士手中收下了"一笔小费;还有一位先生给了他一美元,然后说:"我希望能给你十倍那么多,但我还是希望你为我收下这些钱,用在你的学业上。"这个男孩还气愤地拒绝了一个"挑剔的"女士的一美元,尽管这些钱很"珍贵"。这个女士不停地斥责他,对他很不好。他"把钱扔在她脚下",说:"女士,这是收受贿赂。游艇主给了我足够的钱让我为您服务……不要给我小费。"②

尽管如此,那些强调小费的礼物色彩的评论家们否认小费代表了社会不平等。他们问道:"服务员手中的那几块硬币是否就比伴郎塞在牧师手中的信封更贬损人格?病人在付完账单之

---

① Rose Cohen, *Out of the Shadow* (New York: George H. Doran Company, 1918), p. 312.
② Hamilton Holt, ed., *The life Stories of Undistinguished Americans as Told by Themselves* (New York: Routledge, [19061 1990), pp. 166-67.

后给医生的那些小费又是怎么样的？"[1]

但是将小费作为礼物给出，在大多数情况下都是一项不可能完成的任务。这种赠予以交易的不平等和非个人化为标志，其与报酬太过相似。事实上，在 1917 年，纽约州最高法院上诉庭已经裁定小费不是礼物，而是"为获得合理服务而支付的报酬……（它们）是雇员薪酬的一部分"。这一案件的起始是罗切斯特出租车公司提出了上诉请求，对法院 1916 年根据《工人赔偿法》向其一名已故出租车司机的父母作出的裁决提出异议。该案的主要问题是，在计算赔偿金额时，国家工业委员会是否应该将小费和工资一起计算在内，出租车司机的周工资是 12 美元，而他每周的小费平均为 5.1 美元。上诉法院认为，小费与雇主提供的其他合法的可获赔偿（如食宿或房租）非常相似。此外，法院指出，小费是"如此平常，数额如此统一"，以至于"提供服务的人认为小费是他的权益，并不是任何特殊的好处"。一笔"巨额"小费可能会"得到感激"，但是"平常的小费"会被视为"一笔事实上应得的报酬"。[2] 法庭一致肯定了这一裁决。

《弗吉尼亚法律记事》的一篇意见不同的社论则反对这一裁决，声称在收到小费的人起诉之前，小费并不"比过去送给服务员的饮料更有资格被计入法定工资"。然而，小费仍越来越多地被推到支付领域，有固定的百分比或小费费率。更引人注目

---

[1] "Tips," *Atlantic Monthly*, pp. 856-57.

[2] Sloat v. Rochester Taxicab Co., 177 App. Div. Supreme Court of the State of New York at 60. 亦可参见 "'Tips,' A Legal Source of Income," *American Law Review*. 51 (June 1917): 463-64.

的是，小费会被视为应纳税收入。①

因此，在涉及雇主与雇员或顾客与服务员之间的作为礼物的金钱时，货币的个人化并不奏效。在不了解接收者、双方关系明显不平等的情况下，这种赠予类似于捐助。尽管赠予者试图将这笔钱标记为礼物，但越来越多的受赠者要求将奖金或小费定义为一种权益或者报酬。

恋爱关系中的金钱

当礼物是为了建立亲密关系，比如男女之间交换恋爱礼物时，会发生什么？与奖金或者消费不同，这些礼物让人们建立起情感上的，也许是性方面的关系。仔细地将恋爱关系与普通的与性无关的友谊、婚姻关系以及卖淫关系区分开是非常重要的。在20世纪早期，当恋爱关系正被年轻人新的约会礼仪转变之时，这种区分变得越来越难完成。此外，男性和女性对一段关系的定义以及对每种关系中的得体行为的定义常常存在冲突。因此，恋爱关系中的礼物是一种极其微妙的赠予。

礼仪书籍不停地努力寻找男女之间得体的礼物，它们知道错误的礼物很容易将友谊同天长地久的浪漫承诺相混淆，甚至

---

① "Tips as a Part of Wages," *Virginia Law Register* 3 (July 1917): 206-7. 关于小费持续的个性化方面，参见 Greta Foff Paules, *Dishing It Out: Power and Resistance Among Waitresses in a New Jersey Restaurant* (Philadelphia: Temple University Press, 1991), pp. 23-47.

会暗示着性的购买。因此，昂贵或过于亲密的礼物便会显得可疑：昂贵的珠宝或者服饰适合已经有伴侣的女性，或者妻子，但是并不适合作为得体的恋爱礼物。1895年的一本早期的"品行手册"强调："向一位年轻女士赠送珠宝或衣物，或是贵重的装饰品，应该被视为一种冒犯，而不是一种恭维，除非她是他的未婚妻。"一位"有尊严的"女性只能收下"其主要价值来自于这段交往"的物品："名人的签名……一些有纪念意义的地点的纪念品"，以及朴素的花束或者一本书。另一位礼仪专家解释说，像"水果、鲜花或甜点"这样容易腐烂的礼物更为可取，因为它们"不会让女士承担任何责任"。①

收到不得体的礼物必须马上归还：这非常类似于拒绝一笔小费，对于受赠者而言，要纠正赠予者对他们关系的不合适的定义，拒绝赠予者的礼物是最好的方法。1904年的一本《礼仪词典》提到，"男士送给女士一件可能会让她不得不退还的礼物，这是很糟糕的做法。"礼仪作家不仅严厉谴责那些违反或滥用送礼礼仪的男人，还严厉谴责那些接受不恰当的礼物的女人，甚或更糟的是，以假装爱意、甚至扮成女儿的感觉的方式来敲诈礼物：那些"年轻的女士，自称对一些有钱的老先生有着女儿对父亲一样的尊敬，她们如此体贴，会给他们织钱包、做拖鞋……这都是因为她们知道，这些先生会用慷慨大方的礼物或者非常值钱的珠宝回报她们"。②

---

① Eliza Leslie, *Miss Leslie's Behaviour Book,* p. 181; Cooke, *Social Etiquette,* p. 123.
② Greene, *Dictionary of Etiquette,* p. 154; Leslie, *Miss Leslies Behaviour Book,* p. 182.

大概 20 年之后，各种礼物之间的区分仍然存在。艾克勒的《礼仪新书》断言，没有哪个"有教养"的女孩会收下男性熟人送的"有价值的礼物"。可接受的礼物的范畴从传统的鲜花、糖果和书籍扩大到网球拍和溜冰鞋等物品，但礼仪规定会将任何"要花上一大笔钱"的东西排除在外①。

即使在情侣订婚之后，礼物仍然会非常敏感地影响关系。在世纪之交，礼仪的规定非常严格，"除非是订婚戒指"，昂贵的礼物"并不能算是最好的选择"。服装也不被推荐，尤其不能是新婚礼服：朴素的陪嫁衣物要比"多由新郎购买的精美外套"更好，即便新娘"穷得像是教堂里的老鼠"。艾米莉·博斯特在 1922 年初版的名著《礼仪》中曾写道，虽然礼仪在"候任新郎"给未来新娘的礼物方面似乎较为开明，但仍然清楚地规定，任何被认为需要"保养和维护"的礼物都是越界的，比如衣服、汽车、房子或者家具。博斯特非常明确地指出："她开他的车、骑他的马，这些都完全没问题……但是如果她真的自尊自重，她就不能把车据为己有……他可以给她买任何他买得起的珠宝，可以给她皮草围巾，但是皮大衣是不可以的。"博斯特解释说，围巾是"饰品"，而外套是"正式衣着"，因此便不是给新娘的合适礼物。②

礼物礼仪的严格性反映了人们对区分恋爱关系与婚姻或卖淫的关切。艾米莉·博斯特警告说，不当的礼物会将新娘置于

---

① Eichler, *New Book of Etiquette,* p. 81.
② Cooke, *Social Etiquette,* pp. 124, 143-44; Cushing, *Culture and Good Manners,* p. 110; Emily Post, *Etiquette* (New York: Funk and Wagnalls Co., 1922), p. 311.

"另外一个阶层的女性范畴中"。① 在结婚之前,两个人关系的模糊性将一直存在。这就是恋爱礼物应当表达情感或者爱意也应当要求回报或者支持的原因。

当新娘成为妻子之后,一切都会改变。丈夫的礼物和金钱都将成为家庭资金流动的一部分,不再暧昧模糊而是受到另一套不同的规则和期望的约束。礼仪手册会提醒新娘们恋爱礼物跟婚姻内的金钱流动的区别,一位礼仪作家写道:"除非许下将两人合而为一的那几句决定性的誓言,否则新娘对她未来丈夫的钱包没有任何所有权。"不过,在婚事将近的时候,新娘会被建议要以妻子一样的关心来对待丈夫的金钱,要像博斯特说的一样,劝阻任何"迷人但是铺张浪费的礼物"。埃塞尔·库欣在其《文化和良好礼节》一书中提出,除非未婚夫非常富有,否则"年轻的姑娘最好让他(她的未婚夫)把钱省下来,用在买房子和装修上"。②

随着金钱越来越多地进入恋爱中,男女之间在送礼这个问题上的困境变得更加复杂。在 19 世纪与 20 世纪之交,在中产阶层与工薪阶层中出现了新的恋爱形式,比如约会和请客,将这个转型后满是消费和商业休闲的公共世界中的商品和服务带入了恋爱之中。贝丝·贝莉告诉我们,在她的恋爱史中,当"去什么地方玩玩"代替了老旧的在女孩家门外"呼唤"或者"一直陪伴"的方法,"钱,男性的钱,就成为了约会制度的基础,

---

① Post, *Etiquette,* p. 311.
② Cooke, *Social Etiquette,* p. 143; Post, *Etiquette,* p. 310; Cushing, *Culture and Good Manners,* p. 110.

也因此成为了恋爱的基础"。这种用于恋爱的金钱如何与同样用于卖淫或者家庭内的金钱流动的法定货币区分开？事实上，正如贝丝·贝莉说到的那样，很多年轻男性将约会定义为一种对女性陪伴的"随便收买"。①

但是，即使年轻的男人会为与一个女孩共进晚餐或为她昂贵的胸花买单，他们却不会直接给他们的约会对象一笔钱，甚至不会将现金当作礼物。事实上，在恋爱的范围内，除非已经确定了婚姻或者性关系，美国男性不会用法定货币作礼物。请注意，在世纪之交非常流行的爱情信物在作为其原材料的硬币被排除出市场流通、改头换面并被刻上富有情感的文字之前，它并不能够被认为是礼物。因此，妓院创造出的是特殊的货币，比如付嫖资的黄铜代币；而恋爱中的情侣制作的则是被当成礼物的、没有流通价值的浪漫信物。②

可以肯定的是，恋爱或者婚姻之外的那些男性和女性之间

---

① Beth Bailey, *From Front Porch to Back Seat: Courtship in Twentieth Century America* (Baltimore: Johns Hopkins University Press. 1988), pp. 13, 23. 有关约会，亦可参见 Paula Fass, *The Damned and the Beautiful* (New York: Oxford University Press, 1977); 以及，有关美国人恋爱的通史，参见 Rothman, *Hands and Hearts.* 在其对约会的产生的详细描述中，约翰·莫代尔（John Modell）观察到，这个制度在大学和高中学生中也在发展，并指出了约会模式中显著的一些阶级和种族差异。见 *Into One's Own: From Youth to Adulthood in the United States, 1920-1975* (Berkeley: University of California Press, 1989), pp. 87, 89-92.

② 有关妓院的代币，参见 Ted Schwarz, "Yellow Tokens and Red Lights," *Coins* 26 (August 1979): 70-72; "Wage-Earning Pittsburgh," *The Pittsburgh Survey,* ed. Paul Underwood Kellogg (New York: Survey, 1914), p. 360.

法定货币的流动是合法的，比如出于慈善目的的捐款或者薪水。不过，即使是男性付的小费也有可能被怀疑为是危险的让人出卖身体的诱饵。以 1912 年芝加哥青少年保护协会的一份声明为例，声明中称，小费是一种"恶毒"的制度，鼓励那些"做梦也没……想过从男人手里拿钱"的年轻女孩接受男性的小费，从而建立"一段充满屈从和收买的关系，很容易就会成为目的不纯的殷勤的开始"。①

20 世纪的恋爱礼物不包括直接的礼金，但是它通常要求男人为两个人购买商品或服务，从女孩的胸花到晚餐、戏票和交通。20 世纪 20 年代的礼仪手册更清楚地区分了这种从男人到女人的间接资金流动，举例来说，车费"实在算不上贵"，所以女性可以让男性买单，但要是在餐厅吃饭时碰到男性熟人，女性是"不会让他替自己买单的，除非他特地邀请自己跟他一起"。只有当女性"被邀请观看日场电影或戏剧、喝茶或参加球赛"时，男性才应该承担"所有的义务"。②

相比于中产阶级，工人阶级的恋爱仪式使得各种礼物流动之间的区分变得更加困难。凯西·佩斯（Kathy Peiss）在她对世纪之交的纽约的工人阶级单身女性的研究中，说明了"请客"

---

① "Behind the Scenes in a Restaurant" (New York: Consumers' League of New York City, 1916), vol. 24, reprinted in *The Consumers' League of New York: Behind the Scenes of Women's Work,* ed. David J. Rothman and Sheila M. Rothman (New York: Garland, 1987). 亦可参见 Dorothy Sue Cobble, *Dishing It Out: Waitresses and Their Unions in the Twentieth Century* (Urbana: University of Illinois Press, 1991), p. 42.

② Eichler, *New Book of Etiquette,* vol. 1, p. 103.

已经成为女性从男性那里获得金钱帮助、礼物以及娱乐活动的普遍做法，代价是各种性恩惠：从调情到性行为。年轻的劳动女性挣的工资很低，而且有义务为家庭的收入作贡献，她们几乎没有剩下多少钱用于自己购买衣服或去娱乐。所以她们依靠男性朋友"请"她们跳舞、喝酒、去戏院，或者出去吃晚餐。正如佩斯调查到的，工人阶级非正式的礼仪让其中的女性相对于中产阶级女性来说能体面地获得更多的间接报酬，工人阶级女性不仅可以从男性那里获得娱乐和食物，也可以收下作为礼物的服装甚至是参与假日旅行。①

很多这样的实物赠予都是由女性的未婚夫或者"稳定男友"承担的，但是有些女性据说也会接受偶然认识的人的招待。不过这些流动仍然处于恋爱礼物的范畴之中。然而，随着"甜头女孩"（charity girl）的出现，恋爱和卖淫之间的区别变得越来越不明显，这些女孩向在热闹的公共舞厅遇到的陌生人提供性愉悦，以换取礼物或其他"款待"。还有靠陪付了钱的客人跳舞过活的"舞女"（taxi-dancer）。利奥·罗斯滕还记得他在一个星期六的晚上夜游纽约市三家有舞女陪舞的舞厅的经历。在第

---

① Peiss, *Cheap Amusements,* pp. 54, 108-14. 关于"款待"，参见 Kathy Peiss, "'Charity Girls' and City Pleasures: Historical Notes on Working-Class Sexuality, 1880-1920," in Ann Snitow, Christine Stansell, and Sharon Thompson, *Powers of Desire: The Politics of Sexuality* (New York: Monthly Review Press, 1983), pp. 74-87. Timothy J. Gilfoyle, *City of Eros: New York City, Prostitution, and the Commercialization of Sex, 1790-1920* (New York: Norton, 1992), p. 311 指出，"随着'款待'越来越普遍，其削弱了商业的性行为"。有关犹太人的恋爱和款待，参见 Heinze, *Adapting to Abundance,* pp. 122-24.

七大道的蜜月街舞厅,一位叫莫娜的舞女把他带到舞池中,"她的身体像棉花糖一样,随着我的身体摆动……沉吟……性感地'嗯哼!'"。在跳到"接近高潮"时,蜂鸣器大声"响起",然后莫娜马上"松开怀抱",让他买更多舞券。罗斯滕抱怨说,他以为一张舞券能跳一整支舞。莫娜说,"蜂鸣器一响就是一支舞结束了",而蜂鸣器一分钟就会响一次。罗斯滕带着10张票迅速回来,莫娜又一次"在怀里温暖而温顺,直到蜂鸣器响了第10次。"后来,简解释说,舞女可以拿到票价的一半,而且"你得加点礼物……像漂亮的内衣、项链、手包、珠宝甚至晚礼服"。有时还有现金。在美琪舞厅,哈妮跟罗斯滕讲述了她之前约会一位来自圣路易斯的地产代理人的经历:有一次"我们在出租车里,他要带我去吃美味的中国菜,他俯身过来,一句话也没说就吻了我,他并不粗暴,也没有强迫我做什么,就是一个非常甜蜜的吻。然后他毫不犹豫地给了我10美元"。保罗·克雷西(Paul G. Cressey)在他对20世纪20年代的芝加哥舞厅的更为系统的研究中指出,在舞女这里,约会这一"人们在惯例上认可的年轻人发展感情的方式"被蒙上了"一层不道德的阴影"。然而,类似"甜头女孩",舞女并不是妓女,而是从事着一种"中间"职业。以舞券的形式,舞女舞厅甚至有他们自己的货币,标志着顾客和舞女之间独特的性经济。克雷西发现舞女跟顾客之间存在五种不同的关系,每种都有其自己的付费规则,有标准的跳舞报酬;有给"受欢迎的追求者"的"免费舞蹈";有"情妇"方案,在这种"配对"中,一个男顾客要承担舞者几个月的房租或生活费;还有"多人配对",舞女"达成协议，同时对三四个男顾客保持忠诚"，这些男性通过"单独的方案"满足她的"财务要求"，包括房租、日用杂货或者服装；还有"一夜约会"，"干脆就像暗娼一样"。① 一般而言，只有在发生性关系时按规定支付一定的金钱，才会表明女性从事的是卖淫。如佩斯解释的那样，只要女性不从男性那里拿钱，在性方面，"甜头女孩"一定程度上就还是体面的。

那么，我们已经看到人们是如何运用各种各样的技巧来对他们的礼物进行个性化，并将亲密的、深情的社会关系与其他社会交换区分开来的。有了金钱礼物，挑战变得更加紧迫、微妙和费时。法定货币的使用成倍增加，将货币个性化因此需要更多的技巧、决心和谨慎。现在，让我们探索一下人们是如何做到的。

将法定货币转变为作为礼物的金钱

回忆一下，卢·埃莉诺·科尔比在把她的美元钞票作为圣诞礼物寄给她的母亲前是如何把这些钞票打扮了一番的。包装成礼物的法定货币是人们将作为礼物的金钱区分出来的最引人注目的方式之一。人们还会选择或创造单独的礼物货币，将一

---

① Paul G. Cressey, *The Taxi-Dance Hall* (Chicago: University of Chicago Press, 1932), pp. 36, 84, 50, 48-49. 克雷西认为舞女可能是已婚女性获得"额外资金"的另一种方式。亦可参见 Leo Rosten, "Dime-a-Dance," in *People I Have Loved, Known, or Admired* (New York: McGraw-Hill, 1970), pp. 289-91, 297.

些金钱隔离出来，或者限制作为礼物的金钱的用途。

首先思考一下货币外观的变动。在原始社会，作为礼物的金钱非常容易辨认。举例来说，在太平洋上的罗塞尔岛上，被认可的婚礼只能使用一种具有特定形状跟颜色的贝壳硬币。[①] 对于美国人来说，想要将金钱作为礼物更加困难：他们必须在一种标准化的货币之中自己制造出区别。

美国人用令人惊叹的创造力和技巧做到了这一点。女性杂志描述了很多耗费时间而且通常非常复杂的、将法定货币转变为作为礼物的金钱的方法：藏在饼干里或被藏在圣诞邮票里的金币；被用来装饰皮带扣或装在相框里的美元纸币。一位新娘曾从她的医生那里收到了一个"精心包装的包裹"。在包裹里面有医生的"可怕的药盒"，盒子上贴着"饭前或饭后服用"，里面装了金币。伪装得越好，礼物就越成功。事实上，女士们会吹嘘说："收到礼物的人花了很长时间才意识到自己收到了一份礼物"。有时候，礼物包装会极其特别，以至于"（拆开包装）取钱会很可惜"。由一群没有时间"刺绣或钩针"的"忙碌的女孩"组织的"格子展"茶会是一个例子。不过她们还是挤出时间做了一些"看起来一点也不是为了赚钱的礼物"："有棋盘三明治……鹿蹄草果糖……茶桌布是粉白格子布……（而且）还有……给热茶壶把手用的粉白格子的隔热手套……当订婚的姑娘揭开茶壶架的盖子时，她发现里面塞满了姑娘们送来的叠得

---

① Lorraine Baric, "Some Aspects of Credit, Saving and Investment in a 'Non-Monetary' Economy (Rossel Island)," in *Capital, Saving and Credit in Peasant Societies,* ed. Raymond Firth and B. S. Yamey (Chicago: Aldine, 1964), p. 41.

整整齐齐的支票,她非常激动。"①

丈夫被要求在给妻子送钱时表现出类似的想象力,把礼物与她的贴补区别开来。《妇女家庭杂志》建议道:"如果你要……给她一张支票,请把支票放在一个绣花的钱包里,或者一个皮革缝制的篮子里,或者一个珠宝盒里,它们本身就是小礼物。无论你要送什么,都不要让它只有物质含义。"家庭主妇们在区分女佣的圣诞礼物和其他报酬时也做了类似的事情:一位女士报告说,她"把钱塞进一个小钱包或一条漂亮的手帕里,让礼物显得更有圣诞气息",从而"区分礼物和每个月的工资"。②

贺卡行业用可以装钱的卡片丰富了作为礼物的金钱的包装形式,因为设计师们显然会"为了装硬币、纸币、支票的贺卡的原创创意而互相竞争",而这种卡片在一项历史学研究中被称作是"种类不计其数"。③一些把金钱包装成礼物的卡片会使用宗教符号,这些卡片既有用于商业用途的也有用于家庭用途的。家庭制作的圣诞礼金通常会使用仪式性的纪念物进行装饰,比如用圣诞树的松果来放钱。而且,贺卡公司会制作圣诞树形状或者送礼物的圣诞老人形状的装钱贺卡。

---

① "New Ways To Give Christmas Money," p. 70; "Ways of Giving Money," p. 24; Colby, "When You Send Christmas Money," p. 37; Emily Rose Burt, *The Shower Book* (New York: Harper and Brothers. 1928), pp. 124-25.
② "Buy, Buy Christmas," *Ladies' Home Journal* 41 (December 1930): 17; Frances A. Kellor, "The Housewife at Christmas," *Ladies' Home Journal* 24 (December 1906): 48.
③ Dudley Chase, *The Romance of Greeting Cards,* p. 152. 在 *Consuming Visions,* ed. Simon J. Bronner (New York: Norton, 1989), p. 131 中,威廉·里奇(William Leach)研究了在世纪之交之后,总体上对于商品的展示和装饰的关切。

钱也会被做成好玩的东西而成为礼物。19世纪70年代英国的幽默圣诞贺卡经常用假硬币捉弄人。在19世纪的美国和英国，都会有人把精心仿造的钞票做成"爱心钱"，并将其作为情人节礼物。但是到了20世纪，美国人开始使用真钱。家庭主妇会写一些诙谐幽默的话，让她们的金钱礼物更加个性化："在此向你介绍我的好朋友比尔。他是个好人，出手大方随时可用。下次你去逛街的时候可以把他带上"。贺曼公司的现金贺卡上印有可爱的孩子、动物、表情开心的圣诞老人，还会印有让人开心的句子。幽默，同仪式一样，会把作为礼物的金钱区分出来。语言也是一样，在一些贺卡中，钱变成了"小乐子"或者什么"小玩意儿"。①

另一种在外观上把作为礼物的金钱区分出来的方式是，只用特别种类的金钱，比如金币或者崭新的美元纸币。每到圣诞节，对金币和崭新钞票的需求都会为造币厂以及发行货币的银行额外增添许多工作。1910年11月，美国财政部出于经济原因决定不会为即将到来的圣诞节发行新硬币。根据《纽约时报》的报道，"抗议墙、商场业主的愤怒和商人的要求"如此强烈，以至于财政部官员最终考虑为节日的生意制作几百万银币。②

---

① "When You Send Christmas Money," p. 37. On English Christmas cards, see George Buday, *The History of the Christmas Card* (London: Salisbury Square, 1954), p. 165. 有关情人节贺卡，参见 Gene Hessler, "Valentine Money," *Coin Age* 19 (March 1983): 104-S; Frank Staff, *The Valentine and Its Origins* (New York: Frederick A. Praeger, 1969).

② *New York Times,* November 6, 1910, p. 6. 亦可参见 *New York Times,* December 23, 1914, p. 7; William O. Scroggs, "Christmas and the Payroll," *Outlook* (December 18, 1929): 621.

特殊货币同样会被用于支付与仪式有关的服务费用，比如结婚仪式上请神父的费用。礼仪手册不仅详细说明了谁应该向神父（新郎，通过伴郎）支付费用，而且还详细说明了如何把钱交给神父。20世纪初的标准程序是给牧师至少5美元的黄金、干净的纸币或装在封好的信封里的支票。① 但是有的时候，即使外观上一样也不够。在1907年12月，根据《纽约时报》的头条报道，匹兹堡一家长老会教堂的牧师琼斯博士从其教众那里接过了一只装有100美元崭新金币的圣诞节的金钱包之后，牧师"把金币扔进帽子里，然后把钱还了回去"。因为"漂亮的新钱"上面没有"我们信仰上帝"这句不久前刚刚被总统下令去掉了的铭言。对于牧师来说，这样"不信神的金币"没有成为礼物的资格。"我发誓"，他告诉他的教众，"没有那句铭言的钱我是不会收的"。②

有些人会干脆让被指定用作礼物的货币退出流通，并在货币上写上他们自己的话。值得注意的是，对原始货币的研究表明，有时金币和银币会被转化成一种被称为"死钱"的珠宝。世纪之交时的礼仪手册记录了许多这样把钱变成了一种饰品性的礼物的象征性"销毁"。比如，有件"精美的"、完全用金子做成的盒式项链坠，是金匠把孩子父亲的伴郎们送的五枚金币熔化得来的，这件项链坠被当作施洗礼物。③

---

① Green, *Dictionary of Etiquette,* p. 91.
② "Refused 'Godless' Coins," *New York Times,* December 26, 1907, p. 1.
③ Cooke, *Social Etiquette,* p. 319. 参见 Paul Einzig, *Primitive Money* (New York: Pergamon Press, 1966), p. 136.

一个更加激进的将金钱当作礼物送出的方法是发明新的货币。在这里,商业又一次介入,创造了诸如圣诞现金汇票或者礼物券等新形式的货币。为了显示跟普通的现金转账的区别,礼物汇票跟礼物贺卡一样,经常会带上仪式包装。美国运通在其第一份圣诞汇票上印了一位女士坐在耶稣诞生的马槽旁的照片。广告海报解释说,这个女士坐着的地方,就是当年三位智者给刚刚出生的耶稣送礼物的地方。1917年12月,美国运通使用了家庭和战时主题。在当年的圣诞节,美国运通印制了两种有轨电车卡,将现金汇票作为"最合适的战时礼物"进行推广。一种卡片上面印着一位士兵,正在展示他收到的礼物汇票;另一种有可能更针对移民,让他们用来汇款,上面印着一对上了年纪的夫妇,手里拿着汇票和他们儿子的一张纸条:"不知道你们最想要的是什么,我就送给你们这个最实用的礼物"。[1]

礼品券是一个聪明的设计,早期也被称为商品优惠券或商品债券,满足了人们在20世纪初不断扩大的礼物需求。正如广告所说,在纯粹实用的基础上,礼品券解决了"'买什么'的问题",赠予者不仅"省掉了所有麻烦",而且可以确定"自己的礼物不会被复制"。但是,当然礼品券的主要吸引力并不是它们的效率;毕竟,直接送现金更简单。礼品券巧妙地把现金变成了礼物。赠予者付钱给商店,把他们的钱转化成一份通常有着"精美的刻印和压花"的文件,并以赠予者和受赠者的名义进行个性化处理。这种新的礼物形式的金钱通过特定商店甚至特定

---

[1] *American Express Service,* December 1917, pp. 22-23, in American Express archives.

物品的消费限制，进一步与法定货币区别开来。这种货币也不能兑换成现金：纽约辛普森·克劳福德公司1906年在《世界》杂志的一则广告中警告说，他们的礼券"可以购买商店中摆放在任何位置的商品"，但"不能兑换现金"。①

虽然我们对礼品券的实际流通知之甚少，但这些货币似乎多数适用于友好但不过分亲密的关系，或者适用于更加非个人化的、不平等的赠予中。梅西百货公司的广告很有启发性：在"对朋友、员工或慈善礼物的选择有疑问"时，他们的礼品券将"解决问题"；作为对朋友的礼物，广告解释说，"（礼品券）一定会让人满意，因为它可以满足受赠者的任何愿望"。我们也可以想想辛普森·克劳福德公司的手套券，目标是"办公室里的大忙人，他的每一个职员都会为此感激他"。毕竟，礼品券的吸引力部分在于，对礼物进行个性化的工作部分地交给了受赠者，马克·克罗斯的广告解释说，"人们可以买下我们的礼品券然后送人，不用直接送手套，而是让受赠者自己选择她想要的手套"。②

---

① 参见西格尔·库珀公司（Siegel Cooper Co.）的礼物券广告，*The World,* December 9, 1906, p. 9; Simpson Crawford Co., *The World,* December 16, 1906, p. SM. 亦可参见 "Selling Christmas," *Business Week.* December 15, 1934, 5.

② 有关梅西百货公司（Macy）的"商品券"，参见 *The World,* December 9, 1906, p. 148; Simpson Crawford Co. ad, "Shoes for Christmas," *The World,* December 17, 1905, p. 6M; Mark Cross, "Cross Glove Certificates," *The World,* December 9, 1906, p. E5. 据《纽约时报》杂志的一篇文章（1993年6月6日，第70页）报道，新婚礼品单（bridal registries）起源于大萧条之后，这是另一种送礼方式，增加了收礼人的自由裁量权。

对法定货币的实际操纵是一种强大而真实地将金钱转化为礼物的技术。但是在早期，金钱也会被用作礼物，那时人们会将一些钱同其他家庭金钱区分开，用来买礼物。家庭通常会将他们收到的礼物形式的金钱存放在一个特殊的、单独的盒子或锡制钱罐里，或者，在1910年之后，他们会把收到的礼物形式的金钱存放在圣诞俱乐部的银行账户里。银行的圣诞储蓄账户产品获得了巨大的成功：据报道，在1926年12月，在全国范围内，有大概4亿美金由约8000家银行兑给了大概800万储户。在这一年中的50周里，每个俱乐部会员都会使用代券本、打孔卡或存折往账户里存入少量的钱，20世纪20年代时的平均存款额是1美元，但金额范围从25美分到20美元不等，这些钱会在圣诞节前被一次性赎回。[①]

圣诞账户的吸引力跟经济因素并无关系。尽管少数银行给俱乐部账户的利率与普通储蓄账户相同，但大多数银行提供的利率要低得多，而且没有利息的情况越来越多。然而，人们却还是会把节日的钱带到银行，准备存起来过圣诞节。《银行家杂志》1940年的一份报告提到，"这种系统化的方法非常流行，即不考虑利息，为特定目的积累一定的资金"。银行家们抗议说，他们从这些小额存款中只能赚到很少的钱或者基本赚不到什么钱，他们把这留下来只是为了吸引新的工薪阶层用户。然而，银行会积极宣传他们的"微笑支票"，推动潜在储户通过存钱

[①] "$400,000,000 in this Year's Christmas-Club Funds," *Literary Digest* 91 (December 26, 1926): 50. 亦可参见 Lloyd M. Crosgrave, "Christmas Clubs," *Quarterly Journal of Economics* 41 (August 1927): 732-39; Waits, "The Many-Faced Custom," pp. 60-67.

"每周点一支圣诞蜡烛"。一位银行家向一位采访者吐露了真实想法:"'圣诞节的金钱'的口号……说服了成百上千人。它能以其他诸如节俭、贫困、安全以及其他那些银行广告常用的词语都不可企及的效果打动那些人。"此外,犹太人进一步将圣诞俱乐部的概念移植到了光明节上,在20世纪20年代中期,东河储蓄把"为光明节存钱"的广告刊登在了《日报》和《犹太晨报》这两家意第绪语①报纸上。虽然报纸用意第绪语印刷,但是广告图画中的那对夫妇却站在一棵圣诞树边上。②

我们对圣诞俱乐部的储户知之甚少。有些客户可能比较富裕,但是大多数俱乐部成员都是工人,最典型的是工人家庭中的妻子。据1926年波士顿的八家银行的研究,这些妻子"跟男性比起来更有义务,而且更愿意存小钱"。事实上,有些受访男性据说"不好意思被人看到自己在圣诞俱乐部里"。对于女性,可能也包括一些孩子,圣诞俱乐部很像之前的一分钱银行,是一种很有用的存下家庭经济中的金钱的制度手段,而这些钱可以用于送礼或其他家庭开支。③

---

① 意第绪语,纳粹德国对犹太人进行大屠杀前居住在中欧和东欧的犹太人使用的语言,原为一种融入了希伯来语和数种现代语词汇的德国方言,现仍拥有约20万使用者,主要分布在美国、以色列和俄罗斯——译者注。

② Winthrop P. Stevens, "Should Banks Pay Interest on Club Accounts?" *Bankers Magazine* (January 1940): 72; Crosgrave, "Christmas Clubs," pp. 736-7. 感谢詹娜·威丝曼·乔斯利特(Jenna Weissman Joselit)提供的有关光明节储蓄账户的信息。

③ Mildred Johm, "The Christmas Club Idea in Boston," *Bankers Magazine* 113 (December 1926): 841-42. 圣诞节的金钱通常是用于购买家庭的必需品,(转下页)

对作为礼物的金钱的限制

我们已经看到为了被当作礼物馈赠，金钱是如何被预留出来，然后作为一种礼品选项而流动的。但是，金钱的馈赠并不止步于此，受赠者如何花掉这些钱同样重要。生日支票不应该在兑现之后被用来买日杂用品，圣诞节的金钱也不应该用来偿还赌债。为了完成送礼的过程，赠予者跟受赠者都会寻找限制作为礼物的金钱的花销方式。尽管作为礼物的金钱被誉为"最有用"，因为它们允许受赠者自由选择自己的礼品，这是消费主义文化赋予受赠者的最高特权；但受赠者并不像想象中的那样自由。把钱标记为礼物会让某些花销方式成为义务，而这些方式在工资当中并不存在。我们可以看到，事实上礼品券是高度受限的货币。①

当然，对于赠予者来说，选择一样实物可以让他更容易地控制礼物的赠予。礼仪手册承认赠予者的权利，坚持要求受赠者在感谢信中具体提到所收到的物品，并对礼品的交换设置了一定的限制。但是一旦扯上金钱，任务就变得复杂起来了。礼仪手册越来越多地要求他们的读者确切交代他们用亲戚的礼物

（接上页）如洗衣机或女儿的新外套。圣诞俱乐部基金也被大量标记，以用来支付保险、税收或房贷。亦可参见 Herbert F. Rawll, "A Three Hundred Million Dollar Idea," *Banker's Magazille* 111 (December 1925): 883-87.

① "New Ways To Give Christmas Money," p. 70.

形式的金钱买了或者准备买什么东西。例如,人们希望新婚礼金要花在装饰一对夫妇的新家或者他们的婚礼旅行上。生日宴会上的礼金甚至可以影响受赠者的消费模式,举例来说,阿姨给侄女的 50 美元生日礼金会被要求用于侄女的客厅的翻修。①

家庭专家对家庭财务的理性化极为关切,他们对于标记礼物形式的金钱有自己的理由。本杰明·安德鲁斯是哥伦比亚大学教师学院的家庭经济学教授。他警告说:"礼物的危险性在于收到的东西是不劳而获的",因此更不可能"在受赠者那里激发出经济上的合理反应"。安德鲁斯建议,把礼物性质的金钱"与当下的正常收入区分开,不要用于当下的需求,而是用于增加一个人的个人资本"。比如,给孩子的礼物最好存在账户中,留着作为孩子的"教育或者人生起步的基金"。安德鲁斯总结说,礼物性质的金钱"是在有约束条件的情况下聪明地给出去的"。②

确实,谈到儿童的礼物性质的金钱,即使分量很小,指定其用途也会被合理化为一种教育过程。即使零花钱被认为是儿童最好的收入来源,大多数儿童在圣诞节、生日或其他场合仍然会收到父母、亲戚和来访者的礼物性质的金钱。然而,由于不放心孩子的消费技能,家长们在自由选择的价值和理智消费的紧迫性之间摇摆不定。思考一下 20 世纪早期一本"家庭管理实用手册"所提出的一个典型情况:一个小女孩决定把她从祖

---

① Emily Post, *Etiquette* (New York: Funk and Wagnalls, 1937), p. 400; Joan Seidl, "Consumers' Choices: A Study of Household Furnishing, 1880-1920," *Minnesota History* 48 (Spring 1983): 194.

② Andrews, *Economics of the Household,* pp. 50-51.

母那里收到的作为礼物的 5 美元金币花掉，她把一半给了哥哥，另一半自己花掉，觉得"这是她的私人财产，随她处置"。但是女孩的妈妈"想要决定孩子应该用这些钱买什么"。当祖母不情愿地介入，建议女孩"最好按照你母亲想要的方式来消费"时，女孩退还了这份礼金。虽然早期的儿童权利支持者大力主张，"没人应该告诉（孩子）怎样消费他们自己的钱"，但实际上大多数家长都会密切监督他们孩子的消费，包括孩子的礼物性质的金钱。①

礼物性质的金钱通常会被用于慈善赠予，因此会让金钱赠予在道德上跟普通的礼物比起来更加高尚。有一位《妇女家庭杂志》的读者说，她每年都会找"一些值得帮助的有求之人：为了得到音乐教育而努力的女孩，或者希望进入大学的年轻男

---

① Mary Elizabeth Caner, *House and Home* (New York: A. S. Barnes, 1904), pp. 197-98. Edwin Kirkpatrick, *The Use Of Money* (Indianapolis: Bobbs Merrill, 1915), pp. 46-51. 工人阶级家庭似乎区分了孩子的工资和小费，工资作为家庭集体收入，小费作为孩子的自由支配收入。母亲期望她的孩子交出他的工资，但向家庭交出小费则是"高尚美德的标志"，参见 *Boyhood and Lawlessness* (New York: Survey, 1914), p. 69。有关孩子获得小费的策略，参见 David Nasaw, *Children of the City* (New York: Anchor Press, 1985), pp. 80-87。更详细地分析儿童资金的管理和控制，参见 Viviana A. Zelizer, *Pricing the Priceless Child: The Changing Social Value of Children* (New York: Basic Books, 1985), pp. 1~10. Barry Schwartz 在 "The Social Psychology of the Gift," p. 5 中指出，孩子的圣诞礼物和光明节的现金礼物，或称为"光明节礼金"的区别在于，"光明节礼金的送礼者不可避免地放弃了对受赠者的一些控制，因为金钱不同于特定的商品……可以以任何方式使用，因此成为听从持有者的意志的更灵活的工具"。然而，我们看到，作为礼物，金钱实际上可以像非货币形式的礼物一样受到限制。

孩，还有某些需要住院的女性"。然后她会让她的朋友们把她们准备给她买圣诞礼物的钱装在"一个没有标记的黑色信封中"，加上她自己准备给朋友们买礼物的钱，最后把这些钱都捐出去。通常，馈赠的金钱是给朋友或亲戚提供经济援助的唯一途径；正如科尔比夫人所解释的那样，她的"快乐的圣诞欢呼小信使"可以被送到"一些家庭，虽然他们急需钱，但没办法通过普通渠道把钱给他们"。[1] 馈赠的交换将捐赠者和受赠者之间的关系定义为平等的关系，从而使赠予变得亲切而不再尴尬。

限制礼物性质的金钱的用途并不仅仅是上层阶级的一种改良。在1913年被重新命名为"推动有用礼品协会"的"禁送无用礼品协会"吹嘘说，职场女性在给上级的礼物上花的贿赂已经被引导向了"好的给予"上。很多年轻女性都在用她们的积蓄"给比她们更穷的家庭送点小礼物"。移民给家里寄的信清楚地揭示了，他们同样深切关心他们送的礼物性质的金钱是怎样被使用的：赠予者经常指导父母、兄弟姐妹、妻子或孩子合理使用他们的汇款，决定是花在西装和礼服上，还是花在圣诞节的庆祝活动上。当然，受赠者有时不会遵守他们的指示，但是，至少从证据来看，接收者似乎觉得有义务提供一份说明，以解释如何以及为何把钱用在不同的东西上。1902年1月，一位波兰移民的父母在回信中写道："亲爱的儿子，你写信给我们说，我们要（用儿子寄的10卢布）做一棵更好的圣诞树，让自己在节日里快

---

[1] "How They Simplified Their Christmas: Some Suggestions Taken from Ideas Submitted by journal Readers," *Ladies' Home Journal* 23 (November 1906): 42; Colby, "When You Send Christmas Money," p. 37.

乐。"但是，他们报告说，这笔钱中的 8 卢布还债给了木匠，1 卢布花在了一次弥撒上，剩下的才"花在了我们的圣诞节上"。①

对如何花销礼物性质的金钱的限制并不会神奇地发挥作用。捐赠者和受赠者之间的长期亲密关系很重要。正如移民的信件辛酸地揭示的那样，汇款是一种"纪念和维系家庭关系"的方式。② 对礼物形式的金钱提出异议在某种程度上是对捐赠者的感情和他们之间的关系本身的拒绝。

因此，人们对于把作为礼物的金钱区分出来很在意，他们通过对金钱进行装饰、发明、隔离和限制来达成区分的目的。事实上，他们也会用到一系列其他的技术，比如把特定的数目作为送礼数目，像犹太人会把 18 作为"生命"（*chai*）的数字，这样 18 美元的礼物就会成为比 19 美元或者 20 美元更独特、更明显、更有意义的礼物。

更重要的是，以某些明确无误的方式标记标准化的货币，会允许在其他非个人的金钱中所流动的法定货币同样能够成为一种情感性的礼物，这显示出捐赠者对他人及他们之间关系的特定了解。这对于最亲密的、互惠的、长期的关系来说尤其困难，人们必须努力证明其礼物形式的金钱的情感价值而非工具价值，当然，某些仪式性的赠予除外，比如婚礼或者施洗仪式

---

① "Two Thousand SPUGS in City Fight Useless Gifts," *New York Times,* December 18, 1912, p. 5; Thomas and Znaniecki, *The Polish Peasant,* p. 404. 亦可参见 Witold Kula, Nina Assorodobraj-Kula, Marcin Kula, *Writing Home: Immigrants in Brazil and the United States,* 1890-91, ed. and trans. Josephine Wtulich (New York: Columbia University Press, 1986).

② Thomas and Znaniecki, *The Polish Peasant,* p. 655.

上的赠予，在这些场合，亲戚或密友的金钱形式的礼物会在社会意义上被定义为得体的赠予。此外，随着礼券和现金汇票的发明，金钱的赠予在不那么亲密或平等，但仍然友好的关系中成倍增加。在这里，问题是要表现出亲切感但又不能让礼物过于亲密，也不能让金钱与报酬、权益或捐赠混淆。

在雇主和雇员、赞助者和服务者之间更为非个人的、不平等的，有时也是真诚友好的关系中，馈赠金钱造成了另一种窘境；它近乎捐赠，因此可能会贬低而不是奖励接受者。结果，虽然亲朋好友之间的礼金问题是通过对金钱的量身定制来解决的，但更疏远和不平等的双方之间的礼物赠予的含糊不清的问题却通过标准化和程序化来应对的，比如将小费变为服务费，将奖金变为薪水。随着越来越多的公司在世纪之交为推销其产品而提供优惠券和保险费，在企业与消费者之间绝对非个人的关系中，送礼甚至被更加彻底地标准化了。①

礼物的范围之广，挑战了商业化和理性化影响社会生活这一标准的解释：礼物交换本应受到现代世界顽固的工具主义的压制，而不是变得繁荣多样。诚然，分析家和批评者并非完全错误；毕竟，我们刚刚回顾了礼物经济的深度商业化。而且，企业和广告商当然也制定了自己可以盈利的策略，把金钱变为可以接受的礼物。传统的假设是，货币化会耗尽社会生活的意义，让社会关系干涸，消灭礼物交换。这种假设是错误的。事

---

① 有关优惠的流行，参见 Susan Strasser, *Satisfaction Guaranteed: The Making of the American Mass Market* (New York: Pantheon, 1989).

实上，人们所做的是创造一系列不同形式的金钱，以区别一系列有意义的社会关系。

被约翰·戴维斯称为"市场的礼物化"的工作仍在继续，包括礼物化的金钱。美国运通所进行的一项研究显示，美国人每年花费540多亿美元用作礼物形式的金钱，包括现金、个人支票和礼品券。包括情人节在内，几乎任何节日都有现金卡。礼品券不仅由百货公司出售，还由包括餐馆、美容院和电话公司在内的各种行业企业出售。1987年，美国运通成功推出了礼品支票，它"装在一个精美的金色信封中，上面有一张独特的卡片供送礼人签名"，作为一种新的金钱礼物，"比个人支票更具个人色彩"。蒂芙尼公司广告宣传其特别的"蒂芙尼货币"，这些礼物性质的硬币价值25美元至1000美元，可以被当作圣诞礼物，也可以兑换商品。与此同时，几年前似乎已在衰落的圣诞俱乐部账户，据报道正在卷土重来。①

---

① Davis, *Exchange,* p. 53. American Express Research Study, conducted by CLT Research Associates, August, 1990. 这项研究只披露了有限的信息，卡普洛（Caplow）在20世纪70年代末对米德尔敦（Middletown）"圣诞礼物和亲戚关系网"的研究发现，除了衣服和玩具外，金钱和食物和饮料是第三常见的礼物；大多数亲戚之间的金钱礼物是跨国的，由老一辈人送给年轻人；参见 pp. 385-86. 亦可参见 "The American Express Gift Cheque," *Special Report for Financial Institutions,* 1 (Spring 1989); Gift Cheque ads in American Express archives; Tiffany ad in the *New York Times,* December 23, 1990. 关于圣诞俱乐部的复兴，见 Martha Woodcock, "Savings Clubs Get Support," *Credit Union Times* 2 (December 9, 1991): 1. 关于更加总体的礼物经济的重要性，参见 John Davis, "Gifts and the U.K. Economy," *Man* 7 (September 1972): 409-29; Schudson, *Advertising,* pp. 137-43.

人们仍然非常在意将其礼物性质的金钱与其他金钱往来区分开来。艾米莉·博斯特在1992年版的《礼仪》中提供了各种建议，包括何时和如何送礼、答谢礼物形式的金钱的特别方式，甚至还有如何有品位地展示结婚礼物的支票。博斯特的手册提供了将金钱个性化的详细说明："当礼物是一笔钱的时候"，博斯特建议，受赠者"应该说明将如何使用这笔钱。'你50美元的支票将进入我们的沙发基金，我们收到这笔钱的喜悦无以言表'"。如果这对夫妇没有立即使用这笔钱，他们仍然应该提到一些特别的用途，"比如说这将在装修你的公寓时帮大忙，充实你的储蓄，或别的什么"。[①] 也可以考虑一下对金钱礼品的"价签"进行掩饰的执念。早期版本的《礼仪》曾宣称，将支票作为结婚礼物进行展示或泄露其数额是品位低下的；但到了20世纪50年代，手册里一个关于"展示支票"的特别新章节却赞成将婚礼礼物支票进行展示，只要这些支票的数额被策略性地隐藏起来。其中包括具体的指示：支票将被依次地叠放在每一张的上面，只露出签名。然后用一张不透明的纸盖住最上面的支票，再在上面放上一片玻璃。这本手册推荐说，玻璃必须足够大，以便盖住礼物的边缘，并"防止好奇的人掀起它"。[②]

当然，金钱的礼物化实际上走得更远；比如说，我们几乎没有触及关于家庭**内部**的金钱形式的礼物、借贷和其他流动的丰富世界。我们也没有充分探讨年龄、种族和性别因素对礼物

---

① Elizabeth L. Post, *Emily Post's Etiquette* (New York: Harper Collins, 1992), p. 268.
② Emily Post, *Etiquette* (New York: Funk and Wagnalls, 1952), p. 236. 类似的指导也出现在了1992年的版本中：*Etiquette,* p. 591.

性质的金钱的标记。我们知道,女性仍然会负责选择和购买圣诞礼物和其他礼物,妻子比丈夫更有可能在圣诞俱乐部存款,但我们需要更仔细地研究在把金钱当作礼物送给别人方面的性别模式,或男性和女性之间的明显分工:女性负责处理小额的礼物性质的金钱,而男性则负责处理大额的礼物性质的金钱。此外,我们还没有审视在相近领域中的并行的货币标记行为,诸如在志愿服务和展现友谊的行为上的时间投入。① 同样,对于家庭和国家来说,两者所面临的礼物流动的困境之间也有惊人

---

① 有大量关于代际流动与援助的文献。最近的资料,参见 Alice S. Rossi and Peter H. Rossi, *Of Human Bonding: Parent-Child Relations Across the Life Course* (New York: Aldine de Gruyter, 1990); Joan Huber and Glenna Spitze, "Trends in Family Sociology," in *Handbook of Sociology,* ed. Neil Smelser (Newbury Park, Calif.: Sage Publications, 1988), p. 440; Barry Wellman and Scott Wortley, "Different Strokes from Different Folks: Community Ties and Social Support," *American journal of Sociology* 96 (November 1990): 558-88; Dennis P. Hogan, David j. Eggebeen, and Clifford C. Clogg, "The Structure of Intergenerational Exchanges in American Families," *American Journal of Sociology* 98 (May 1993): 1428-58. 有关美国人正式志愿服务和其他"关心"亲戚、朋友和陌生人的行为的一项重要研究,参见 Robert Wuthnow, *Acts of Compassion* (Princeton, N.J.: Princeton University Press, 1991). 有关朋友关系中的交易,参见 Graham Allan, *Friendship* (Boulder, Colorado: Westview, 1989); Allan Silver, "Friendship and Trust as Moral Ideals: An Historical Approach," *Arch. Europ. Sociol.* 30 (1989): 274-97。在 *Asylums* (Garden City, N.Y.: Anchor Books, 1961), pp. 277, 280 n. 144 中,欧文·戈夫曼(Erving Goffman)提到了一些病人之间交换的小额的"仪式性"金钱形式的礼物。有关作为圣诞俱乐部存款人的女性,参见 "Christmas Club," *The Unidex Reports,* Summary of the Seventh Biennial Christmas Club Study (Easton, Penn.: Christmas Club A Corporation, September 1988). 有关给儿童的礼物性质的金钱,以及被儿童用来馈赠的礼物性质的金钱,参见 James U. McNeal, *Kids As Customers* (New York: Lexington Books, 1992), pp. 26-31.

的相似之处。

我们还需要问，在其他社会，金钱的馈赠是如何运作的呢？例如，在日本，送礼物的场合范围很广，从母亲节和情人节的礼物，到分娩、入学、毕业、生日的礼物，以及建造新家、生意开业、搬家或旅行的礼物，送钱的现象很普遍。日本的礼金包括"入学贺礼"（为开始上学的孩子的家庭准备的"入学祝"）、新婚礼物、葬礼礼物和"压岁钱（お年玉）"，即通常由亲戚们在新年时向孩子们赠送的礼金。日本人在区分这些礼物时非常小心：他们只使用新的钞票（虽然不会用于葬礼），把礼物放在精心设计的、有意义的信封里，信封上印有受赠者的名字，并且避免某些不适合作为礼物的金额，例如，在日语中有些数字听起来太像"死亡"这个词的发音。在日本，金钱的馈赠是如此有效，以至于它显然可以成为证明一笔钱是否是贿赂的法律依据：如果金钱是在没有使用礼物信封的情况下提供的，或者是皱巴巴的、脏兮兮的或是用过的，这种赠予更可能是贿赂而不是礼物。事实上，贿赂常常被伪装成礼物，人们会把干净的钞票放在礼金信封里，或者会使用百货公司所出售的包装妥当的礼券。[1]

在 20 世纪初的美国，当金钱进入个人送礼的领域时，我们

---

[1] 感谢东京御茶水大学的 Sha Re 向我分享了她有关日本的送礼和人类关系的硕士论文。还要感谢高柏，把这些信息翻译为英文。亦可参见 Harumi Befu, "Bribery in japan: When Law Tangles with Culture," in *The Self and the System,* ed. Elinor Lenz and Rita Riley (Los Angeles: Western Humanities Center, UCLA, 1975); "Gift Giving in Japan," *Understanding Japan* 1 (November 1992): 1, 6.

看到它并没有腐蚀、抑制或削弱人们的社会交往。相反，新的礼物货币被创造出来，以匹配多种多样的社会关系。这种标记金钱的行为也发生在美国社会的其他领域，从我们之前讨论的会对金钱进行区分的家庭内部，到更加科层的和更加正式的商业和公共机构的世界。这些机构包括许多参与向穷人捐赠金钱的活动的慈善组织。在他们的工作中，我们可以看到国家机构、家庭经济和礼物流动之间的相互作用。因此，我们下面将对它们进行相当详细的探讨。

# 4

穷人的金钱

为了让来自意大利的新移民安心,由康涅狄格革命女儿会于 1910 年发行并于翌年被译为英文的《意大利移民美国生活指南》中有一段话这么写道:"美国向来是移民者的国度。"该指南指出这片土地本就是由一个意大利人发现的,又是以一个意大利的人名命名的。接着,它对如何在美国获取成功、如何求职、如何旅行以及如何获取美国公民的身份等问题给这些新移民提供了一些建议。其中,关于如何掌控美元,这本指南还给出了一些实用的小贴士——这并不是接纳一种新货币的问题,而是这些新美国人需要学习如何用现代而理性的方法来理财。指南警告道:"把钱带在身上或者放在家中都是非常危险的。"一些专门的章节还就如何看待储蓄银行和如何通过"安全"的途径将钱寄往国内外等问题为新移民提供了一些细致的指导。①

许多堕入贫困的移民会受到对其自身的金融实践更为谨慎、细致的改造。正如一所纽约知名的救济会访问员们所表达的,慈善组织确信那些贫穷的意大利人"对如何使用他们的所有物非常无知",同时这些组织也下定决心要教会他们如何正确地使

---

① John Foster Carr, *Guida degli Stati Uniti per L'Immigrante Italiano* (New York: Doubleday, Page & Co., 1910), pp. 5, 64-66.

用金钱。[1]思考一下 C 女士的例子，她是一个寡妇，结婚后不久就从意大利来到美国。当她的丈夫去世时，家里仅有的一些存款都耗在了医疗和丧葬上。19 世纪 20 年代初期，哥伦布家庭服务协会每周会为 C 女士和其 6 个年幼的孩子提供 10 美元，C 女士可以用这 10 美元在指定的商店购买食品。为了帮助她做好使用金钱形式的补贴的准备，C 女士被要求保留其所购买商品的手写说明，留意食品杂货清单，并且还要分清在哪里能买到更便宜的主食。然而，当这所机构的访问员在她的清单中发现原本用来买罐装番茄的 25 美分竟然被用来买了一磅新鲜的番茄之后，便认为在允许 C 女士自由使用现金之前，她仍然需要更多的训练和监督——C 女士承认了自己的"铺张浪费"，并且也承认自己原本可以以 20 美分的价格在另一家超市里买到品质一样好的番茄。在开始的几个月中，一位访问员每周都会与 C 女士约见两次来商量诸如"准备食材、购物……以及相应的惩罚规定"等一系列问题，通常一次会面将占用整整一个中午。该访问员会陪着 C 女士去食品杂货店，并尝试"提出一些经济的做法"。在撰写这篇报告时，C 女士已经变得"在消费记录上非常认真仔细……为之后做预算计划打好了基础"。甚至商店的店员都认识了 C 女士，并且觉得她现在是"一个非常严谨且高效的

---

[1] Letter to the General Director of the New York Association for Improving the Condition of the Poor, November 7, 1913, on file at the Community Service Society (CSS) Papers, Box 25, Rare Book and Manuscript Library, Columbia University.

购物者"。然而她依然未能获得自由使用现金的权利。①

美国福利专家长期以来一直认为慈善现金是一种让人敬畏且包罗万象的货币。他们公开宣称钱在那些道德水平较低的穷人手中将会变成一种危险的救济,并且非常容易被浪费在那些不符合道德标准的花销上。的确,在19世纪的绝大多数时间里,也包括20世纪初,无论是公共机构还是私人慈善组织,都很少会用现金帮助穷人,他们通常会通过向穷人分发衣物、燃料以及食物来直接限制他们的家庭经济。或者像是前文C女士那样,机构会派发食品杂货订单,不但会详细规定被救济的人能购买哪些物品,也明确指定了到哪里购买这些物品。

在西方的慈善实践中存在三对经典的相互联系的差异,对金钱危险性的关注与这些模式相伴而生。第一对差异是公共救济与私人救济——提供救济者的"公私"之别——是由国家或者公共部门分配的援助还是由私人或者志愿性的慈善组织分配的救济;第二对差异关注的是户内救济与户外救济——被救助的贫困者是在自己家中还是被送到机构化的救济院中接受帮扶;而第三对差异则是救济的"现金"形式与"实物"形式——援助究竟是以现金的形式还是以物品或者服务的形式分配给穷人的。因而,什么时候、通过何种方式以及在何种程度上直接使用现金作为救济,引发了一些关涉慈善实践的总体组织安排的

---

① Amy D. Dunn, "The Supervision of the Spending of Money in Social Case Work" (M.A. thesis, Ohio State University, 1922), pp. 72-74. C女士还能收到每月25美元的母亲抚恤金,而她的房租和供暖煤炭费用则由家庭服务协会(Family Service Society)支付。

基本问题。这种将现金视为危险事物的观点使得慈善组织倾向于在面临上述三对选项时选择采取更加限制性的安排。

然而，在现代消费社会中，监督得当的金钱也可以作为一种重要的指导性的货币，用来帮助那些在技能上能力不足但道德上正直的穷人恢复正常的生活，教会他们如何恰当地花钱。到 1899 年，一本权威的慈善工作手册将原来偏好实物帮扶的做法描述为过时的"慈善迷信"并将其摒弃。大约十年之后，作为布法罗慈善组织的秘书长，同时也是一位对户外救济嗤之以鼻的批评者，弗雷德里克·阿尔米（Frederick Almy）在一篇后来被广泛引用的、发表在《调查》杂志上的文章中，表达了这样一个令人震惊的观点：由私人慈善机构提供的现金救济"能够像金玉良言一样产生精神影响"。1922 年，对全美 18 个最重要的慈善组织所使用的分配救济的方式的一份分析指出，"在所有可能的情况下"，金钱形式的补贴都是捐赠的首选方式，而对需要长期接受帮扶的对象来说尤其如此。出版于同年的对慈善组织运动的一项重要的历史分析也发现，"舆论的重心似乎开始偏向现金形式的救济"。[1] 同样地，在 1911 年，颇具争议却取

---

[1] Mary E. Richmond, *Friendly Visiting Among the Poor*(New York: The Macmillan Company, (1899) 1907), p. 161; Frederic Almy, "Constructive Relief," *The Survey* 27 (November 25, 1911): 1265; Dunn, The Supervision of the Spending of Money, p. 9; Frank D. Watson, *The Charity Organization Movement in the United States* (New York: Macmillan Co., 1922), p. 159. 如需了解为何妇女服务组织开始转向提供现金捐赠的问题，参见 Elizabeth S. Clemens, "Organizational Repertoires and Institutional Change: Women's Groups and the Transformation of U.S. Politics, 1890-1920," *American journal of Sociology* 98 (January 1993): 777-80.

得了巨大成功的母亲抚恤金（mother's pension）运动使得在对寡妇及其抚养的子女的救济中，公共的现金成为一种可利用的形式。

与将金钱作为仪式性和情感性礼物赠予他人的这股新的普遍的热潮形成对照的是，慈善工作者公开表示现金是救济的首选，甚至还将其作为圣诞礼物赠予穷人。慈善机构此时被催促给予受助者"资金以便让他们自己购买衣服和食物"，而非直接给他们旧衣服或食品。除此之外还有礼品券——例如纽约的西格尔·库珀公司就推出过一种"圣诞晚餐券"，人们可以购买这种礼品券，签好字后送给受益人，受益人则可以凭券兑换一篮子晚餐。玛茜的广告解释说，作为"慈善礼物"，礼品券可以"使你避免直接给钱的微妙瞬间"。然而，最理想的礼物非一笔抚恤金莫属。相较于带有贬低意味的圣诞餐篮来说，每年一笔的补贴显得更加体面，穷人们得到的是一笔有保障的定期收入，而非一张可以换取一天的尽情吃喝的代币。①

是什么使得危险的金钱变成了合法的现金救济？在 20 世纪

---

① H. P. S., "Do Your Christmas Planning Early," *The Family* 2 (February 1922): 239. Macy's ad, *The World*, December 9, 1906, p. 148; Siegel Cooper Co. ad, *The World*, December 16, 1906, p. M3. 关于养老金，参见 Mary E. Richmond, "Of Christmas Gifts," *The Survey*, December 24, 1910, reprinted in Richmond, *The Long View: Papers and Addresses* (New York: Russell Sage Foundation, 1930), pp. 302-3. 自 1909 年起，各种报纸开始利用圣诞节呼吁为被选中的受助家庭提高为期一年的抚恤金；参见 J. Edwin Murphy, "Yearly Pensions as a Substitute for Christmas Baskets," *The Survey* 31 (December 13, 1913): 298-99.《纽约时报》的最需基金栏目创始于 1912 年。

的最初几十年间,消费者经济学家(consumer economists)和社会工作者们听起来似乎是在为现金形式的补贴做辩护,他们主张此种补贴的使用自由是一种必要的培训工具,那些贫困家庭可以在这种工具的帮助下"处理金钱,并了解其价值和购买力",从而有能力应对现代市场。如果"你剥夺了一个人消费的职能",艾玛·温斯洛,这位在纽约慈善组织协会中有影响力的家政学家解释说,那么"你毫无疑问是在让这个人走向贫困"。该协会的负责人乔安娜·科尔柯德也强调,不同于实物救济,现金保护了"家庭的独立和自尊"。同样,即使这意味着"准备的晚餐如他们所希望的一样既愚蠢又安排不周",但相比于食物或其他传统形式的实物的"圣诞祝福",圣诞节的金钱使受助家庭得以独立地"制定自己的计划"。① 当然,这笔金钱必须是"恰当"类型的金钱才行。虽然感情用事的施舍会贬低受助者,但经过理性规划的金钱会让有能力的消费者得到训练——或者至少从事救济事业的人是这么推断的。

尽管存在这样的说辞,但所谓的金钱支付的自由却是一种幻觉。现金救济依旧被视为一种和薪水极为不同的金钱。毕竟,穷人不是普通的消费者。正如一位慈善领域的高级职员所坦率地指出的,"如果这些家庭早已能够成功管理自己的事务,他们就不会来敲我们的门了"。那么,允许这些家庭自由而不是傻乎

---

① Dunn, *The Supervision of the Spending of Money*, p. 8; Emma A. Winslow, "Food, Shelter, and Clothing," *The Survey* 37 (October 14, 1916): 45; Joanna C. Colcord, "Relief," *The Family* 4 (March, 1923): 14; Pearl Salsberry, "Christmas, 1924," *The Family* 6 (April, 1925): 38; H. P. S., "Do Your Christmas Planning Early," p. 239.

乎地花钱，这种信任又从何而来？甚至消费者理论家也承认，尽管他们坚定不移地支持消费自由，并且认识到这些物品的自由"选择者"必须要学会如何规避"犯错和浪费"；但是"成功的购买力"绝不是与生俱来的，"成功的购买者"必定是在"花钱的艺术"方面得到了后天的训练。①

如果说有能力的消费者尚且需要一些指导以作出"明智"的选择，那么毫无疑问，受助者必然需要社会工作者提供专业的指导以纠正他们在"消费上的失败"。事实上，在意识到"无能管理"的危险后，庇古在其于1920年首版的对福利经济学的经典陈述中，在谈到"以对购买力的控制形式"分配给穷人财物时，竭力主张"一定程度的监督"。美国福利领域的从业者也同意这一点。正如布鲁克林慈善局的秘书长所解释的，"对于那些无须自己劳动的家庭而言，在其拿到钱的同时得到一些忠告、指导或其他帮助是十分必要的"。科尔柯德指出，只有"受到细致监管的现金补贴"，才能确保"金钱真的按照设计的目标而被花费"。公共母亲抚恤金的管理者也同样被这种观念说服了："为了让公共金钱实现其原本被拨付时所设定的目标"，就需要对受

---

① Thos. J. Riley, "Teaching Household Management," *The Family* 3 (March 1922): 17; Hazel Kyrk, *A Theory of Consumption* (New York: Houghton Mifflin, 1923), pp. 131, 291-92. 卡克（Kyrk）既是一名消费经济学的先驱，同时也在1925年至1952年任职于芝加哥大学，担任经济学和家政学教授。她的传记作者指出其专著《消费理论》(*A Theory of Consumption*)"至今依然是对消费行为之社会基础的经典阐述"。参见 *Notable American Women: The Modern Period*, ed. Barbara Sicherman et al. (Cambridge, Mass.: Belknap Press of Harvard University Press, 1980). p. 405.

抚恤家庭进行严密的监控。1901 年，全国慈善与修正大会上的一位发言者提议，这些把戏是为了让金钱变得"和食品杂货一样安全"。①

社会工作者是如何为他们的客户创造出这种"安全的"、具有指导意义的新型货币的呢？他们又是如何标记现代"具有建设意义的"抚恤或补贴与旧时腐化堕落的礼物形式的金钱、施舍和失业救济金之间的差别的呢？现金救济又如何与工薪收入相区分？不同于家庭金钱的社会"驯化（domestication）"与礼物性质的金钱的个性化，对作为救济的现金的"标记"是由政府来规定、并由官方强制施行的。慈善组织协同家政学家们设计出了纷繁多样的正式或非正式策略，通过"将家庭的金钱花费置于他们的关照之下并对家庭的金钱花费予以指导"，从而重构穷人的标记系统。② 在这个过程中，尽管社会工作者始终坚持现金救济的解放（liberating）效应，然而他们似乎更加强化了对于救济的监控。福利工作者先前致力于提高家庭的道德水准的热情，同样被倾注于其所承担的对家庭预算的改良。在预算

---

① Dunn, The Supervision of the Spending of Money, p. 64; A. C. Pigou, *The Economics of Welfare* (London: Macmillan & Co., (1920) 1948), pp. 754, 756; Riley, "Teaching Household Management," pp. 16-17; Colcord, "Relief," p. 14; Edith Abbott and Sophonisba P. Breckinridge, *The Administration of the Aid-to-Mothers Law in Illinois*, U.S. Department of Labor, Children's Bureau, Publication no. 82 (Washington, D.C.: Government Printing Office, 1921), p. 27; John Graham Brooks, "Some Problems of the Family," *Proceedings of the Twenty-Eighth National Conference of Charities and Correction* (1901), p. 296.

② Dunn, *The Supervision of the Spending of Money, p. 12.*

指南和账簿的武装下，社会工作者开始造访穷人家庭，向穷人们展示该购买什么以及去哪里购买。

在权威机构介入标记的过程中究竟发生了什么？正如前文所述，当金钱日益开始进入家庭和礼物交换的领域时，人们创设出了新的货币形式以使金钱可以在家庭内流通或者被作为礼物赠予。由于人们热衷于发明新的途径来标记他们的亲密性货币，所以这些私人化的经济世界并未因金钱的使用而变得同质化。然而，当主体转换为穷人时，慈善权威却怀疑他们的"标记"方式；因此，他们重构了这些受助家庭的家庭经济。在这个过程中，他们设计出的全新货币不仅能够给予穷人购买力，而且还能够为他们提供花钱方面的教育。

然而，与此矛盾的是，当美国政府正努力推行一套单一的、一般化的、能够自由流通的法定货币时，无论公共的还是私人的慈善机构却如出一辙地在为穷人发明各式各样的替代性货币，具体的做法包括推行一些在质地上与众不同的货币，诸如杂货店的购物券或食品抵用券，或者严密地限制穷人使用普通货币的方法。正如我们将看到的，现金救济和其他金钱的界限常常变得模糊不清，因为这些穷人的探访者认为其有权利为了让穷人们"恰当地"花销而去标记救济金甚至是受助者自己的金钱。

在接下来的三章中，我们将详细考察福利权威机构在"标记"穷人的金钱时所反映出来的意识形态和所采取的策略。不过眼前的一个问题是，为什么19世纪的慈善专家们会对穷人们的金钱如此忧心忡忡？本章将探寻两个方面的问题，一是现金为什么被视为一种危险的救济形式，二是权威机构在尽可能地避免使金钱落入穷人之手时所采取的技巧。第五章将进一步分析新的慈善现金的标记。社会福利的管理者们是如何发行他们的"具有指导意义的"货币的?以及他们在多大程度上取得了成功?官方标记能否去除穷人们的货币所具有的多样性?第六章将阐明与此同时,救济的接收者也有一套他们自己的标记系统。那些在捐助者看来是无能、愚蠢抑或是不道德的经济选择,往往会受到一套与之竞争的金钱特质的形塑。官僚主义会对穷人花销自己的金钱(通常是以让中产阶级的观察者们感到困惑或者愤怒的方式)加以限制。而在官方与私人的标记系统之间常常会出现某种竞争,因为人们找到了一些推翻这些限制的策略。

的确,美国慈善领域的实践与意识形态在不同时间或不同地点都存在极大的差异。更具体地来说,18世纪以来,绝大多数私人的或公共的机构,都未遵循一以贯之的方法为穷人提供援助,实际上,他们经常混合使用实物救济和现金救济。然而,对这些记录的深入考察同时也揭示出了一些关键性的转变,以及在救济分配的理念与实践的层面存在的可辨认的全国性模式。的确,如同迈克尔·卡茨(Michael Katz)在其对19世纪贫困救济的分析中所指出的,"美国社会经验中伟大的主题"之一,正是"在这个杂乱延伸的、分散管理的和多种多样的国家中,制度模式却体现出了连续性"。"遍布全国",如同卡茨所言,"那些19世纪掌控社会政策的美国人在贫困救济问题上都做出了类似的选择"。① 历史学家们已经将他们的注意力集中到了有关"是否"以及"在何处"给予救济的政策分歧上——例如细致地探究19世纪对济贫院形式的救济的热情,以及对在穷人家中帮助他们的持续反对——然而,我们对户外救济在分配方式上的变化依然知之甚少。为了理解美国的救济"何时"以及"为何"在实物救济、食品杂货订单以及现金救济之间转换,我们的研究将不会尝试去记录所有地方或各州的差异,而将着重呈现救济在实践领域和意识形态上的主要变化。②

---

① Michael B. Katz, *In the Shadow of the Poorhouse* (New York: Basic Books, 1986), p. 15.
② 关于分配救济方式转变的研究,其一手资源包含范围广泛的文献,从已经出版的私人慈善组织的年报和出版物,有关公共救济的全国性的、州的或者本地的报告,全国慈善与修正会议每年的正式记录;到为友好访问员制定的工作手册以及给美国红十字会工作者的指引,一位贫民区社会改良团体的工作人员的日记,当时的学位论文,有关慈善工作的历史与教科书,家政学及消费经济学的教科书,有关预算的研究,司法案件及材料,包括专注于社会福利以及家政学的期刊杂志,以及保险出版物。在哥伦比亚大学的珍稀书籍和手稿图书馆中留存有一些非常有价值的资料,这是1939年社区服务协会(Community Service Society)的记录,该协会兼并了纽约改善穷人状况联合会以及纽约慈善组织协会。有关美国福利的历史最佳的二手文献是Michael B. Katz, *In the Shadow of the Poorhouse* (New York: Basic Books, 1986). 其他能用到的资料包括Michael B. Katz, *Poverty and Policy in American History* (New York: Academic Press, 1983); James T. Patterson, *America's Struggle Against Poverty, 1900-1985* (Cambridge, Mass.: Harvard University Press, 1986); Blanche Coll, *Perspectives in Public Welfare* (Washington, O.C.: Government Printing Office, 1969); James Leiby, *A History of Social Welfare and Social Work in the United States* (New York: Columbia University Press, 1978); Nathan I. Huggins, *Protestants Against Poverty: Boston's Charities, 1870-1900* (Westport, Conn.: Greenwood, 1971); Robert Bremner, From the Depths: *The Discovery of*(转下页)

危险的现金

为了设法解决波士顿这座城市对贫穷的日益增长的关切,波士顿慈善协会于1834年成立。其第一年年度报告专门说明了救济"将不会通过金钱的形式,而是会通过具体个案中所要求的生活必需品的形式发放"。[①] 9年以后,纽约改善穷人状况联合会在其第一份声明中也同样将救济的范畴限制为"必需品"。除非经过该协会的咨询委员会授权,否则访问员们不能直接把钱给穷人。[②]

(接上页) *Poverty in the United States* (New York: New York University Press, 1956); Roy Lubove, *The Struggle for Social Security, 1900-1935* (Cambridge, Mass.: Harvard University Press, 1968); Walter I. Trattner, *From Poor Law to Welfare State* (New York: Free Press, 1979).

有关性别与社会福利政策的关系如今已经为众多学者所探究,尤其是有关"母亲抚恤金(mothers' pensions)"运动的问题;参见 Theda Skocpol, *Protecting Soldiers and Mothers* (Cambridge, Mass.: Harvard University Press, 1992), 以及 Mimi Ahramowitz, *Regulating the Lives of Women* (Boston, Mass.: South End Press, 1988). 然而既有文献在有关非裔美国人与慈善组织的经历方面仍然十分匮乏,这一点尤为令人苦恼,同时有关他们更一般的标记实践也是如此。在这方面的一些线索,参见 Ivan Light, "Numbers Gambling among Blacks: A Financial Institution," *American Sociological Review* 42 (December 1977): 892-904; Ann Fabian, *Card Sharps, Dream Books, & Bucket Shops: Gambling in Nineteenth Century America* (Ithaca, N.Y.: Cornell University Press, 1990).

① Quoted in Huggins, *Protestants Against Poverty: Boston's Charities*, p. 24.
② Dorothy G. Becker, "The Visitor to the New York City Poor, 1843-1920," *Social Service Review* 35 (December 1961): 383, 387.

一些报告表明在 19 世纪早期，现金救济的形式在某种程度上可能并不那么令人不安。例如，直到 19 世纪 30 年代，纽约、巴尔的摩和波士顿显然都在以现金的形式支付养老金。我们也可以更细致地思考费城的例子。尽管早在 18 世纪 60 年代，费城就存在一些反对现金救助的声音，但在 19 世纪早期，无论是公共还是私人的扶助，现金救济都已成为最重要的形式。令人好奇的是，这些穷人的守护者有时候被鼓励"只"给予现金，而不是提供食品杂货。①

然而在 1828 年，费城新的济贫法实质上废除了现金援助。1835 年，在一所新的济贫院开办后，公共的现金救济就被该州的法律明令禁止；救济被"完全限制在燃料、食品、衣物、药品和医疗服务之内"。一些现金援助在 19 世纪 40 年代被重新引入，但并未获得成功。与此同时，私人慈善机构也逐渐将救济形式转向实物，它们会分配食品、衣物或者医药服务而非现金。事实上，1840 年至 1854 年，在费城新成立的许多慈善机构无一例外都不再分配现金。②

这些在全国各个城市组建的私人慈善机构重新设定了 19 世纪早期应对贫困的路径，同时也预见了 19 世纪 70 年代极具影响力的"慈善组织运动"的关切、政策和组织结构。问题在于

---

① Priscilla Ferguson Clement, *Welfare and the Poor in the NineteenthCentury City: Philadelphia, 1800-1854* (Cranbury, N.J.: Associated University Presses, 1985), pp. 57, 69, 148. 亦可参见 Benjamin Joseph Klebaner, *Public Poor Relief in America, 1790-1860*, (New York: Amo Press, 1976), p. 355.

② 参见 Clement, *Welfare and the Poor in the Nineteenth-Century City*, pp. 74, 160.

日益增长的坚定信念，即无差别的施舍使穷人原本就已薄弱的道德品质进一步恶化，创造出了一个懒惰、依赖且满嘴谎言的依靠救济度日的阶层。因此，救济不仅需要节俭，而且还要仔细地做到有针对性。纽约改善穷人状况联合会组织了一个志愿访问员体系，其成员的职责是进入穷人的家中，密切调查其所有的援助需求。然而，他们的新任务却是提供道德建议而非物质救济。即使在对受助者进行了合理的调查之后，据调查决定的救济在帮助穷人实现道德重建和经济独立的过程中也只不过是一种临时性的支持。因此，最好是给予他们最不容易被质疑会滥用的东西——食物、衣服或者燃料，而非金钱。①

尽管此前慈善机构对物质援助都如此谨慎，但到了19世纪70年代，早期的慈善机构还是采取了主要分派救济金的做法。对于19世纪70年代开始重塑贫穷救济措施的"科学慈善"运动的组织者而言，纽约改善穷人状况联合会已经背弃了其重建穷人道德品质的初衷。批评者声称，精心设计的救济方案实际上已经重新堕落为不负责任的施舍。例如，1855年之后，纽约改善穷人状况联合会的访问员们实际上已经可以在未获其咨询委员会批准的情况下分发现金救济，并且这种现象与日俱增。②

---

① Association for Improving the Condition of the Poor (AICP), First Annual Report (1845). 有关纽约改善穷人状况联合会（AICP）的信息，参见 Becker, "The Visitor to the New York City Poor" and *Frontiers in Human Welfare* (New York: Community Service Society of New York, 1948); 有关纽约改善穷人状况联合会更大体的信息，参见 Watson, *The Charity Organization Movement in the United States*, pp. 76-93.

② Becker, "The Visitor to the New York City Poor," p. 387 n. 20.

19世纪70年代的慈善协会被有意地组建为协调与调查机构，而非救济协会。他们的"友好访问员"会在道德重构的技巧方面得到指引；培训者将向他们展示如何"调查贫困，并通过友好的指导和同情去消除贫困"，而非通过直接的救济。提供"施舍"最终只会毁掉他们的使命。但在实际的操作过程中，慈善组织协会偶尔会向穷人提供少量的现金，由此违反了他们严格的咨询角色，虽然他们的指导手册清楚明白地禁止访问员"凭一时冲动给予救济"。① 然而，他们仍然有权将穷人们转介到合适的救济机构。

慈善组织运动对救济持有深深的怀疑态度，因此其也引入了对分配私人援助的严苛限制，与此同时，这场运动也不懈地反对公共的户外救济，而且在这一方面相当成功。当然，19世纪的救济政策所涉及的远不只慈善事业的领导者；例如，其还涉及城市选区中那些依赖救济方案获取选民支持的政客们。救济政策对于济贫商人而言也至关重要，这些生意人实际上就是通过为济贫院供应物资或者为公共或私人慈善机构的食品杂货

---

① *Hand-book for Friendly Visitors Among the Poor*, Compiled and Arranged by the Charity Organization Society of the City of New York (New York: G. P. Putnam's Sons, 1883), p. 11; Robert Treat Paine, Jr., *The Work of Volunteer Visitors of the Associated Charities Among the Poor*(Boston: Geo. E. Crosby & Co., 1880), p. 5. 有关科学慈善运动，参见 Katz, *In the Shadow of the Poorhouse*, pp. 58-84; Paul Boyer, *Urban Masses and Moral Order in America, 1820-1920* (Cambridge, Mass.: Harvard University Press, 1978), pp. 143-61; Watson, *The Charity Organization Movement in the United States*.

订单供货来获利的本地商人。①

不过慈善工作者还是在重构19世纪末的救济中起到了执牛耳的作用。金钱形式的补助再一次被作为独特的可疑对象而被单列出来。例如，在1875年12月，纽约市慈善与矫治委员会的理事们在废除户外救济的同时，也采纳了一项试验性的解决方案，即给予穷人们"生活必需品"而非金钱（或者食品杂货店的订单）。同年，14287个家庭就只收到了总共不足50000美元的金钱形式的救济。翌年，分发到贫困家庭的就只有煤炭了。②

到19世纪末，公共的现金救济在全国各地都变得十分鲜见。例如，费城的穷人们直到1860年都只能收到实物形式的救济。1897年的一份有关美国64座主要城市中户外救济分配的声明显示，只有14个城市提供现金津贴，并且其数额还非常小。同年，一项关于美国济贫法的调查指出，以实物形式给予救济已经成为了全国性的不成文的法律。一些人还建议直接将给予现金形式的援助定为非法行为。例如，一项有关俄亥俄州户外救济的研究总结说，改革这一系统的唯一希望就是修订旧法规和禁止现金救济。明尼苏达州在1893年便将这一展望付诸了实践。1878年有关济贫的一般法规修正案中有这样一段表述："在

---

① Katz, *In the Shadow of the Poor house*, p. 36.
② Lillian Brandt, "The Passing of Public Outdoor Relief in New York City," February, 1933, p. 3, on file at the CSS Papers, Box 19, Columbia University. 对现金的禁令也存在一个例外，"贫民中的成年盲人"仍然会收到小额的生活津贴。亦可参见 Barry J. Kaplan, "Reformers and Charity: The Abolition of Public Outdoor Relief in New York City, 1870-1898," *Social Service Review* 52 (June 1978): 202-14.

任何情况下，任何金钱都不应该被支付给任何一个穷人。"①

为何对于金钱，慈善机构会如此担忧，而对于衣物、食品或者燃料，慈善机构却鲜有类似的担忧呢？无疑，对现金的不安情绪部分源于19世纪早期美国城市中飙涨的穷人数量。然而，这种担忧却绝不仅仅是源于为纾解贫困而需支付的成本逐渐上涨的问题，还源于城市中穷人的匿名性日益显著的问题。更糟糕的是对移民的陌生感（strangeness）以及移民臭名昭著的酗酒问题。慈善工作者们怎样才能获知救济资金是如何被花出去的呢？更具体地说，当他们发现受助者通过酗酒或者赌博大肆挥霍他们的金钱时，这些慈善工作者要如何制止他们？②

对金钱的新定义更进一步加深了人们对于穷人道德无能的担忧。在美国的乡村社区，法定货币和其他个人化的货币，以及一些实物产品，都是可接受的支付方式。正如一位历史学家所指出的，现金仿佛"只是另一种产品"，只不过其具有"可识别的性质和独特的用法"。众所周知，18世纪90年代在阿尔斯

---

① Charles Henderson, "Poor Laws of the United States," *The Charities Review* 6 (July/August, 1897): 481; Lewis B. Gunckel, "Outdoor Relief in Ohio," *The Charities Review* 7 (November, 1897): 761; General Laws of Minnesota, 1893, chap. 178, sec. 12, p. 316. 对现金救济的禁止也有一个例外：在提供交通补助的案例中，穷人们被获准授予"少量的金钱……以购买食品"(on file at the Minnesota Historical Society). 亦可参见 "Classified Statement of Public Outdoor Relief in the Larger Cities of the United States in 1897," *Proceedings of the Twenty-Fifty National Conference of Charities and Correction* (1898), pp. 182-83. 有关费城的公共现金救济政策，参见 Klebaner, *Public Poor Relief in America*, p. 352.
② 有关19世纪初城市贫困人口的激增以及人们对移民及酗酒问题的担忧，参见 Katz, *In the Shadow of the Poorhouse*, pp. 16-17. 有关贫民的赌博问题，参见 Fabian, *Card Sharps, Dream Books, &Bucket Shops*, chap. 1.

特郡有一种为商人们广泛接受的说法,"无论是小麦、黑麦、印第安玉米,还是金钱或者**任何**能吃的东西",都可以作为合法的支付形式。① 对于救济而言似乎也是如此。由此,我们便至少可以部分地解释为何 18 世纪末期的社区似乎很少会对穷人的实物与现金援助做出区分。

越来越多的劳动者愈发依赖于现金形式的薪水,与此同时,薪水的支付也逐渐变为基于工作时长和努力而非具体工作任务的完成情况。在此背景下,对不劳而获的金钱与提供具体服务的报偿进行区分的要求就变得越发迫切。同时,作为 1834 年《英国济贫法》中的"不够格"原则(less eligibility,即最低报偿的劳动也应比依靠救济的生活更具有吸引力)的回响,慈善工作者也十分担忧穷人们会更青睐于慈善收入而非自己参与市场的劳动所得。正如科学慈善运动的一位主要发言人约瑟芬·罗威尔警告的那样,"任何人都不应当以无偿的形式获得那些原本应由他们劳动来获取的东西,与此同时还免于受到任何道德上的贬低"。②

---

① Michael Merrill, "Cash Is Good to Eat: Self-Sufficiency and Exchange in the Rural Economy of tl1e United States," *Radical History Review* 4 (Winter 1977): 56-57.

② Josephine Shaw Lowell, *Public Relief and Private Charity* (New York: G. P. Putnam's Sons, 1884), p. 66. 有关当时不同支付系统之间的差异,参见 Mark Granovetter and Charles Tilly, "Inequality and Labor Processes," in *Handbook of Sociology*, ed. Neil J. Smelser (Newbury Park, California: Sage Publications, 1988), pp. 206-7. 亚历克斯·凯萨(Alex Keyssar)认为,19 世纪 70 年代至 20 世纪 20 年代初期,慈善组织对向失业人员提供实物救济有着经久不衰的偏好,这反映了存在于慈善组织中的这样一个预设:"救济不是为了贴补人们未获得的薪水,而是为了缓解生活的压力。" *Out of Work* (New York: Cambridge University Press, 1986), p. 152.

然而在 19 世纪末，当国家正致力于推行一种单一的、匿名化的、可交换的交易媒介时，还有什么能被用来有效区分救济金和劳动所得呢？据预测，那些在道德上受到质疑的穷人很快就会将救济所得当成正当的收入。正如 1890 年全国慈善与修正大会上一名发言者所观察到的，"如果我们还记得挣一美元要付出多少辛劳……再想想同样的一美元被多么随意地到处乱给，这样一来答案似乎就很明显了，我们还需要问为什么那么多人经不起诱惑吗？"①

现代意义上的现金给那些改良取向的慈善工作者带来了另一个严峻的挑战。如果说货币在道德上是中立的，那么它怎样才能被用来重建受助者的道德生活呢？怎样才能保证慈善资金一旦进到穷人们的口袋里后，不会变成堕落的资金，不会被用于不道德的、愚蠢的甚至危险目的的支出呢？户外救济的反对者们宣称："相信（那些软弱的、懒惰的人，甚至是骗子们的）金钱会被用于谋求他们自身利益的做法是不安全的、浪费的、不明智的。"更安全的做法是让他们远离现金。的确，一份有关失业救济的研究指出，在 1893 年至 1897 年的经济萧条期间，相比于现金，私人的社会机构更经常地分发衣物、燃料和食品，

---

① Mrs. Charles Russell Lowell, "The Economic and Moral Effects of Public Outdoor Relief," *Proceedings of the Seventeenth National Conference of Charities and Correction* (1890), p. 89. 对户外救济的抨击部分被这样一个预设所合理化：公共资金比起私人捐赠而言更容易被穷人们视为 "一种权利、一种永久的抚恤，其中丝毫未曾体现出穷人的义务"。Richmond, *Friendly Visiting Among the Poor*, p. 151. 亦可参见 Amos G. Warner, *American Charities* (New York: Thomas Y. Crowell & Co., [1894] 1908), p. 242.

"因为他们害怕现金可能被乱花"。①

对穷人的经济选择的不信任还不止于此。实际上，穷人极度贫困的状态时常被预设为是他们肆意挥霍或者经济上不加节制的后果。在《慈善组织手册》（有关慈善组织的原则和实践的关键文本）一书中，汉弗莱斯·格廷教士坚持认为，如果穷人不能"将他们每周的收入进行有利可图且精打细算的处置"，那么就没有必要给予施舍。一部由纽约慈善组织协会于1883年为友好的访问员编纂的手册中解释说，"穷人们……从来都未曾理解过'积少成多的力量'。他们普遍缺乏留意开销和未雨绸缪的习惯"。②

如果说那些"值得帮助"的穷人都是经济上的不称职者，那么靠救济度日的人则都是腐化堕落的理财家，任何现金救济都必然会被用来"挥霍和买醉"。③例如，1844年，弗吉尼亚州斯丹顿市的监督者清楚明白地说明了他们之所以很少分配现金，是为了"提防靠救济度日的穷人们的挥霍无度"。④在19世纪的

---

① Levi L. Barbour, "Arguments Against Public Outdoor Relief," *Proceedings of the Eighteenth National Conference of Charities and Correction* (1891), p. 42; Leah Hannah Feder, *Unemployment Relief in Periods of Depression* (New York: Russell Sage Foundation, 1936), p. 142. 有关1893年至1894年的那个冬天，慈善机构对失业人员多样的救济方式，参见 Carlos C. Closson, "The Unemployed in American Cities," *Quarterly journal of Economics* 8 (July 1894): 452-77.

② Rev. S. Humphreys Gurteen, *A Handbook of Charity Organization* (Buffalo, N.Y.: published by the author, 1882), p. 176; *Hand-Book for Friendly Visitors*, p. 2.

③ Philadelphia City Archives, Minutes of the Guardians of the Poor, March 16, 1829, quoted in Clement, *Welfare and the Poor in the Nineteenth-Century City*, p. 72.

④ Cited by Klebaner, *Public Poor Relief in America*, p. 351, n. 2.

多数时间里,"酒钱"都会受到特别的质疑。似乎穷人都难以拒绝酒吧的诱惑,因此"即便拿到了救济金,他们也会将其挥霍从而让自己的家庭再度陷入磨难和困苦之中"。在《慈善评论》上,一位作者尖锐地引用了一则逸闻,其讲述的是俄国沙皇在近期的一次访问过程中为巴黎的穷人带去了100000法郎(这些钱被提前做好了标记)作为礼物。据说一周之后,这些被标记过的金钱都出现在酒馆和酒类商店中。①

驯化金钱

因此,对于慈善工作者而言,一项关键性的挑战就是如何规范穷人的经济行为。既然慈善官员们不信任救济的接收者有明智而道德的消费能力,那么他们就需要指导穷人的花销,或者最好是由官员们自己直接决定穷人需要什么。为达到这一目的,官员们主要采取了两种策略:第一种是提供实物形式的救济或者创造有限制的货币,例如食品订单;第二种是直接干预这些家庭的花销。通过提供实物或者有限制的货币的做法,慈善机构的组织者就能够有效化解不称职的消费所带来的危险。只要确保穷人们的手中没有法定货币,他们的经济世界就能有效地受到保护。然而,对于贫民消费中道德风险的担忧还远不止如此,慈善工作者甚至认为他们有权去挪用本属于穷人的正

---

① Gunckel, "Outdoor Relief in Ohio," p. 760.

当金钱。由于坚信贫民家庭没有能力恰当地管理他们"自己"的收入,友好访问员和贫民区社会改良团体的工作人员找到了一些截留穷人家庭的一部分收入的办法。他们会替这些家庭把这部分钱存起来,有时甚至会直接帮他们来花这些钱。

慈善工作者们所用到的首要技巧是"压制法定货币的使用"。当然,监控穷人们的经济世界的最可靠的做法就是把他们都收容到机构当中去。事实上,19世纪20年代,济贫院在纾解贫困的诸多形式中已经变得最受青睐了。尽管如此,公立或私立的户外救济依然存在。因此,如何向贫困家庭分派援助仍然是一个备受关切的问题。作为机构化程度很低的一种救济形式,以工代赈是一种非常令人信服的策略,其能迫使穷人凭借自身的劳动来获取公共或私人的援助。然而,尽管已进行了反复的试验,但众多以工代赈的项目在用劳动代替救济方面却一直停留在笨拙的、象征性的尝试阶段。

在众多难题中还有关于薪水的困扰:如果"慈善性质的工作"并不能算作是"真正的"工作,那么就很难为其提供"真正的"工资作为报偿。因此,以工代赈的薪水问题就引发了极大的争论;一方面,官方害怕低水平的酬劳可能会打击潜在申请者的积极性;但另一方面,如果救济性质的薪水和市场水平的工资接轨,工作和救济之间原本被精心划定的边界就存在着消泯的风险。在一些情况下,用实物援助而非现金作为以工代赈的报偿能够解决这一问题,这一做法明确而具体地显示了普通工资与以工代赈的报偿之间的界限。例如,纽约慈善组织协会在其1895年的年报中提及每个被雇佣到他们工作间中的非熟练女工都被偿付了"价值40美分的食品杂货或者衣物,以及价值10美分的精心烹饪的热乎乎的晚餐",但是为了避免"诱使她们放弃在其他地方可能得到的常规工作的机会",慈善组织协会没有偿付任何现金。①

更一般地来说,通过给予公共的或私人的实物援助,慈善工作者们不仅能够清晰地区分劳动所得的工资和救济所得的福利,其还能够更加有效地塑造贫民的物质和道德生活,他们由此能够辨别适当的生活"必需品"与不道德的物品。食品、衣物和燃料都是可以直接分发的;或者,穷人们也会收到作为有限制的货币的食品杂货订单,这限制他们只能购买一些特定的物品,有时还有数量上的规定,并且通常只能在指定的商店使用。这些商店与受助者之间的交易是受到严密监控的;例如,明尼苏达州1893年的济贫法修正案就要求,在郡财务主管为这些货物买单之前,"必须要为这些货物列出详尽的清单……同时需附上购物者对所购商品与规定相符的确认信"。② 实际上,慈善专家们对这一点尤为担心,以至于他们为了达到不同的掌控

---

① New York Charity Organization Society (NYCOS), *Thirteenth Annual Report* (1894), p. 64. "慈善工作"(charity work)这一术语是在纽约慈善组织协会第12份年报上(1893年)所使用的,p. 11. 有关19世纪美国救济院的流行,参见 David J. Rothman, *The Discovery of the Asylum* (Boston: Little, Brown & Co., 11971) 1990), chap. 8; 以及有关对户外救济的坚持,参见 Katz, *In the Shadow of the Poorhouse*, pp. 3, 37. 有关大多数公共及私人以工代赈项目的失败,参见 Katz, p. 224; 同时,有关1893年至1897年以工代赈薪酬的争议,参见 Feder, *Unemployment Relief in Periods of Depression*, pp. 179-80.

② General Laws of Minnesota (1893), p. 317.

程度还专门创设了不同类别的食品杂货订单。尽管在一些情况下，食品杂货订单的内容由慈善组织或者公共机构决定，但在另外一些案例中，受助者也被允许自行或经与访问员协商后挑选商品。

然而，实物或受限的救济不仅意味着行政审查，也意味着道德指引。如果物品确实不同于金钱，其可以传达某种道德的意涵的话，那么就有必要仔细地挑选要给予的东西。由此不难看出友好访问员们所面临的两难困境：每一本手册都警告他们不要提供任何物质形式的救济；但是向穷人们赠送礼物却不但可以被接受，而且其作为道德水准提升进程中的一部分，甚至还是被鼓励的。但是，如何才能将一般的物品转化为礼物呢？纽约慈善组织协会的做法就显得多少有些矛盾，其建议访问员，如一朵花或者一本书，"这些名目的赠礼不会让接受者变得更加贫困，相反还能帮助他们提升和改善他们的品味"。一位《慈善评论》的作者承认说：有时，"要确认是什么构成了物质救助的确十分令人困惑——好比说，为什么一双被丢弃的旧鞋就会被算作是救济品，同时感恩节火鸡却不会呢？"[①]

上述这种差异由发生交换的社会环境所导致，因为不同形式的馈赠实际上象征着赠予者和受赠者之间不同的社会关系。如果物品"像送给物质上同样富足的朋友一样"被给予穷人，

---

① *Hand-Book for Friendly Visitors*, p. 5: Lenora Hamlin, "Friendly Visiting," *the Charities Review* 6 (June 1897): 323. 亦可参见 Zilpha D. Smith, "How to Get and Keep Visitors," *Proceedings of the Fourteenth Annual Conference of Charities and Correction* (1887), p. 159.

如果物品被给予者的"情感"所塑造，那么救济品就会转变为礼物。以感恩节火鸡为例：如果访问员"不仅带去了晚餐……还留在那里帮着下厨"，甚至还留下来用餐的话，那么毫无疑问，这样的礼物就明显"在救济品的范畴之外"。① 但是在访问员完全了解这个家庭，并且不再以施舍者的身份而是以朋友的身份与之相处之前，这种"炼金术"是不会奏效的。正如波士顿慈善联合会的主席所建议的，"当你对你服务的家庭和你自己都有了充分了解，并且能够把握做事的分寸时，你甚至可以像送其他礼物一样送给你的贫民朋友"一些金钱。②

但是，慈善工作者依然坚持认为礼物和救济之间要有严格的分界。对于靠救济度日的人而言，将救济的种类严格限制在生活"必需品"之内是可以被接受的。例如，在19世纪70年代的布鲁克林，面粉、土豆或者大米都是户外救济中的合法项目，但是茶叶或者糖就不是。③ 事实上，一项由康涅狄格州哈特福德镇在1891年组织的有关贫困救济的调查发现，原本分发的"仅用于提供生活必需品"的食品杂货订单，有时竟然被花费在"花哨的食品杂货"、"珍馐佳肴"以及"愚蠢的行为"上，调查者们对此感到怒不可遏。一些被买来的"绝对毫无用处"的东西包括"爪哇和摩卡混合"咖啡、蛋糕、"薄脆饼干"以及"那种诱人的东西"，其中有些商品，委员会甚至在此之前从未听说过。一位食品商报告说，一些穷人会将他们"慷慨"的朋友们

---

① Hamlin, "Friendly Visiting," p. 323.
② Paine, *The Work of Volunteer Visitor of the Associated Charities*, p. 15.
③ Katz, *In the Shadow of the Poorhouse*, p. 47.

送的圣诞节的"实用"礼物拿去交换"各种各样的奢侈品"，以此作为救济物品的不道德的市场的又一罪证。

　　甚至随着分发的救济越来越多，委员会发现一些订单被转化成了现金，被当作"可流通的票据"用于交易或偿还债务。如果食品杂货订单被穷人们当作一般的法定货币来使用，那么有关救济的规则也就随之土崩瓦解了，因为"这个过程……可能转变为任何自私的、奢侈的、懒惰的或者甚至可能是犯罪的用途"。相应地，委员会的建议是废除食品杂货订单，然后由中央仓库向穷人们直接提供不超过十种的生活必需品。委员会向该市行政委员清楚地说明了："所有事情都必须在你们自己的掌控之中，食物、衣服、葬礼。一开始就要检查，在此之后也要频繁地进行检查。在随后几年出版的一部颇有影响力的研究《美国慈善业》中，作者阿莫斯·华纳（Amos Warner）对此表示赞同。相较于那种允许受助者自由选择"荒谬而不合适的"或者腐化堕落的货品的订单系统，华纳更偏好"由权威机构采购物品"的救济形式。他警示道，在加利福尼亚州，订单经常被拿来换酒喝。①

　　因此，在19世纪的大多数时间里，慈善组织和权威机构会扮演穷人们的集体"采购员"，并为贫民供应货品或不包括法定货币在内的限制性货币，由此来规范受助者的道德经济。甚至食品杂货订单都被怀疑是否真的给予了穷人购买不同商品的自

---

① *Report of the Special Committee on Outdoor Alms of the Town of Hartford* (Hartford, Conn.: Press of the Case. Lockwood & Brainard Co., 1891), pp. xviii--xxi; lxii; lx; Warner, *American Charities*, pp. 241-42.

由选择空间。对其经济智慧的深度怀疑也使得贫民自己的不同钱财之间的界限变得模糊，并且这也是对其经济进行管控的另一方面原因。慈善工作者们不屈不挠地改善着穷人的道德世界，受到这种承诺的驱使，他们认为自己不但有权利管控救济资金，甚至有权控制贫民如何花销自己的劳动所得。通过帮他们省下钱来，慈善工作者们也在拯救他们的灵魂。

慈善工作者的第二个主要策略是**组织储蓄**。

1890年，7月22日，星期四。今天我去见了C女士，并且让她从自己的钱中拿出2美元再给一张床买一个床垫。

1892年，4月2日，星期六。我现在有整整15个家庭需要帮助，所以我必须得处处留心为他们制定消费计划，并且还得教会他们如何依照计划消费。如果不是我提前保证为他们管理好他们自己的工资，我敢说其中的3个人肯定早已丢了饭碗。其他的家庭也希望我能为他们照看他们的金钱……因为比起他们自己来，我能够做得更好。①

作为康涅狄格州纽黑文礼堂会的一位一流的贫民区家务工作者，玛丽·雷明顿实事求是地记录了她自告奋勇为其穷困的邻居们担任财务管家的工作。在她每天的工作中，雷明顿不仅要为穷人们祈祷、教他们料理家务的技巧、为他们组织俱乐部，

---

① *Extracts from the Journal of Miss M. E. Remington, Missionary of the Welcome Hall Mission* (New Haven, Conn., 1892), pp. 49, 68.

还要负责管好他们的钱包拉链。从她的日记来看，无论是男性还是女性邻居，以及孩子，都把他们的钱交给她妥善保管，让她为他们制定消费计划，为他们支付账单，甚至有时还允许她从事销售活动。①

似乎在那些非常贫困的人或者"习惯性依赖者"的手中，薪水在道德上的危险性与慈善金钱足以等量齐观。毫无疑问，这些钱必然会被鲁莽地花掉或者会被用来做些蠢事。②当然，如果由慈善工作者们来管理这些收入，确保它们被正确地标记，并且指定它们只能被用于购买没有任何道德风险的货品，这种情况就不会发生。纽约慈善组织协会于1883年指示他们的访问员去"督促那些最贫困的人将一些钱，无论数额多小，存进储蓄银行，或者攒下来，将来好拿去购买燃料、面粉……如果有必要的话，在他们获得第一笔薪水时最好能跟紧他们"。同样，格廷在《慈善组织手册》中建议道，在那些没有为贫民设立任何专门储蓄机构的城市中，访问员们应该"做一些临时的安排……以保证安全的储蓄，并且使这些家庭在经济地支出每一笔钱之余，还能在访问员的关照下从其每周的收入中留存一部分作为积蓄"。慈善组织协会的《访问员手册》中还补充道，哪

---

① 亦可参见 Virginia Yans-Mclaughlin. *Family and Community: Italian Immigrants in Buffillo, 1880-1930* (Ithaca, N.Y.: Cornell University Press, 1977), p. 153. 一些社会服务所同样为穷困的移民们建立了合作借贷基金；参见 Sheila M. Rothman, *Woman's Proper Place* (New York: Basic Books, 1978), p. 115-16.

② Anna F. Hunter, "The Savings Society of Newport," *The Charities Review* 9 (September, 1899): 337; "Taking Care of the Cents," *The Charities Review* 5 (February 1896): 212.

怕只是简单的一句建议,也许都能"从威士忌商人的手中抢救出一些钱来,并使其被用到更好的用途上去"。①

慈善工作者的实际行动远不只是提供建议。既然甚至连穷人们自己都似乎承认了"钱从他们的指缝间溜走实在是太容易了",那么当务之急就是多多益善地从他们手中把钱抢救出来,同时将这些钱置于更加值得信赖的经济代理人手中,例如慈善征收员(collector),"发薪水的日子一到,他们就会立刻直接前往这些穷人们的家中",或者去他们的街区把钱拿走。和"友好访问员"不同,征收员不用将这些家庭转介给慈善机构,他们"取走了钱但不会把钱交给机构"。②

1880年之后,大量的制度化机制陆续出台以集中收取穷人们的薪水,并将其"洗"成合法的金钱,这一做法由慈善组织协会首倡,随后为贫民区改良团体的工作人员所接受。一位著名的慈善家以及城市乐园运动的主要领导者约瑟夫·李解释说,其目的是为了"将购买酒、烟草和口香糖的资金转变为购买房屋、家具、工具、马匹和货车,以及家畜的资金"。但仅仅从不正当用途中省钱是不够的;节省下来的钱还须被重新规划到"恰当"的开销中去:"储蓄下来的一分钱并不能增加任何收入,除非它是从毫无价值的开销中被节省下来的,又被用在了

---

① *Hand-Book for Friendly Visitors*, p. 2; Gurteen, *A Handbook of Charity Organization*, pp. 183-84.
② Anne Townsend Scribner, "The Savings Society," *Proceedings of the Fourteen. th Annual Conference of Charities and Correction* (1887), pp. 148, 145; Mary Willcox Brown, *The Development of Thrift* (New York: Macmillan Co., 1899), pp. 62, 65.

正途上"。①

最早的征收机构是带着非常牢固的关于如何标记穷人的金钱的观念进入到贫民家庭中的。1880年，罗德岛州纽波特市慈善组织协会发现，一些贫困家庭其实有能力将一些钱存下来购买过冬用的煤炭。然而与此同时，其他一些有着相同收入的家庭却每到冬天就来找他们寻求救济以望度过寒冬。该协会于是决定为那些"粗心而无远见"的住户引入一个合适的金钱标记系统。访问员每会周挨家挨户征收小额的金钱，并指定这些钱要用在一些有价值的专门消费上，例如家庭来年冬天的煤炭或是冬衣补给，或是偿还债务等。在7年的时间里，纽波特储蓄协会征收到了10000美元的钱款。②

燃料基金、面粉与鞋子俱乐部，以及其他有着特定目标的储蓄协会由全国各地不同的慈善组织组织起来，其目的在于将"赚取小额工资的人"的收入引向在道德上无风险且在社会意义上发人深省的消费。③在多数情况下，这些机构的组织者会自己完成购物，其通常还能为俱乐部的储户们争取到优惠的批发价格。同时征收员也找到了一些办法来防止用于购买煤炭的专款被挪用到其他让人无法接受的消费中去；例如一位女征收员在暑期休假之前给她的所有"储户"们都发了一个玩具存钱罐，

---

① Joseph Lee, *Constructive and Preventive Philanthropy* (New York: Macmillan Co., 1902), p. 22; Willcox Brown, *The Development of Thrift*, p. 17.
② Scribner, "The Savings Society," p. 143.
③ Edward T. Devine, *The Practice of Charity* (New York: Dodd, Mead & Co., [1901] 1909), pp. 41-42. 亦可见 Emily W. Dinwiddie, "Thrift Promotion," *Social Work Yearbook* (New York: Russell Sage, 1933), p. 506.

并交代"要在她回来后才能由她亲自来打开"。①

这个机制一直运转良好。1889年，纽约慈善组织协会决定采取进一步的行动，其组织成立了一分钱银行，这是一个用特殊标记管理存款（stamp-savings）的储蓄机构，通过由访问员来保管金钱，这个机构能够更好地保卫贫困家庭的钱款。由于坚信许多贫困是"不必要的支出积少成多的浪费"的恶果，正如当时的一位评论员所指出的，一分钱银行的组织者便决定，"这些浪费在小额的阶段就必须被制止"。储户们将钱存进去后会收到五颜六色且不同面额的印花，这些印花会被贴在一张卡片上。诚然，工人阶级能够使用的储蓄银行早在1816年就已经出现，其也有保障他们远离"酒吧、无聊的娱乐活动和毫无用处的消费"的目的。② 但是很少有储蓄银行接受一美元以下的存款。而慈善组织协会的一分钱银行则接受低至几美分的储蓄。

一分钱银行不只是提供商业储蓄服务，其还打算将其储户

---

① Scribner, "The Savings Society," p. 148. 有关费城的煤炭及鞋子俱乐部，参见"A Co-operative Coal Club," *The Charities Review* 8 (July 1898): 214. 若需了解更早时期纽约为贫民组织燃料基金的失败尝试，参见 Raymond A. Mohl, *Poverty in New York*. 1783-1825 (New York: Oxford University Press, 1971), pp. 251-52.

② Willcox Brown, *The Development of Thrift*, p. 45; Hon. S. T. Merrill, "Relief Measures For Pauperism" (1889), Papers on Pauperism, 1818-1889, p. 9, on file at the Princeton University Library. 有关储蓄银行的基本史实，以及为南方黑人自由民建立的储蓄银行，参见 David M. Tucker, *The Decline of Thrift in America* (New York: Praeger, 1991), chaps. 4 and 6; Fabian, *Card Sharps, Dream Books, Bucket Shops*, pp. 128-36. 有关为贫民设计的其他利他性及商业性储蓄方案，参见 Willcox Brown, *The Development of Thrift*. pp. 32-72.

转变为中产阶级的真正学徒；他们的存款将可以"预防潜在的失业问题，也能预防事故或疾病"。一旦一位储户存储的金额超过 10 美元，人们便认为他应当把钱转入常规的储蓄账户。为了鼓励穷人们把钱攒下来，一分钱银行明文规定"在存款总数低于所附印花代表的合计数额时，这些存款是不能被取走的"。①

但是在只有几分钱可以支配的情况下，穷人们似乎不太可能模仿中产阶级养成长期储蓄的习惯。事实上，1891 年，慈善组织协会观察发现使用这些存款的人"几乎全部都是不会长期存款的短期储户"。在积攒了 10 美元或者哪怕只存了 1 美元之后，储户们通常就会把钱取出来而去专门买一些东西了。直到 1909 年，一分钱银行的年度报告中才承认这些存款"并不是为了和储蓄银行进行竞争，而是为了帮助那些有特定的目标，比如购买衣物、煤炭、计划去度假或者希望购买生活必需品，但是却收入微薄的那些人"。②

尽管一分钱银行只是短暂地照看钱财，但是其还是认为确保这些钱被恰当地消费出去是他们的职责，同时也是他们的权利。通过争取到原本藏在罐子里、袜子里或者是床垫底下的几

---

① Prospectus, Penny Provident Fund, 转因自 Willcox Brown, *The Development of Thrift*, p. 45; Copy of Stamp Deposit Card, Penny Provident Fund of the City of New York, Rules and Conditions, on file at the Community Service Society Papers, Box 127, Rare Book and Manuscript Library, Columbia University.

② Annual Report of the Committee on Provident Habits, *Tenth Annual Report of the New York Charity Organization Society* (1891), p. 25; *Annual Report of the Penny Provident Fund* (New York: Charity Organization Society of the City of New York, 1900). p. 2.

分钱,慈善组织在干预穷人的经济选择上有了一个重要的立足点。思考一下储户们所面对的新的仪式,当他们希望把钱取走时就会遇到这些仪式:储户们至少要被观察一周,还要阅读相关的报告,还要向例行询问他们计划如何使用自己的存款的出纳员支付报酬。纽约的贫民区社会改良团体哈特利之家的一位征收员观察到,这些"五颜六色的光鲜印花能帮助人们更有效率地支配家庭收入的看法似乎仅仅是一种幻觉"。有时传单上会直接印上清楚明白的指导:"为了一次度假、一条新裙子、煤炭、一所房子而存钱。"①

很明显,所有这些提醒都不是为了鼓励为利息而进行的储蓄,因为一分钱银行不支付任何利息;并且其组织者也很快意识到大部分的储蓄都不会被转存到有利息的储蓄银行中去,这与他们的初衷相左。于是,其目的还是在道德意义上妥善保管穷人们的钱财。慈善工作者不单是保管员,同时也成为了这些小额储蓄的象征性的所有者,因为一旦几分钱被存储而转化为印花,印花本身就作为一种新的限制性货币被铸造出来,而这种货币是处于存款管理者的掌控之下的。

一分钱银行的规定可以确保储户不能将价值几美分的印花当作普通的几分钱自由使用:印花卡是不能转让给他人的;可以兑换印花的任何站点都不能兑换未绑定的印花,"以免它们被

---

① Elsa G. Herzfeld, *Family Monographs* (New York: James Kempster Printing Co., 1905), p. 6; Lee, *Constructive and Preventive Philanthropy*, p. 25. 亦可参见 "Taking Care Of The Cents," pp. 212-13.

用于以物易物"。① 如果一分钱银行的存款或者被存放在其他慈善存款中的钱得到许可而成为穷人的货币，那么为改变金钱标记而做的所有努力就会白费。在一则生动的逸闻中，当一位女士试图从储蓄存款中把她的钱取出来买衣服和煤炭时，她"声泪俱下"地向那位征收者说："哦，太太，我感觉就像是你在送给我一份礼物一样。"②

到 1906 年为止，一分钱银行已经开设了 277 个站点，并且从大概 90000 位储户那里征收了超过 50000 美元的存款。全国各地的城市都有存款在运营，从南卡罗莱纳州和弗吉尼亚州到肯塔基州、伊利诺斯州、科罗拉多州和爱荷华州，一分钱银行甚至还开到了加拿大。储蓄印花在大量的地方进行兑换；例如在纽约，储户可以在储蓄银行、教堂、互助会、贫民区社会改良院、日间托儿所、零售商店、学校，甚至是犯罪前科人员之家换取储蓄印花。③

这些储户都是什么人？除了他们都是极度贫穷的人这一事实之外，很少有关于他们的其他系统化的信息。他们中有许多人还是孩子。一位储蓄机构中的专家警告说，贫困孩子的父母"通常都没有能力教导他们的孩子如何消费，而他们的钱又非常容易被用在对孩子有害的地方"。因此，对于慈善组织而言，接

---

① Willcox Brown, *The Development of Thrift* p. 47.
② Scribner, "The Savings Society," p. 145.
③ Howard Brubaker, "The Penny Provident Fund," *University Settlement Studies* 2 (July 1906): 62. 亦可参见 Annual Report of the Committee on Provident Habits, *Eleventh Annual Report of the Charity Organization Society of the City of New York* (1892), p. 37; Willcox Brown, *The Development of Thrift*, p. 46.

管对孩子们钱财的监护权就显得刻不容缓了。自 1885 年起,学校储蓄银行就已经预设了防止"积少成多的浪费"这样的任务。1894 年,公立学校中也开设了一分钱银行站点。其目标是将"每一所学校的每一间教室都转化为一家储蓄银行",并且"让每一位老师都成为行长,让每个孩子及其父母都拥有一个银行账户"。储蓄系统的针对孩子们的货币炼金术将把孩子们的"糖果钱"或者香烟钱重新定位为购买书籍、衣物或者用于其他有用目的的经费。①

1915 年,一分钱银行正式关门。然而保卫和标记贫民收入的制度化努力却依然在持续着。这些努力包括创设打工女孩度假积金或者圣诞俱乐部,不过最显著的措施还是 1911 年邮政储蓄银行的建立。在商业银行数十年的强烈反对之后,邮政储蓄银行在慈善权威的热情支持下还是于 1910 年获得了合法的授权。其提倡者坚持认为,邮政储蓄银行将会把新移民们藏匿在家中,

---

① James H. Hamilton, "The Educational Aspects of Saving," *The Quarterly Journal of Economics* 13 (October, 1898): 67; J. H. Thiry, "The Early History of School Savings Banks in the United States," *Journal of the American Social Science Association* 25 (1888): 170; Annual Report of the Committee on Provident Habits, *Fourteenth Annual Report of the Charity Organization Society of the City of New York* (1895), p. 47; Elizabeth Tapley, "Small Savings and How to Collect Them," *The Charities Review* 5 (December 1895): 101. 一分钱银行的年报提及了其储户中的工厂工人及小贩。纽约 1906 年的一项有关该银行储蓄数量的族群排序的研究中,犹太人居于榜首,其次是德国人、意大利人、美国人和爱尔兰人;很少有黑人储户。参见 Brubaker, "The Penny Provident Fund," p. 62. 早期的储蓄银行同样也吸引了妇女和儿童储户。例如,成立于 1816 年的波士顿储蓄组织(Boston Provident Institution for Savings)71% 的储户都是妇女和儿童:Tucker, *The Decline of Thrift in America*, p. 42.

或者如同一位邮政储蓄系统的主管所称的"匪夷所思的容器"中，例如茶壶或者袜子里的钱，统统吸纳进银行，由此银行可以指导他们进行理性的金钱管理。据《慈善与平民》(*Charities and the Commons*)一书所称，这些移民们都"把美钞藏在他们的靴子里，而且很少脱掉，即使睡觉也不会与靴子相分离"。其他的人会把他们的积蓄藏在"褥套里面、墙缝里或者地窖下面"，甚至还会藏到"矿洞里面"。但这本杂志也注意到，与此同时也有数以千计的人"信任商店店主抑或私人银行业者，并将省下来的钱委托给他们"。移民中的许多人明确表示他们对银行十分警惕，并且会"把他们的钱藏在袜子里或者埋在墙面石膏层的背后"。人们期望移民们能对邮政储蓄银行报以积极的回应，毕竟这是一种在欧洲国家都很流行的制度。①

银行不仅要保障这些外国人的钱款安全，而且要通过确保将钱留在美国"而非寄往国外"，来为他们指明新的花钱方式。事实上，据一项研究估计，仅 1907 年一年就有大约 1 亿 4 千万美元的"移民的金钱"被转移到了其他国家。邮政储蓄货币——

---

① E. W. Kemmerer, "The United States Postal Savings Bank," *Political Science Quarterly* 26 (1911): 475; statement by the director of the Postal Savings System in 1913 quoted by E.W. Kemmerer, "Six Years of Postal Savings in the United States," *American Economic Review* 17 (March 1917): 68; Peter Roberts, "The Foreigner and His Savings," *Charities and the Commons* 21 (January 30, 1909): 758; David S. Cohen, ed., *America the Dream of My Life: Selections from the Federal Writers' Project's New Jersey Ethnic Survey* (New Brunswick, N.J.: Rutgers University Press, 1990), p. 68. 亦可参见 Lizabeth Cohen, *Making a New Deal: Industrial Workers in Chicago, 1919-1939* (New York: Cambridge University Press, 1990), pp. 75-76.

邮政储蓄印花卡以及不可转让的凭证——能够阻止这种特殊的移民货币的流通；每年，这些外国人会单纯为了储蓄目的而为他们自己购买数百万美元的存款凭证，而不要求任何利息。同时，也是作为对 19 世纪的说辞的回应，人们期待邮政储蓄银行成为"阻止浪费和破坏性消费的有影响力的因素"。① 的确，如同一位慈善工作者所言，这些银行可能缺乏"友好访问员"那样令人信服的个人影响力，然而，在以"持久的力量对抗不重要的、即时的欲望"从而构建"坚强的公民类型"方面，这些银行仍然是受欢迎的盟友。② 到 1916 年，邮政储蓄银行毫无疑问地成为了"移民银行"；其 60% 的储户都是在国外出生的，他们拥有该银行四分之三的总储蓄额。③

---

① Kemmerer, "The United States Postal Savings Bank," p. 477; Jeremiah W. Jenks and W. Jett Lauck, *The Immigration Problem* (New York: Funk and Wagnalls Co., 1913), p. 114; James H. Hamilton, "Savings Bank Legislation: What Is Needed?" *Charities and the Commons* 21 (February 6, 1909): 781. 任何年龄超过十岁的人都可以在邮政储蓄中开户，同时邮政储蓄的存款只接受整数美元的储蓄。为了避免与储蓄银行的竞争，单个邮政储蓄的账户中不能存储超过 500 美元。如需从比较视角来看邮政储蓄银行在英国、法国、意大利以及其他国家的情况，参见 James H. Hamilton, *Savings and Savings Institutions* (New York: Macmillan Co., 1902), chaps. 10-12.

② Scribner, "The Savings Society," p. 149. 哪怕是邮政储蓄银行的支持者也认识到信件持有者们（letter carriers，在邮政储蓄系统中和友好访问员地位相同的人）"并不是储蓄银行理想的传播者"；尽管他们可能会"挨家挨户地分发传单"，由此来宣传银行储蓄的优点，但是他们"很少有时间，并且也很可能没有意愿去做许多个人角度的解释。"参见 Hamilton, *Savings and Savings Institutions*, pp. 302-3.

③ Kemmerer, "Six Years of Postal Savings in the United States," p. 51. 亦可见 S. P. Breckinridge, *New Homes for Old* (New York: Harper and Brothers（转下页）

至此我们已经看到对于19世纪的慈善工作者而言，现金已经成为一种不稳定的救济形式。根据他们的观察，道德上不称职的穷人必然会将不劳而获的慈善所得当作他们正当的收入，并且会将这些资金浪费在不道德的，或者缺乏远见的消费上。因此，更明智的做法是避免法定货币落入穷人之手。对于那些把钱花光了的穷人，慈善组织会为其提供食物、燃料、衣物或者食品杂货订单，但会尽可能避免直接给现金。对于那些能够依靠自己的微薄收入维持生计的人，慈善工作者会尽全力监督他们的收入是怎样被花出去的。然而，20世纪初却突然出现了一种自相矛盾的转向：慈善工作者们开始讨论重新将金钱带回穷人口袋的必要性，而不是一味地延续他们的无现金状态。下一章我们将具体解释这一转向出现的原因。

（接上页）Publishers, 1921), pp. 111-13. 当欧洲移民开始减少时，邮政储蓄银行原本从1917年开始逐渐壮大起来，却随之流失了很多储户。低至2%的利率同样也打击了潜在储户的积极性。参见 Margaret H. Schoenfeld, "Trend of Wage Earners' Savings in Philadelphia," *Annals of the American Academy of Political and Social Science*, Suppl. to vol. 121 (September 1925): 47-52. According to Milton Friedman and Anna Jacobson Schwartz, *A Monetary History of the United States*, 1867-1960 (Princeton, N.J.: Princeton University Press, 1971), p. 173 n. 64, 邮政储蓄存款额在1919年超过了互助储蓄银行4个百分点，1929年又回落到2个百分点，但随后又在1933年攀升到13个百分点。有关20世纪20年代创设族群银行以作为芝加哥少数族裔在金融方面的一种替代选择的问题，参见 Cohen, *Making a New Deal*, pp. 75-83.

5

附带条件的:慈善现金的标记

在 20 世纪早期社会工作者所讲述的新故事中，金钱被重铸为慈善传奇的现代"正面角色"。我们可以想一想捷克夫人的生命故事，她是一篇有影响力的文章中最重要的人物，这个故事刊登在 1916 年的《调查》杂志上，作者是艾玛·温斯洛，她是纽约慈善组织协会的一位家政学家。捷克夫人是一个寡妇，其丈夫已经过世三年，"不能以任何方式负责花钱"。一个慈善社团为她和她的 6 个孩子提供食物和衣服，并且为他们支付租金和保险费用。尽管有这样"在理论上……完美的照顾"，捷克夫人一家的生活却依然困难重重。这位母亲"似乎……对她的家和孩子们不感兴趣"。她也不关注他们的食物。很快，孩子们的健康恶化，他们的脸蛋变得"灰黄和苍白"。此时，这个慈善社团决定将救济的方法改为一周一发的现金补贴，并告诉捷克夫人她要"自己购买所需之物"。很快，家务"变成了一件快乐的事"，孩子们茁壮成长，以前的懒惰的寡妇变成了一个"引人注目的……家政学家"。这一切都是因为她现在有了现金"可以购买其随时所需的物品"。[①]

[①] Emma A. Winslow, "Food, Shelter, and Clothing," *The Survey* 37 (October 14, 1916):45.

给予现金的案例

对于艾玛·温斯洛来说,她得到的教训非常清楚:最为有效的救济形式就是给予家庭常规的补贴,"允许他们自己购买"。艾玛在有关慈善工作的修订讲稿中指出,实物而非金钱形式的救济,是"愚蠢的",破坏了贫困家庭的"自力更生和独立性"。她的许多同事都同意这一点。在1922年的全国社会工作大会上,纽黑文慈善机构联合会的干事宣称,只有"当家庭被交托以(一笔合理的收入)、并对管理此负有责任时",[①]家庭"经济统一体"(economic unity)才有可能实现。

给予现金的案例并不只是修辞;1900年至1920年,私人慈善机构变得越来越可能向穷人分发货币形式的救济。例如在1895年,纽约希伯来人联合慈善机构为"常规的按月生活补贴"和"偶尔的货币救济"提供了大约56000美元,并花费了大约36000美元用于交通、服装、鞋子、燃料、葬礼以及其他救济项目。至1909年,"现金救济"这一类的总额攀升到了277000美元,而与此同时,日常物资和交通的救济支出下降到了22000美元。同一年,年度报告记录了不断增加的现金形式的救助频

[①] "How to Live on 24 Cents a Day," *The Survey* 36 (September 16, 1916): 598; Winslow, "Food, Shelter, and Clothing," p. 45; John B. Dawson, "The Significance of the Rise in Relief-Giving During the Past Five Years," *Proceedings of the Forty-Ninth Annual Session of the National Conference of Social Work* (1922), p. 234.

率；55%的申请者得到了救助金，而仅仅两年前，这一比例只有46%。至1922年，纽约希伯来人联合慈善机构所发放的现金救济差不多有450000美元，而用于衣服、家具、布料和煤等实物救助的花费只有52000美元。①

或者，我们可以思考一下纽约改善穷人状况联合会不断变化的政策，其长期反对现金救济。至1896年，该联合会的工作人员被允许可以任意向每一个家庭提供最高不超过20美元的现金救助。1913年，该联合会开始向被挑选出来的寡妇提供货币形式的抚恤金。该会1914年的年度报告宣布他们将全力"发展家庭……为其自身购买物品的能力"。同样，根据该联合会干事弗里德里克·阿尔米所述，至1917年，水牛城慈善协会已经将提供现金而非食品券作为"我们近乎一般的准则"。而纽瓦克慈善机构联合管理局报告说，他们意识到"让家庭主妇处理她们自己的金钱，对帮助她们保持自尊……会更好"。到20世纪20年代，纽约改善穷人状况联合会与纽约慈善组织协会一起，连同明尼阿波里斯联合慈善机构和克利夫兰联合慈善机构，都在"所有可能的案例中"提供货币形式的补贴。②

---

① *Twenty-First Annual Report of the United Hebrew Charities* (New York: 1895), p. 15; *Thirty-Fifth Annual Report of the United Hebrew Charities* (New York, 1909), pp. 33, 22; *Annual Report of the United Hebrew Charities* (New York, 1922), p. 13.

② On the AICP, *Frontiers in Human Welfare* (New York: Community Service Society, 1948), p. 53; AICP, p. 3, October 17, 1914, Report on file at the Community Service Society (CSS) Box 82, Papers, Rare Book and Manuscript Library, Columbia University; Frederic Almy, Letter to Emma A. Winslow, March 16, 1917, on file at the CSS Papers, Box 130, Folder Home Economics, 1917-18; Emma A.（转下页）

1911 年以后，极为成功的母亲抚恤金项目将现金救济提上了公开的议事日程。为了使需要依靠的儿童与他们守寡的母亲待在家中，抚恤金被设计成以一种定期的现金收入替代不定期的现金形式的"失业救济金"或不充分的实物形式的救济。例如，1914 年纽约州寡居母亲救济委员会的报告明确宣布货币形式的救助是"完全必要的"，同时谴责食品券或实物赠品等这些"老旧方法"，"对接受这些救助的人的品质而言是不民主的和有害的"。而另一方面，金钱救济可以通过承认母亲"花费收入和源自处理金钱的独立性等方面的责任"，服务于家庭的修复。①

这些 19 世纪不稳定的美元究竟发生了什么？该如何解释慈善组织协会的声明和政策的突变，以及对寡妇的公共救济的态度的转向？更确切地说，"金钱救济的罪恶"是如何转变为现代美德的？可以肯定，20 世纪对贫困原因的新的社会定义使得救济更具有合法性；如果穷人不能完全因为他们的不幸而遭受谴责，那么社会就有责任帮助他们。例如，失业的常态化，尤其是 19 世纪 90 年代后严重的萧条，显著地提升了政府对失业者的公共责任。的确，至 1904 年，美国大约半数的慈善组织协会已经彻底转变了它们先前的政策，开始从他们自己的基金中拨

（接上页）Winslow, *Report of Study of Family Budgets in Relation to Family Case Work*, Pt. I: "The Use of the Budget by Other Social Agencies" (1916), p. 18, on file at the CSS Papers, Box 130, Columbia University; Amy D. Dunn, "The Supervision of the Spending of Money in Social Case Work" (M.A. thesis, Ohio State University, 1922), pp. 7-8.

① *Report of the New York State Commission on Relief for Widowed Mothers* (Albany, N.Y.: J. B. Lyon Co., 1914), pp. 122-23.

款发放救济。实物救济，如一位研究慈善运动的历史学家所解释的，已经获得了"一种新的尊严"。[1] 当这种趋势波及母亲的抚恤金时，公共补助金获得了更进一步的支持，因为社会对维持穷人的家庭生活的关注与日俱增。然而，即便已经赋予贫穷救济以新的合法性，也不能解释为何不继续应用更为可靠的实物形式来接济穷人。

的确，即使是对于那些向着现金支付转变的慈善组织来说，但这种改变也是不规则的，而且有着诸多犹豫和迟疑。以纽约慈善组织协会的感恩节政策为例。1910年11月，该协会的其中一位捐助者提议取消感恩节晚餐篮子的分发，以一种新的体系取而代之，即将会"给予人们以一次购买任何他们最急需的东西的机会"。一美元的优惠票券将被发给每一个家庭，人们可以在指定的商店中消费优惠票券，就如同"以现金购买商品一样"，但只在感恩节当天或前一天有效。纽约慈善组织协会礼貌地感谢了这份馈赠，但拒绝接受这位捐助者的优惠券计划，并解释了他们的担忧，即"金钱可能被用于我们并不赞成的目的"。[2]

---

[1] *Thirty-Eighth Annual Report of the United Hebrew Charities* (1912), p. 9; Frank D. Watson, *The Charity Organization Movement in the United States* (New York: Macmillan Co., 1922), p. 325 and pp. 168, 324. 亦可参见 Alex Keyssar, *Out of Work: The First Century of Unemployment in Massachusetts* (New York: Cambridge University Press, 1986), pp. 250-58; Robert H. Bremner, *From the Depths: The Discovery of Poverty in the United States* (New York: New York University Press, 1972), chap. 8.

[2] See correspondence between donor and the New York Charity Organization Society, on the file at the CSS Papers, Box 180, Columbia University。（转下页）

1922年有关私人慈善机构分发救济的方法的调查显示，在金钱补贴变得日益频繁的同时，大多数组织派发的是现金加食品券或者现金加实物救济。直到20世纪30年代，除了母亲的抚恤金和偶尔的小笔现金救助外，公共救助仍牢牢坚持着实物救济的方式。一份1925年有关宾夕法尼亚贫穷救济的报告将对现金救济的抵制解释为一个有关传统的问题，"害怕一旦提供现金，人们会不明智地花掉它们或者……挥霍掉"。在科罗拉多州，即便是有关母亲抚恤金的立法，也通过添加的一个条款对现金政策做了限定，即如果必要，法院可以"相等的补给和帮助"替代货币支付。①

　　然而，"进步阵线"主要的社会工作者，正如艾玛·温斯洛在1917年所表达的，正在明确地推动慈善救助向着现金救济的

（接上页）1910年11月22日，纽约的报纸报道说，明显错误的是，捐赠者已经向得到纽约慈善组织协会和纽约希伯来人联合慈善机构照顾的2000户受助家庭派发了价值1美元、可以购买杂货和肉类的优惠券。但是，纽约慈善组织协会给捐赠者的回信显示，至少该协会已经用这些优惠券在指定的肉店购买了大量的肉类，但也在布鲁明戴尔百货公司（Bloomingdales）为这些受助家庭购买了床和衣服。

① Dunn, "The Supervision of the Spending of Money in Social Case Work," p. 9; Emil Frankel, *Poor Relief in Pennsylvania*, Commonwealth of Pennsylvania, Department of Welfare, Bulletin 21 (1925), p. 61; Ben B. Lindsey, "The Mother's Compensation Law of Colorado," Survey 29 (February 15, 1913), reprinted in Edna D. Bullock, *Selected Articles on Mothers' Pensions*, Debates' Handbook Series (New York: H. W. Wilson Co., 1915), p. 18. 亦可参见 *Public Outdoor Relief: An Inquiry into the Administration of Public Outdoor Relief in Dutchess County, New York, for the Three-Year Period, October 1, 1910 to September 30, 1913* (New York: State Charities Aid Association, 1913), pp. 14-15.

形式转变。处于紧要关头的是对贫困专家的一个新的根本性挑战：使穷人能够胜任20世纪消费社会的参与者这一角色。回想20世纪的最初20年，理性化消费及其观念的范围极速地扩展。消费主义对慈善实践也有着强烈的影响。贫困家庭也需要学会如何做出明智的选择，"利用（他们的）收入达至最佳的可能结果"。正如一位专家所言，社会工作者肩负着调整现代社会中需要依靠的家庭以使其适应"经济环境"的任务。相比于赚钱的技巧，这一任务现在更为强调对"花钱的艺术"的"科学训练"，因为"今天赚钱……不一定要求很多的技能或智力"。"现代的生产方式"，专家解释说，"已经在市场之上强加了如此繁复的条款"，以至于"那些花钱的人经常需要练习如何做出最细致的判断"。①

但是没有金钱，教育消费者的任务是不可能完成的。"如果家庭没有借助相关经验被教授如何管理其财务"，温斯洛问道，"那家庭还怎么学习？"② 在一个倡导自由消费选择的民主原则的

---

① Letter from Emma Winslow to Frederic Almy, Secretary of the Buffalo Charity Organization Society, March 22, 1917. 温斯洛的信是就3月16日阿尔米的信的回信，阿尔米信中对温斯洛1916年10月14日在《调查》(*Survey*)上的文章中支持现金救济表示赞赏。在她的信中，温斯洛特别提到她已经收到另一些支持其观点的信件；letter on file at the CSS Papers, Box 130, Rare Book and Manuscript Library, Columbia University; Emma H. Winslow, *Budget Planning in Social Case Work*, Committee on Home Economics, New York Charity Organization Society, Bulletin No.3 (1919), p. 30; Dunn, *The Supervision of the Spending of Money*, p. 10.

② Winslow, "Food, Shelter, Clothing," p. 46. 趋向现金救济的一股类似潮流发生在世纪之交的德国；到1918年，所有家庭救济中有85%都是现金形式。（转下页）

社会中，使金钱远离穷人或替他们花钱的策略成了一个时代错误（anachronism）。专业的社会工作者因而开始将危险的现金转换为一种具有治疗意义的现代货币。

解放现金

做出恰当的消费选择并不仅仅是一个经济挑战。正如雪城大学的社会学教授詹姆斯·哈密尔顿1899年在《经济学季刊》上生动地解释道的，"今天，个体在花销中发现他自己、意识到他自己"。自从生产过程变得"去个体化"，哈密尔顿论述道，当代工匠"必须展现他在花钱方面的特点"。这就是为什么，在20世纪20年代，理论家们坚持认为消费者应当具有"选择的权力"。事实上，消费的自由被著名消费经济学家黑兹尔·基尔克认为是"一条如同良知的自由的稳固原则"。消费自由甚至改善了消费的质量，因而，任何类型的权威规则都违反了"选择物质生活的工具"的基本权利。受到规则制约的消费，基尔克解释道，将个体化的选择降低为一种"类似于喂养、穿衣、逗乐的方法，就像对待一个家庭中的孩子，一支军队中的士兵，或

（接上页）当然，官方还是强调要带着"教育"目的利用现金救济；参见 George Steinmetz, *Regulating the Social: The Welfare State and Local Politics in Imperial Germany* (Princeton: Princeton University Press, 1993), pp. 157-63. 斯坦梅茨（Steinmetz）认为德国的贫困救济是以性别来区分的；女性相比男性更可能获得实物救助（p. 165）。

者一座感化院中的被收容者那样"。①

这种消费主义的意识形态渗透到了慈善工作者的修辞当中。穷人也被授权而成为物品的"选择者",而不仅仅是消极的使用者。早在 1902 年,约瑟夫·李就提议慈善机构应该"鼓励人们将他们的花费变成一种……真实个性的表达",而"不仅仅是无条理地花钱"。社会工作的新词汇日益强调"聪明选择"的重要性;而"铺张"和"浪费",甚至是堕落的饮酒"狂欢"等词语,开始听起来像布满灰尘的 19 世纪的时代错误。避免罪恶的花费已经不再足够;在新的消费主义术语中,穷人不得不开始学习"聪明购买的生意"。②

实物救济阻止了消费者的选择。对于批评者来说,"一堆过时的半新衣服"必然扼杀了一部分接收者的独立性或主动性。尽管更自由的杂货店订单允许穷人以某些方式任意购买所需,但订单仍然限制了选择。温斯洛宣称,食物订单至多是一个"权宜之计",仅在紧急情况下才能被接受。无论如何,只要社会工作者像代买者一样提供服务,穷人就还是被边缘化的消费者,他们通过救济商品获得温饱,但没有机会真正去消费。更为糟糕的是,由于只能在指定的商店购买物品,他们被训练成了没有能力购物,对价格漠不关心,无法计划他们自己的生活

---

① James H. Hamilton, "The Educational Aspects of Saving," *Quarterly Journal of Economics* 13 (1899): 49; Hazel Kyrk, *A Theory of Consumption* (Boston: Houghton Mifflin, 1923), pp. 28, 290, 40.

② Hazel Kyrk, *A Theory of Consumption*, p. 131; Joseph Lee, *Constructive and Preventive Philanthropy* (New York: Macmillan Co., 1902), p. 21; Winslow, "Food, Shelter, and Clothing," p. 45.

必需的人。甚至节俭体系（thrift systems）也开始根据新的消费主义标准展开评判。早在1899年，为穷人购买折扣商品的燃料或鞋子俱乐部就被断言是一种低于储蓄的劣等形式，因为其鼓励储蓄者"不要随便花钱，而要把钱花在刀刃上"。①

唯有金钱才能通过将他或她转变为一个普通的消费者这一方式而解放"慈善消费者"。毕竟，一美元并未承载有关差异的明显污名，亦没有携带明显的市场约束。现金补贴使得一个家庭有机会"处理金钱，认识到金钱的价值和它的购买力"。艾玛·温斯洛主张说，"让家庭去购买，与不同的人做交易，光顾不同的商店，搜寻便宜的商品，管理每天两美元的收入，这些会帮他们发展出精明、判断力和品味"②。

值得注意的是，金钱给予了人们选择的权力，将购买最普通的商品转变成了自我提升的交易。以服饰为例。倘若由穷人

---

① Joanna C. Colcord, "Relief," *The Family* 4 (March 1923): 14; "How to Live on 24 Cents a Day," p. 598; Mary Willcox Brown, *The Development of Thrift* (New York: Macmillan Co., 1899), p. 67. 亦可参见 Dunn, *The Supervision of the Spending of Money in Social Case Work*, p. 6.

② Dunn, *The Supervision of the Spending of Money in Social Case Work*, p. 8; Winslow, "Food, Shelter, and Clothing," p. 45. 有一种论调认为，"协会购买东西会比把钱给家庭更便宜"，温斯洛一个研究的证据反驳了这一论调，该研究考察了500份食物订单，显示家庭购买东西与社工购买的东西一样便宜。然而，即使慈善组织利用批发价购买到更便宜的东西，购物中所隐含的教育意义却丢失了。温斯洛坚持认为，社会工作的"首要兴趣""应该是拯救家庭而非省钱"。亦可参见 Helen W. Hanchette, "Family Budget Planning," *Proceedings of the Forty-Sixth Annual Session of the National Conference of Social Work* (1919), pp. 410-11. 弗兰克尔（Frankel）使用了"慈善消费者"这一概念，*Poor Relief in Pennsylvania*, p. 69.

来选择，衣服便成为一种"自我表达的工具"。支付租金起到了训练远见的作用；对温斯洛而言，能够支付租金给房东的确是一种"特权"。所以，不同于食品或衣物等礼物，给穷人现金作为圣诞礼物也将对接收者的捐赠转换为"自我表达的机会"。毕竟，所有支持礼物形式的现金赠予的人都解释说，圣诞节的"高潮""并不是随着晚餐到来，而是伴随着购物到来"。①

金钱也将教会穷人的孩子如何购买。实际上，对于将需要获得依靠的孩子机构化的做法，世纪之交的改革者持批评的态度，而作为这种批评的一部分，他们谴责慈善机构制造了弱智的消费者；著名的社会工作者、纽约慈善组织协会的总干事爱德华·迪瓦恩认为，"机构的孩子"从未认识到金钱的价值，"因为购物是由机构的负责人完成的"。② 只有家庭才能恰当地训练孩子。慈善专家推荐给没有生活来源的家庭发放补贴，这其中包括每周给孩子的几美分的零花钱。③

---

① Winslow, "Food, Shelter, and Clothing," p. 45; "Do Your Christmas Planning Early," pp. 238-39.

② Edward T. Devine, *The Principles of Relief* (New York: Macmillan Co., 1904), p. 117. 亦可参见 Amos G. Warner, *American Charities* (New York: Thomas Y. Crowell, [1894]1908), p. 282; Homer Folks, "Why Should Dependent Children Be Reared in Families Rather than in Institutions," *The Charities Review* 5 (January 1896): 142; R. R. Reeder, "The Dangers of Institutional Life," *Delineator* 75 (January 1910): 115.

③ 参见 Dunn, *The Supervision of the Spending of Money in Social Case Work*, pp. 19-20; Thomas J. Riley, "Teaching Household Management," The Family 3 (March 1922), p. 16. 显然，20世纪20年代早期由美国儿童局所做的一项有关10个儿童安置机构的调查发现，一半的机构已经设立了一个政策，即在寄养家庭中的儿童"应当拥有一小笔零花钱，但零花钱的具体数目必须说明"。（转下页）

不称职的花钱者

有关消费主义的民主修辞掩盖了一个极具局限性的假设。慈善专家赞扬家庭的独立性,并为选择的自由而喝彩,但同样地,他们仍然假定穷人是不称职的消费者,不能做出正确的选择。爱德华·迪瓦恩相信,穷人的许多麻烦并非由于缺少金钱,而是因为"愚蠢地使用收入"。①

20世纪早期的社会工作者所谓的穷人"粗心大意"的选择是什么意思?随着对贫困的道德分类的退潮,穷人在财务上的不称职日益被归咎于他们技能的拙劣而不是道德的沦丧;穷人只是不知道如何花钱,买什么东西,什么时候买,到哪里买,或者如何支付、何时支付。因而,阿莫斯·华纳(Amos Warner)早期的分析认为,穷人没有能力"在普通的日常生活买卖事务中做出明智的判断"。华纳注意到,这更多的是"纯粹的粗心大意",而不是一个"奢侈"问题。②

社会工作者抱怨说,穷人甚至没有能力恰当地选择他们自己的食物。在1901年的全国慈善与修正会议上,来自纽约的弗

(接上页)参见 Viviana A. Zelizer, *Pricing the Priceless Child* (New York: Basic Books, 1987), p. 183.

① Edward T. Devine, *The Practice of Charity* (New York: Dodd, Mead & Company, [1901]1909), p. 77.

② Dunn, *The Supervision of the Spending of Money in Social Case Work*, p. 14; Warner, *American Charities*, p. 90.

兰克·塔克先生告诉他的同事,虽然他同意"以货币形式给予物质救济,并允许家庭花销",但是他自己对贫困家庭的研究表明,穷人缺乏"储蓄或购物的能力"。例如,他所在机构的救济主管已经试图从一个受限定的食品订单系统——在这个系统中,探访者为每一个家庭具体指定了食品的种类和所需数量——转变到一个更为随意的安排方式,由家庭自己选择他们的购买项目。但是此时,家庭选择了奢侈品(茶、咖啡、糖、黄油)而非必需品。面对这样的"无知",机构不得不又恢复了有限制的食品订单的使用。大约 20 年后,对技能不称职的关注仍旧持续存在。以约翰·路易斯·基林(John Lewis Gillin)有关贫困和依赖的教科书中对"不明智的花费"的讨论为例。基林是威斯康辛大学的社会学教授,曾经还是个社会工作者。对他而言,贫困似乎是不知道"如何聪明地购物……应该在房租、食物、衣服、娱乐等方面大致花费多少钱"的结果。①

对穷人消费技能的这种担忧使得公共和私人的现金救济的议程都变得更加复杂。甚至是由寡妇抚恤金所提供的按月发放的大约 23 美元的生活费,卡尔·克里斯蒂安·卡斯滕斯(Carl Christian Carstens),这位著名的社会工作者和抚恤金计划的批评者警告说,都带来了"鲁莽或愚蠢花钱……的诱惑"。毕竟,

---

① Robert Tucker, "Discussion of Needy Families," *Proceedings of the Twenty-Eighth Annual Session of the National Conference of Charities and Correction* (1901), pp. 374-375; John Lewis Gillin, *Poverty and Dependency* (New York: Century Co., 1921), pp. 83-84. 基林是 1926 年美国社会学协会(American Sociological Society)第 16 届主席;Howard W. Odum, *American Sociology* (New York: Longmans, Green and Co., 1951), p. 135.

正如一位发言者在 1911 年的全国慈善与修正会议上所指出的，如果穷人没有能力"把一美元花得有价值"，那他们又如何能够打理救济他们的金钱呢？他们的家庭财务经常被旧式的、有时候甚至是国外的"传统和迷信"所规制，什么东西能够防止现金的接收者重新创造出标记金钱的原始的、无效的或者格格不入的系统呢？①

许多担心都聚焦在贫穷的妇女身上，尤其是女性移民。正如我们在家庭开支中所观察到的，如果妇女是用于消费的金钱的指定监护人，她们就需要合适的技能。专家解释说，作为"消费的负责人"，妻子有责任做出正确的"市场选择"，仔细地使消费远离"不健康的界限"。尽管中上阶层的妇女在"美好生活"中成长，她们可以通过阅读书籍或参加课程学习相关知识，但家庭管理专家依然担心那些"愚蠢的、甚少接受良好训练"的贫困的家庭主妇没法获得相关信息，而她们很可能就是现金救济的接收者。②

弗洛伦斯·奈斯比特是一位一流的社会工作者，她供职于芝加哥未成年人法庭的母亲抚恤金部门。对她来说，萨门斯基

---

① C. C. Carstens, "Public Pensions to Widows with Children," Survey 29 (January 4, 1913), reprinted in Bullock, *Selected Articles on Mothers' Pensions*, p. 164; Robert Biggs in *Proceedings of the Thirty-Eighth Annual Meeting of the National Conference of Charities and Correction* (1911), p. 297; Florence Nesbitt, *Household Management* (New York: Russell Sage Foundation, 1918), p. 20.

② Kyrk, *A Theory of Consumption*, p. 20; James H. Hamilton, *Savings and Savings Institutions* (New York: Macmillan Co., 1902), p. 177; Nesbitt, *Household Management*, pp. 13, 15.

夫人的经历就为我们提供了一个极好的案例。萨门斯基夫人并没有用来自母亲抚恤金的第一个月的收入为她自己和三个孩子购买食物、衣服，或者寻找更好的住处，而是为孩子们购买了白色的鞋子、长筒袜和连衣裙。接下来的一个月，萨门斯基夫人又买了"一条昂贵而明亮的彩色地毯铺在了客厅"。奈斯比特问道，鉴于"她没有任何经验或训练，使得她无法做出聪明的判断"，那么她做出糟糕的选择有什么可奇怪的呢？显然，一位慈善工作的专家总结道，"让一些受过训练的人去监督这些家庭的花销，这种需要是急迫的和非常确定的"。[①]

　　社会工作者已经为介入做好了准备。的确，穷人在管理上的不称职为社会工作者积极地干预案主的家庭经济提供了一个完美的借口。尽管已经有关于贫困的新环境理论问世，但恢复私人经济要比扰乱公共市场简单得多。社会工作者这一职业刚问世不久，但他们要求有专家的地位，通过促成他们找到专业化的个案工作技能，教授家庭财务对他们的这一要求起到了支撑作用。在1911年的全国慈善与修正会议中，一位发言人声称一个"谨慎的社会工作者"会向穷人展示"如何用1美元做到用1.5美元或者2美元才能做到的事情"。迪瓦恩建议，比充分利用美元更为重要的是，专家的建议会重塑消费模式，"以善用收入取代粗心、懒惰和无知"。甚至艾玛·温斯洛也依然坚持认为家庭"有购买的乐趣"，认为对于他们购买行为的"一种编辑

[①] Ibid., pp. 18-19; Dunn, *The Supervision of the Spending of Money in Social Case Work*, p. 11.

的判断"（editorial judgement）"能够为家庭的经济知识提供大量的帮助"。①

在20世纪的最初几十年中，社会工作者为我们提供了比编辑的评论更多的资料，因为他们与家政学家合作，密切追踪并记录了案主的消费生活。起初，慈善组织协会依靠探访家庭主妇来帮助穷人购物。然而，1910年之后，许多协会，例如纽约慈善组织协会或克利夫兰联合慈善会，都建立了独立的家庭经济部门，正式地将消费的专门知识整合到了社会工作的实践当中。

生活标准调查显示，家政学家采用科学的个案工作的预算数据和家庭效率的技能，使无生活来源的家庭恢复了正常的生活。当然，从19世纪的最后25年开始，对生活标准感兴趣的权威部门就已经开始收集有关工人阶级家庭预算的系统信息。他们的调查目标是记录、了解以及也许普遍地影响消费模式，而家政学家则在帮助他们对所研究对象的生活进行直接的干预。有关预算的统计数据被转化为一份非常具体的具有治疗意义的项目，家政学家帮助个案社会工作者们重塑案主的家庭经济，向没有生活来源的家庭展示"如何才能用钱买到最多的东西，多少钱应该被用于购买食物，多少钱应该被用于购买衣服，多

---

① Biggs, *National Conference of Charities and Correction* (1911), p. 297; Devine, *The Practice of Charity*, p. 77; Winslow, "Food, Shelter, and Clothing," p. 45. 有关社会工作的专业化，参见 Roy Lubove, *The Professional Altruist* (New York: Atheneum, 1973); 关于社会工作者放弃社会改革的情况，参见 Michael Katz, *In the Shadow of the Poorhouse* (New York: Basic Books, 1986), pp. 165-67.

少钱应该被用于支付租金，多少钱应该被用于消遣，以及多少钱应该被存起来"。①

一开始，社会工作者公开且强烈地指责母亲抚恤金是不合法的，这是公共部门对私人救济这一专业领域的一种危险的侵入，但到20世纪20年代，他们已经被吸纳到了体系内，这一体系需要他们用个案社会工作方面的专业知识来控制母亲以及她们的孩子所花费的公共钱财。② 在20世纪20年代之后，精神病学背景的社会工作者接受了相关训练，他们不仅要处理穷人花钱技能是否称职的问题，而且要应对穷人更为主观的、心理

---

① Riley, "Teaching Household Management," p. 14. 关于工人阶级家庭预算的研究，参见 Daniel Horowitz, The Morality of Spending (Baltimore, Maryland: Johns Hopkins University Press, 1985)。关于家政学家与慈善组织协会的合作，参见 Winifred S. Gibbs, "The Development of Home Economics in Social Work," The Journal of Home Economics (February 1916):68-74; Dunn, The Supervision of the Spending of Money in Social Case Work, pp. 69-70; Benjamin R. Andrews, Economics of the Household (New York: Macmillan Co., 1924), pp. 119-20; Watson, The Charity Organization Movement, p. 412.1917年，在全国慈善与修正会议上，一群家政学家和社会工作者一起讨论家政学和社会工作两个领域的关系；参见 report on "Relationship Between Home Economics and Social Work" (1919), and Emma Winslow, "Report of Home Economics Discussions at the National Conferences of Charities and Correction," both on file at the CSS Papers, Box 130, Rare Book and Manuscript Library, Columbia University。温斯洛是美国家政学联合会社会工作委员会（the Social Work Committee of the American Home Economics Association）的主席。

② Mark H. Leff, "Consensus for Reform: The Mothers' Pension Movement in the Progressive Era," Social Services Review 47 (September, 1973):402; Theda Skocpol, Protecting Soldiers and Mothers (Cambridge, Mass.: Harvard University Press, 1992), p. 468.

上的不称职问题。

然而，不称职并不能用一种完全可兑换的、自由流通的货币来应对。社会工作者反对这样一种论调，即"只要把每周的补贴移交给贫困家庭，让其担负起聪明地花钱的责任，情况就会变得更好"；他们回应说，只有细致的个案工作才能把美元补贴变成"富有建设性"的金钱。① 因而，现代社会工作者所面临的挑战是为他们的案主精心制造某种"正确"的具有治疗意义的金钱。

这并不是一项简单的任务。只要慈善工作者提供这种帮助，他们就扮演了无经济来源家庭的消费的代理"负责人"的角色。然而，现在什么样的货币能够担负起这项关键的任务，从而将不称职的消费者转变成谨慎的花钱人呢？

界定慈善现金

在专业社会工作者的新观念中，19世纪的"失业救济金"（dole）和"救济品"（alm）必须被淘汰；由于这些是随意提供的，这种感情用事的金钱无法承载道德标记，也没法给予穷人花销方面的教训。在他们看来，慈善现金也不能以工资的形式提供，在花费方面不能毫无限制。将救济当作日常赚取的收入，事实上意味着认可接收者在花钱方面的能力。爱德华·迪瓦恩

---

① Riley, "Teaching Household Management," p. 14.

试图寻求一个恰当的差别，他论述说，救济并不打算成为"工资的替代"，而是"当无法赚取工资收入时……为了供应日常所需的必要收入"。①

简·亚当斯是芝加哥的赫尔社（Hull House）的重要创立者。对她来说，此种审慎的界限划分是没有必要的；只要使"给予救济金的方式足够友好"，正确的慈善金钱种类就能被非常轻易地创造出来。在1897年的全国慈善与修正会议上，亚当斯——以一个贫民区社会改良团体的工作人员对穷人典型的、更有信心的观点——向慈善机构的组织者保证说，毕竟，金钱"与生命的剩余部分没什么差别"。只要捐赠者的感情是真实的，友善和仁慈就会把金钱"转变为"一种捐助，就如同一双鞋子或一些汤一样安全。②

然而，传统的慈善机构的组织者却很少对此持乐观态度；对他们来说，创造一种给穷人的恰当的通货不是出于感情用事，而是来自于努力工作。玛丽·里士满，这位一流的社会工作专家警告说，如果"没有计划、不带目的"地给予救济，"会伤害最值得救济的接收者"。1911年，当弗里德里克·阿尔米提议货币形式的救济能够像"善的建议"一样"具有灵性"（spiritual）时，他的意思是"救济加上计划"。对阿尔米而言，新的现金抚恤金只有在作为理性的教育项目的一部分时才会是有效的。迪

---

① Edward T. Devine, *The Principles of Relief* (New York: Macmillan Co., 1904), p. 24.
② Jane Addams, "Social Settlements," *Proceedings of the Twenty-Fourth National Conference of Charities and Correction* (1897), pp. 345-46.

瓦恩同意，慈善的每一美元"都应该具有建设性"。①

母亲抚恤金运动的领导人都决心为寡妇及他们没有经济来源的孩子打造一种新的进步的通货。他们反对社会工作者的谴责，这种谴责认为"无论名称叫什么，公共资金支付给母亲的金钱就是公共救济的慈善"；而母亲抚恤金运动的领导人则反驳说，公共抚恤金并不仅仅是一个附加在旧式失业救济金上的新标签。1914年的纽约州寡居母亲救济委员会报告显示，不同之处在于这种形式的救济设计了"在建设性地使穷人恢复正常生活方面的新标准"，以改善家庭、保护孩子。②

母亲抚恤金被划归入一个值得尊敬的母亲收入的新范畴，很像"州或国家发给士兵、海员或其他人的款项，因为他们已经提供了社会服务"。当然，在一个儿童劳动日益被视为剥削的时代，相比于孩子的工资，给母亲的抚恤金是一种更好的形式的金钱。以每周给予家庭一定数量的金钱取代孩子们的劳动收入，这甚至是对私人发放的、为了鼓励孩子上学的"学校奖学金"的一种改进。不过，使奖学金的数额与孩子过去的收入相等的做法玷污了金钱，因为奖学金仍然被界定为孩子的而非父母的收入。③

---

① Mary Richmond, *Friendly Visiting Among the Poor* (New York: Macmillan Co. [1899]1907), p. 154; Frederic Almy, "Constructive Relief," *The Survey* 27 (November 25, 1911): 1265; Devine, *The Practice of Charity*, p. 166.

② Edward T. Devine, "Pensions for Mothers," *The Survey* 30 (July 5, 1913):458; *Report of the New York State Commission*, p. 113.

③ "The Needy Mother and the Neglected Child," *Outlook* 104 (July 7, 1913), in Bullock, *Selected Articles on Mothers' Pensions*, p. 27. 有关"学校奖学金"，（转下页）

5 附带条件的:慈善现金的标记 | 253

  母亲抚恤金的倡导者坚持认为在为穷人设计恰当的收入方面,公共机构比私人慈善组织更有资格。威廉·哈德曾经是一位贫民区社会改良团体的工作人员,他在流行杂志《描绘者》的专栏中表示支持母亲抚恤金这项事业。虽然在过去,州"甚至不能在管理货币(mints)的同时而不使货币(coinage)贬值",但仍然很少有人会继续支持私营的货币。① 由私人制造的慈善货币所遭遇的也是类似的情况。讽刺的是,虽然公共资金和私人现金这两种救济方式看起来是不可调和的竞争关系,但二者最终汇流到了一起,变成了一种简单的货币范畴,这种范畴不同于 19 世纪杂乱无章的失业救济金;尽管母亲抚恤金和购买服务经常被相提并论,但抚恤金明显不同于工资。在社会保险支付出现之后,抚恤金也没有成为潮流;尽管救济金不断地朝着一种政府补贴制(entitlement)发展,但这些救济金的限制更多。事实上,当基本意识到一种社会保险项目的可能性时,哈德谴责了保险支付的概念,因为其缺乏恰当的监管,从而允许寡妇

  (接上页)参见 Fred S. Hall, "Scholarships for Working Children," *Charities and the Commons* 21 (November 14, 1908): 279-82。然而,对母亲抚恤金的批评意见认为,抚恤金实际上在孩子的生活中制造了一种不正当的财务利益,因为它将一个孩子变成了其母亲的"利益的一个可能来源";参见"A Serious Step Backward" memorandum, *New York Charity Organization Society*, (c. 1912), on file at the CSS Papers, Box 188, *Rare Book and Manuscript Library*, Columbia University; Mary Richmond, "Motherhood and Pensions," Survey 29 (March 1, 1913): 775.

① William Hard, "General Discussion," *American Labor Legislation Review* 3 (June 1913), in Bullock, *Selected Articles on Mothers' Pensions*, p. 105.

"随心所欲地花掉她的保险补贴"。① 抚恤金——其由每周或每月定期的货币支付所构成,这种支付是长期的,而所支付的这些补助金是小额的、详细规定的、且有预算限制——不像失业救济金,不像工资,也不像社会保险,它只有在接受了细心的调查之后才能得到,而且接受完全的监管,倘若接收者无法满足期望的标准,做出恰当的行为,那么它很容易就会被撤销。

那么,这些新的慈善现金是什么样的金钱?抚恤金拒绝使用失业救济金、工资或保险这些模型,而是借用了中产阶级家庭经济的形式;或者更确切地说,抚恤金复制了妇女的家用开支货币的形式。考虑到公共抚恤金的大多数接收者,以及那些大量接收或至少管理私人现金补贴的人是妇女,慈善现金很容易被转换为家庭货币的一个特殊范畴:集体零花钱的类别。注意这个词:"补贴",它非常贴切地形容了中产阶级家庭主妇们所熟悉的收入。当然,抚恤金已经被正当化为一种有尊严的款项,因为发放给退伍军人的款项是极为成功的联邦项目。不过,抚恤金作为丧夫女人的替代性收入也具有悠久的传统。在大多数情况下,正是中产阶级妇女在使这个女性化的货币交易精英化;不仅妇女组织成为母亲抚恤金的最强有力的支持者,而且在监督公共和私人形式的现金救济的也主要是女性社会工作者。②

---

① William Hard, "The Moral Necessity of 'State Funds to Mothers'," *Survey* 29 (March 1, 1913), in Bullock, *Selected Articles on Mothers' Pensions*, p. 105.
② 关于退伍军人的抚恤金和妇女组织在塑造母亲抚恤金运动中的政治影响,参见 Skocpol, *Protecting Soldiers and Mothers*. 有关妇女现金抚恤金的早期例证,参见 the *Sixth Annual Report of the American National Red Cross* (Washinton, D.C.: Government Printing Office, 1911), pp. 20-22; Mary Richmond and Fred(转下页)

慈善货币的这种家庭模式为介入穷人的家庭经济提供了有力的支撑。家庭效率专家开展工作的基石是家庭预算,而借助这些专家所发展出来的技能,社会工作者将现金救济变成了一种精致的工具,并借此来改革穷人的货币标记体系。吊诡的是,通过给予现金,社会机构对穷人的消费选择的干预变得更为彻底、深刻和长久。

让我们仔细想一想社会工作者是如何利用慈善现金约束穷人对金钱的标记的。其中涉及两个基本技巧:第一,对接收者的限制,借此确保了现金补贴只在经过细致甄别的个体或家庭之间进行流通;第二,对现金救济使用的系统监督,一方面教育穷人合理花钱,另一方面则密切监控他们的钱是如何被花掉的。

(接上页) S. Hall, *A Study of Nine Hundred and Eighty-Five Widows* (New York: Russell Sage Foundation, 1913); Priscilla F. Clement, *Welfare and the Poor in the Nineteenth-Century City* (Cranbury, N.J.: Associated University Presses, 1985), p. 170; Michael B. Katz, *The Undeserving Poor* (New York: Pantheon, 1989), p. 67. 有关美国社会福利政策的性别差异的一般讨论,参见 Skocpol, *Protecting Soldiers and Mothers*; Mimi Abramowitz, *Regulating the Lives of Women* (Boston: South End Press, 1988); Barbara J. Nelson, "The Gender, Race, and Class Origins of Early Welfare Policy and the Welfare State: A Comparison of Workmen's Compensation and Mothers' Aid," in *Women, Politics, and Change*, eds. Louise A. Tilly and Patricia Gurin, (New York: Russell Sage Foundation, 1990), pp. 413-35; Sonya Michel and Seth Koven, "Womanly Duties: Maternalist Politics and the Origins of Welfare States in France, Germany, Great Britain, and the United States, 1880-1935," *American Historical Review* 97 (February 1992): 19-54; Wendy Sarvasy, "Beyond the Difference versus Equality Policy Debate: Postsuffrage Feminism, Citizenship, and the Quest for a Feminist Welfare State," *Signs* 17 (Winter 1992): 329-62.

配得上现金的人(The Cashworthy)

有关援助突发事件受害者的挑战提出了这样一个问题:谁可以被信任而给予现金?就在1871年灾难性的芝加哥大火后,芝加哥救济与援助协会在其一份异乎寻常的明确的政策声明中,解释了为什么现金救济正在取代实物救济。"许多值得救助的、诚实的、节俭的穷人",该协会1873年的年度报告解释说,"不应该被当作小偷和乞丐来对待"。①30年后,1899年,约翰城爆发毁灭性的大洪水,全州洪水救济委员会提议实施一个长期的计划,提供衣服和食物而非金钱以帮助幸存者;但当地的社区领袖强烈反对,这迫使委员会重新考虑其政策,并将计划改为发放50万美元的现金,且不附加任何条件。根据爱德华·迪瓦恩的解释,约翰城的代表承认"将建基于经验之上的熟练的技能细节和富裕的商人的结论应用到普通救济的申请者身上,这是荒谬的"。约翰城的长者们被说服,相信他们那些贫困的邻居完全有能力把救济现金恰当地花掉。

是什么使得提供金钱给那些突然堕入贫困的人比给普通的穷人更让人感觉到安全的呢?迪瓦恩解释说,这是一个品质问

---

① *Sixteenth Annual Report of the Chicago Relief and Aid Society* (December 31, 1873), p. 7. 该协会的新政策经常被后来现金救济的呼吁者所引用和赞赏,他们认为这一政策最早提及向有需要的人提供补助金。比如可参见 Joanna C. Colcord, *Cash Relief* (New York: Russell Sage Foudation, 1936), pp. 9-10.

题；勤劳而又节俭的突发事件的受害者能够被信任，他们有能力使用金钱而不受"任何贫困化或道德败坏的影响"。① 他们的不幸是暂时的，必定也是不情愿的。有些专家不同意这一观点，坚持认为即使在突发事件的受害者这一案例中，救济"也从不应该是金钱，而应该一直是与其等价的实物"；但迪瓦恩则坚持认为有关决定应取决于"被推荐的受益者的品质"。② 关键在于，不要把不道德的或不够格的穷人与值得以现金去救济的人相互混淆。

在 19 世纪，一个要求足够的道德能力的类似标准使得以下做法变得合理，即给予其他类别值得接收现金救济的人以偶尔的私人或公共的抚恤金——最有代表性的就是内战退伍老兵，但也包括经过甄选的寡妇、老年妇女、病人、盲人，以及大萧条时期的一些男性失业者。在所有这些案例中，捐赠者都已做好准备，假设接收者就像社区中的整合成员一样，通常具备道德能力以完成恰当的花销。美国红十字会在第一次世界大战期间针对应募入伍的士兵家庭的现金救济政策也是同样的情况。对于这些有需要的对象，红十字会的家庭服务部会向士兵、水手以及从事其他战争相关的服务的男人的亲属提供应对突发事件的现金补助或常规的补贴。《红十字会家庭服务手册》解释说，除了极少数不值得信任的接收者应该被予以食物和衣服的帮助外，现金对应募入伍的士兵家庭来说是一种"可靠的帮助形式"。根据这一手册，"当一个家庭一直在支付其账单时"，"这

---

① Devine, *The Principles of Relief*, p. 466.
② Frederick Howard Wins, "The Flood at Shawneetown," *The Charities Review* 8 (June 1898): 180; Devine, *The Principles of Relief*, p. 465.

个家庭就不应该因为要向当地的商人展示自己的救济订单而遭受羞辱"。最重要的是，这些家庭都有获取支持的"道德声明"，他们已经"派出了家庭的顶梁柱和保护人去服务于我们的国家"。①

然而，由于20世纪早期对救济的消费主义定义占据上风，所以"是否配得上现金救济"（cashworthiness）就不仅仅是一个道德品行（moral fiber）的问题，还是一个实际能力的问题。如果缺乏消费技能，那么即使有道德上的正当性，接收者也不知道如何恰当地处理现金。而且，不同于道德品质，消费能力能够通过金钱来培养；的确，这种具有治疗意义的新的物质援助概念意味着如果分配得当，那么现金就能帮助穷人恢复正常生活。一位专家说，花钱能够帮助穷人变得"节俭、深谋远虑和积极主动"。②

即便如此，现金也并未被允许自由流通。例如，纽约慈善组织协会仅在仔细检查之后才会选择一个"补贴家庭"，尤其是移民家庭，只有"家庭足够符合标准，或者能够被提高到足够程度……金钱才会真的以设计好的目标被花掉"。③ 识别接收者是否可以被训练的一个关键标准是母亲的花钱技能。例如，芝加哥联合慈善会只在当一个妇女"在花销方面是明智的，或者能够被训练得审慎"时，才会给予她现金。另一方面，如果母

---

① *The American Red Cross: Manual of Home Services*, 2d. ed. (Washington, D.C.: Department of Civilian Relief, December 1917), pp. 30, 6, 12. 亦可参见 Foster R. Dulles, *The American Red Cross: A History* (New York: Harper & Brothers, 1950), pp. 165-68.
② Dunn, *The Supervision of the Spending of Money in Social Case Work*, p. 8.
③ Colcord, "Relief," p. 14.

亲的"智力如此低下",以至于其无法"在购物方面得到训练",那么专家会推荐给她发放实物形式的救济。①

母亲抚恤金同样具有选择性。正如历史学家们所展示的,尽管公共抚恤金真的显著改善了许多母亲的福利,但这个项目依然会仔细地区分值得现金救济与不值得现金救济的寡妇。大多数接收者的确是寡妇,而非被遗弃的女人、离婚妇女或单身妈妈,而且多数是白人;有两个州限定接收者必须是美国公民。②正如私人救济一样,母亲们必须证明自己有"入门级"的花钱能力,才有资格获得现金抚恤金。一项对伊利诺伊州母亲抚恤金管理的重要研究说明,这个项目只为那些"被信任能够做出合理明智的花费"的妇女提供救济。检验寡妇是否配得上现金救济的一个方法就是要求那些已经获得保险金的人说明她们的具体花销。伊利诺伊州的报告承认"让任何一个已经把钱以愚蠢的方式花掉的人说明其具体花销,这并不容易",而且的确,许多妇女抱怨这样的说明是"对她们私人事务的一种不必要的窥探";然而,调查委员会要求获取这些信息,以"判断(一个妇女)是否有能力聪明地花钱"。③

---

① Emma A. Winslow, *Report of Study of Family Budgets in Relation to Family Case Work*, Pt. 1, p. 15; Dunn, *The Supervision of the Spending of Money in Social Case Work*, p. 9.

② Leff, "Consensus for Reform," pp. 401, 414; Michael B. Katz, *In the Shadow of the Poorhouse* (New York: Basic Books, 1986), pp. 128-29.

③ Edith Abbott and Sophonisba P. Breckinridge, *The Administration of the Aid-to-Mothers Law in Illinois*, U.S. Department of Labor, Children's Bureau Publication no. 82 (Washington, D.C.: Government Printing Office, 1921), pp. 28, 20-21.

于是，新的配得上现金救济的穷人部分地是根据足够的消费者"性情"（disposition）而被选中的；现金救济将发挥作用，将他们转变为完全称职的花钱者。如果控制细致，那么抚恤金就会被预期能使寡妇变得如同约翰城洪水幸存者一样称职。并不是说道德品质突然变得无关紧要。实际上，为了有资格获得一份寡妇抚恤金，母亲必须成为"一个像样的人，在身体、心理和道德等方面都适于养育她的孩子"。① 花钱方面的能力因而仍旧带有道德上的关注；明智地购物也意味着选择道德上正确的东西。1914 年，纽约改善穷人状况联合会对抚恤金项目的一项研究显示，一位母亲"明智地……花钱的能力"确实很大程度上取决于必要的知识："没有知识的爱……意味着给孩子喂食的会是小圆面包、腌菜和咖啡"。缺乏道德能力的知识则不可能保证可靠的花销；这个报告建议，某些母亲"或许会被引诱为了在穿着打扮或休闲娱乐方面花费更多而削减花在食物方面的钱"。至于公共母亲抚恤金，调查者会核查申请者是否把钱用来购买了"令人陶醉的烈性酒"或香烟。如果某一位母亲不能保持恰当的家庭标准，那么她的抚恤金就可能被撤销。②

然而，把现金转变为一种训练消费者的有效工具是需要时

---

① U.S. Department of Labor, *Laws Relating to "Mothers' Pensions" in the United States, Denmark, and New Zealand*, Children's Bureau Publication no. 7 (Washington, D.C.: Government Printing Office, 1914), p. 22.

② William H. Matthews, "Widows' Families, Pensioned and Otherwise," *Survey* 32 (June 6, 1914), in Bullock, *Selected Articles on Mothers' Pensions*, p. 49; *Laws Relating to "Mothers' Pensions"*, p. 43; Abbott and Breckinridge, *The Administration of the Aid-to-Mothers Law*, pp. 39-40.

间的。为了改变对临时的现金救济的长久偏爱,从而减少人们对救济的依赖,专家们现在明确推荐给案主发放货币形式的救济,而且"需要进行长时间的救助"。依靠与此观点一致的指引,现金救助疗法将创造出一个独立的、拥有良好技术的消费者。这是一个带有讽刺意味的转折,即指导意味较弱的食品订单现在降格为一种"应对突发事件的措施"。①

不过,仅靠时间并不能够纠正个案工作者所谓的"花销方面的缺陷"。接收者需要个性化的、持续的和无所不在的指导,以成为称职的消费者。柯尔克德(Colcord)主张,只有"细致监管下的现金补贴",才能在"家庭管理和个体预算计划"方面为案主提供足够的训练。②那么,社会工作者是如何利用现金救济塑造对穷人的金钱的标记的呢?

教育(穷人)如何花钱

1916年,纽约慈善组织发起了一场新颖别致的"教育运动",目的是教育贫困家庭如何恰当地花费他们的钱财。美国家庭经济联合会预算委员会准备了一本特别的家庭账目记录本。慈善机构将这个记录本分发给每一户接收常规补贴的家庭。通

---

① Dunn, *The Supervision of the Spending of Money in Social Case Work*, p. 9; "How to Live on 24 Cents a Day," p. 598.
② Dunn, *The Supervision of the Spending of Money in Social Case Work*, p. 64; Colcord, "Relief," p. 14.

过详细记录家庭的不同花销而形成每周的订单，家庭主妇们就会发现"在她的预算中，她的每一项支出是多少"，进而在社会工作者的帮助下，她们会学会如何改善她们花钱的习惯。①

如果现金救济正在将无知的花钱者转变成称职的消费者，慈善货币就必须被导向中产阶级消费者的选择这一适当的方向。一份 1913 年的寡妇抚恤金报告显示，贫困家庭"不仅需要钱，而且需要如何花钱的建议"。社会工作者承认完成这一任务是困难的："花销习惯"极为根深蒂固，而且毕竟金钱的可替代性更强，因此，相比于食物或衣服，它更难控制。不过，专家们很快就明白了如果监管得当，慈善现金会带来一种意外的"教育契机"，由此"真正的价值"会取代"粗心大意"的选择。②

---

① "Accounting Made Easy," *Charity Organization Bulletin* no. 153 (December 6, 1916), p. 1; "Efficiency Book for Housekeeping; How Best to Use Income," on file at the CSS Papers, Box 130, Rare Book and Manuscript Library, Columbia University.

② Report of the Massachusetts Commission on the Support of Dependent Minor Children of Widowed Mothers (Boston: Wrights & Potter Printing Co., 1913), p. 150; Emma H. Winslow, Budget Planning in Social Case Work, Committee on Home Economics, The New York Charity Organization Society, Bulletin no.3 (September 1919), p. 31; Riley, "Teaching Household Management," p. 17; Dunn, *The Supervision of the Spending of Money in Social Case Work*, p. 14. 随着有关方面日益将消费者能力定义为一种可教育的技能，甚至实物形式的救济或杂货订单，即使这些是较现金来说的次优选择，也被转变为一种教育工具。例如，芝加哥联合慈善会就指派社会工作者帮助受助的家庭主妇，让他们为受助家庭购买食物，利用消费支出"讨论价格、食物价值以及指出真假经济的区别"；参见 Dunn, *The Supervision of the Spending of Money in Social Case Work*, p. 3. 亦可参见 Frankel, Poor Relief in Pennsylvania, pp. 67-8.

家庭预算成了改造消费者项目的核心。对于艾玛·温斯洛这位纽约慈善组织协会的家政学家和新记账系统的强有力的支持者而言，预算不仅通过揭示花费中的缺陷，也通过"指明补救的途径"，就如同一种"充满活力的力量，改善了花销"。温斯洛主张，预算计划"对于任何包含了重新调整花销习惯的教育工作"来说都是不可或缺的。① 于是，社会个案工作者根据家政学家的建议，仿照中产阶级家庭效率的技能，设立了一个精巧的货币记账系统。作为预算计划的一部分，接收现金救济的家庭被要求保留他们每日或每周花费的详细记录。社会工作者则会利用这些信息，准备一份切实可行的长期预算，以此来指引家庭的购物，同时这些记录也提供了一个"进一步指导的理由"。② 在预算中什么东西应该被包含在内，为了满足不同需要分别要花多少钱，甚至有时候还包括如何决定在适当的时机分别购买不同的东西，以上这些都是做出决定时必须关注的内容。

的确，19世纪"友好的探访者"与一分钱银行的收集者也经常建议穷人对金钱进行管理。但大约从1910年开始，社会工作者的预算方法将个人建议正式化和科层化，由此个人建议变成了印刷好的文件，记录了比过去穷人的货币生活要详细得多的信息。无论是简单的一张纸还是一张打印的记账表，通常以英文但偶尔也会以被救济家庭的母语呈现，多数由母亲草草记下，有时候则由丈夫或孩子记录，现金救济的接收者被期望解

---

① Winslow, *Budget Planning*, pp. 3-5.
② Gibbs, "The Development of Home Economics," p. 68.

释每一美元的去处,从花掉的金钱到购买食品的花销再到寄往国外的一封信的邮资。1914年,纽约改善穷人状况联合会的一份报告解释说,通过向他们的探访者宣传"有关补助金的花费方式的明确概念",家庭预算使得"一直……向家庭建议的改进购买的方式"的实现成为可能。①

随着私人机构也开始选择把救济方式从实物转变为现金,家庭更可能接受预算系统。母亲抚恤金的管理者依靠预算估计和账目塑造了一项合乎需要的救济政策。例如,在伊利诺伊州的库克郡,未成年法庭会正式教导那些新的接收者对他们的花销做"完整且精确的记录"。根据交给母亲的官方表格的解释,此种记账不仅仅是对花掉的金钱的说明,而且指引接收者"最聪明地使用资助"。在宾夕法尼亚州的阿勒格尼郡,所有的母亲均被要求"要么在零散的纸片上,要么在州办公室所提供的空白表格上"连续不断地"逐条记录每个月的家庭开支账目"。②这一点同其他管辖区域是一样的,管理者期望这些记录能够帮助改善妇女的家庭状况,提升妇女的消费技能。

---

① New York AICP, October 17, 1914, p. 3. On file at the CSS Papers, Rare Book and Manuscript Library, Columbia University. 红十字会的救济项目也采取了预算方法,并且向其工作人员推荐了家庭账目记录本,同样的记录本由美国家政学协会准备,并被慈善组织用于鼓励受助家庭记录和追踪他们的花费。Porter R. Lee and Karl de Schweinitz, *Home Service* (Washington, D.C.: The American Red Cross, Department of Civilian Relief, July 1917), pp. 52-59.

② Abbott and Breckinridge, *The Administration of the Aid-to-Mothers Law*, p. 25; Mary Bogue, *Administration of Mothers' Aid in Ten Localities*, U.S. Department of Labor, Children's Bureau Publication no. 184 (Washington, D.C.: Government Printing Office, 1928), pp. 73, 36.

但对预算的热情仅靠其教育的潜力就变得正当了吗？家庭经济领域的专家必定深信对所有社会阶层而言，"正常的"家庭生活取决于"合理的家庭经济"。而预算为理性的家庭管理提供了万无一失的钥匙。"任何教导妇女如何最有效地花销的企图"，都断定用一项"包含了预算应用的"有关花钱方式的调查以监督现金救济的花费。不过，当为现金救济做预算时，对花费的记录不仅仅是为了教导穷人如何花钱；救济的接收者是否在事实上对官方所认可的花费做了标记，这一行为也由于预算而变得正当化。一位现金救济的著名支持者认为，"要求家庭……对被给予的每周或每月的补贴……进行记账"，"以此为基础，通常能够阻止任何将用于特定目的的金钱存到银行的企图"。正如弗洛伦斯·奈斯比特所指出的，还有什么方法是能够比记账更好地获得有关"什么是已经靠金钱所取得的""毫不夸张的事实"的呢？①

确保一个寡妇的公共补贴"可以发挥其恰当的作用"，这是母亲抚恤金的管理者同样关注的问题。尽管呼吁者声称公共抚恤金不同于私人慈善，它将聚焦于指导而非监管，但大多数司法部门还是会经常派遣调查员上门检查。的确，在一些地方，一年当中家庭只会被探访几次；但在许多情况下，探访是每月甚至每周都有的。例如，伊利诺伊州库克郡的监督办公室大约每月探访接收抚恤金的家庭一次，以检查"抚恤金收入是否已

---

① Andrew, *Economics of the Household*, p. 120; Dunn, *The Supervision of the Spending of Money in Social Case Work*, p. 11; Colcord, "Relief," p. 14; Nesbitt, *Household Management*, pp. 59-60.

尽可能被利用"。① 虽然母亲们被告知这一账目"并非是一种刺探",以消除她们的疑虑,但对她们的金钱的监督影响深远,有时候甚至已经扩展到了未被囊括在预算之内的圣诞节的礼物形式的金钱。

发放给穷人的假日现金实际上制造了平行但却迥异的另一组问题,这些问题来自家庭或商业中的金钱馈赠。随着旧式的慈善失业救助金——很像家庭主妇的失业救助金——被一种理性化的货币所取代,而相比于自愿的赠予,这种货币更类似于一种资格,于是礼物形式的货币的地位就受到了质疑。社会工作者确实认同给予穷人假日礼物的重要性,这种重要性不仅来自将他们的圣诞节礼物与平常的救济区分来,也来自偶尔给母亲们提供现金,让她们可以为她们的孩子购买礼物。捐赠者尽力使发放给穷人的圣诞礼物个性化,包括为某个特定的家庭购物,选择一件令人向往的东西,亲自送达礼物,或者发送一张个性化的礼物证明。某些机构甚至安排了圣诞节聚会以向贫困家庭分派礼金或礼品,希望这些家庭"把这种款待看作是朋友之间的礼尚往来,千万不要认为他们所收到的礼物是慈善,而要认为是带有最佳意涵的圣诞礼物"。②

然而,在如此明显不平等和终归缺乏人情味的关系中,个

---

① Abbott and Breckinridge, *The Administration of the Aid-to-Mothers Law*, pp. 27, 29. 亦可参见 Hard, "The Moral Necessity of 'State Funds to Mothers'," in Bullock, *Selected Articles*, p. 104.

② Letter by a NYCOS officer, October 22, 1908, on file at the CSS Papers, Box 105, Rare Book and Manuscript Library, Columbia University. 亦可参见 Pearl Salsberry, "Christmas, 1924," *The Family* 6 (April 1925): 37-40.

性化未必奏效。在一些案例中，派送给一户贫困家庭的礼物使得接收者因他们的需要被公之于众而深感窘迫。在社会机构认识到给穷人的个性化礼品遭遇失败之后，他们试着使派送的过程变得更加匿名化，例如，拒绝——虽然遭到了大量的抵制——发布接收者的姓名，支持送礼金而不是更具有限制性的、包含食品或衣服的礼品。①

不过，正如圣诞节的额外补贴或小费从未被认为是一种亲密的个人礼物一样，圣诞节的慈善金钱也仍旧被标记为一种特殊的货币，其从来都不是一种完全自由的礼物。但是，当额外补贴或小费越来越向某种支付靠拢时，给穷人的圣诞节礼金却依然是一种不平等的赠予。我们注意到在宾夕法尼亚州的伯克斯郡所发生的情况，一个母亲抚恤金机构允许妈妈们变成了其孩子的圣诞老人。每一个母亲都收到了 10 美元，她们被告知可以"以自己认为合适的方式"花掉这 10 美元；但假日过后，她们被要求忠实地报告这钱是如何花掉的。另一家私人机构决定给每个孩子 1 美元，让他们为自己的母亲购买一份礼物，但购买时必须有一位探访者跟随。明尼阿波里斯福利联合会支持向穷人派发礼物性质的现金，其总干事助理解释了"照顾是如何被运用的"，由此金钱会"被用于购买特定的东西"。例如，一个 16 岁的送信男孩是其残疾的守寡母亲的唯一依靠，他需要一块手表；他妈妈就被派发了钱，这笔钱将被用来修理一块曾经

---

① 参见 H. P. S., "Do Your Christmas Planning Early," *The Family* 2 (February 1922): 238-41; Salsberry, "Christmas, 1924," p. 37-40.

属于男孩爸爸的"好手表"①。所以,慈善官员对金礼物性质的现金的态度仍旧是模棱两可的,他们要寻求二者的平衡:一边是个人礼物所优先带来的亲密性、平等性和自发性,另一边则是受管制的预算所带来的不平等、监督和控制。

通过极其详细地逐条记录花销,家庭预算使得私人慈善与公共抚恤金的监督者相比于分发实物救济或杂货店订单的慈善工作人员,更能够深入地介入贫困家庭的经济。的确,专家们强调大量增加的预算的条目的重要性,因为这些条目"提供了有关各种各样花销的数目和性质的必要细节"。②比如,纽约慈善组织协会所使用的一份典型的预算工作表,纵向的列就包括了租金、燃料、衣服和食物,还包括家庭日常用品、午饭花费、车费、保险和娱乐。家庭每月账目表包含范围更广的信息,它们经常是被用来监管母亲抚恤金项目的必要信息,包含诸如缝纫用品、鞋子修补、盥洗用品或者所收礼物等条目。甚至还有一个"美好时光"的条目,母亲被敦促在此处报告花在"休闲娱乐"方面的钱的具体情况。③

我们也可以考虑一下准备好一份"建设性的"预算所需要的这类调查数据。艾玛·温斯洛竭力主张获得尽可能多的有关"每一户家庭过去和现状的花销习惯"的信息是重要的——不仅仅是笼统的食物花费,还包括一系列的详细信息,包括家庭消

---

① Bogue, *Administration of Mothers' Aid*, pp. 55, 24; H. P. S., "Do Your Christmas Planning Early," p. 239; Salsberry, "Christmas, 1924," p. 39.
② Winslow, *Budget Planning*, p. 23.
③ Ibid., p. 24; Bogue, Administration of Mothers' Aid, pp. 37, 39, 55.

费了何种类型的食物、食物是如何被烹调的、食物是哪里购买的、是否赊账等。或者我们也可以以衣服为例。把家庭所拥有的衣物逐条记录下来只是开始。个案工作者也被指示调查其他问题：是否有必要"开发家庭更大的鉴赏力，以使其知晓在家和外出时恰当着装的重要性"？"在美国人的生活条件下……家庭在服装选择方面的相对价值的有关知识"是否足够？[①] 休闲娱乐方面的花销也会经历仔细检查：是否每天购买报纸？家庭有没有捐钱给教堂、支付工会会费或向他们的亲属提供援助？

甚至连家庭金钱的内部分工都受到了监控。私人机构的社会工作者被要求观察家庭中就业的成员是否交出了他们所有的收入，或者是否有人私留了一部分钱。改变这种做法会发展出"更好的家庭关系"，还是会"导致家庭成员更加平等地花钱"？目前抚恤金的管理者一门心思想的就是塑造母亲和孩子之间的恰当的经济关系。一份抚恤金是会摧毁一个孩子的家庭责任感，还是会使工作的孩子依然把他们的收入贡献给家庭呢？当孩子的经济角色被重新定义时，他们的贡献问题无可否认就是"一个最为微妙的调整的问题"，在这种调整中，"不可能制定硬性的和快速的规则"。在某些地方，安排"如果是合理的，就不会

[①] Winslow, *Budget Planning*, pp. 5, 12, 17. 寻找预算信息并未止步于家庭的门阶之上，但温斯洛补充说，这些信息也从"亲属、朋友、雇主、邻居、学校、教堂、社会机构、健康机构"等处获得。母亲抚恤金调查也是同样的情况；参见 Bogue, *Administration of Mothers' Aid*, p. 34. 阿伯特（Abbott）和布雷肯里奇（Breckinridge）指出，当伊利诺伊州的库克郡"竭尽全力保护家庭的自尊"时，那里"却没有反对探访现在的邻居的规则"；参见 *The Administration of the Aid-to-Mothers Law*, p. 22.

受到干扰"，但"法庭期望""一位好妈妈会收到孩子挣的所有的钱，一直到孩子 16 岁为止"，同时自行决定给孩子一些零花钱。但在另一些司法管辖区，一个孩子零花钱的数额是由抚恤金管理者指定的，超过 16 岁的孩子所期望的支出也是如此。例如在华盛顿的国王郡，大一点的孩子被期望为他们自己的食物支付费用，这至少占他们收入的一半。①

这种对领取抚恤金的家庭的彻底的财务方面的 X 光透视，被认为是帮助他们恢复经济生活所不可缺少的。一份构造良好的家庭预算通过揭露有缺陷的花费模式、指明"理想的"花钱方式，从而成为塑造称职的消费者的最佳工具。一位专家坚持认为，被恰当地监督的现金救济，应该唤醒"对更好事物的渴望"。②对"明智花费"的关注甚至使得传统的节俭变得多少有点可疑；家政学家担心这些家庭会把钱存下来而不是恰当地消费。

有时候，确保穷人恰当地标记金钱的努力可以变得非常具体。例如，纽约慈善组织协会从独立家庭那里借用了一些技能，提议使用预算信封帮助案主"分配他们的收入"。每一个信封上面都会印有一幅"与花钱目标有关的"画，协会期望借此指导家庭"根据我们的预算计划"花掉他们的收入。类似的，在 1928 年的纽约州社会工作会议上，一位节俭的专家向家庭个案

---

① Winslow, *Budget Planning*, p. 14; Mary Bogue, "Problems in the Administration of Mothers' Aid," Proceedings of the Forty-Fifth Annual Session of the National Conference of Social Work (1918), p. 355; Bogue, *Administration of Mothers' Aid*, pp. 64, 140.

② Winslow, *Budget Planning*, p. 22; Dunn, *The Supervision of the Spending of Money in Social Case Work*, p. 70.

工作者推荐了硬币银行,"只有发行这些硬币的银行家才会开设"这种银行;她也推荐了"特定目标的俱乐部,诸如圣诞节、保险和税收俱乐部",这是引导受助家庭合理花销的途径。①

当碰触到穷人时,消费的修辞就发生了一个奇怪的转向。可以确信的是,不同于 19 世纪的慈善工作者,他们用衣服、燃料或食物帮助那些有需要的人,但同时却使受助人保持身无分文的状态,现代社会工作者已经准备好把现金放入穷人的钱包。如果消费者的能力是一种可以被训练的技能,那么在没有金钱的情况下又怎么能有效地传授经验和教训呢?借助恰当的训练,金钱救济的呼吁者论证说,金钱会为受助家庭提供通往新的消费者社会的完整入口。但是,现金救济从未像一个普通消费者的货币一样流通。无论是私人慈善机构所给予的,还是母亲抚恤金项目所派发的慈善现金,都被标记为受助者的辅导课学费,仿照的是受到高度控制的中产阶级家庭的货币,并被局限在一个非常有限且经过仔细筛选的接收者群体范围内,被审慎地派发给接收者,同时接收者还要接受密切的监控。

20 世纪 20 年代之后,具有精神病治疗背景的社会工作者在现金救济的教育使命上又附加了新的心理学意义:借助细致的管理,金钱可以像一种有效的"个案工作工具"一样,在处理

---

① Minutes, Home Economics Committee of the New York Charity Organization Society, October 5, 1926, and February 26, 1929; Margaret J. Bacon, "Savings and Insurance and Their Relation to the Family Budget," *Proceedings of the Twenty-Ninth New York State Conference on Social Work* (Rochester, N.Y., 1928), p. 97. 我们并不清楚预算信封或者其他的标记策略被接受到什么程度。

情感依赖者所面临的问题时起作用。因此,现金并不是被当作一个"简单的经济问题"来看待,对于案主未表达出来的与金钱的情感和象征性的联结进行整理和分类是有必要的。在20世纪20年代的一项为纽约慈善组织协会所做的关于家庭个案工作实践的重要研究中,格蕾丝·马库斯警告说,如果一位个案工作者无法认识到这些情感的价值,那么就可能导致所有试图教育案主建设性地花钱的努力都会归于失败。另一方面,倘若能处理得当,货币形式的救济会创造出一张"极佳的入场券,通往案主的信心与善意",并为实现情感以及财务的独立做好基础工作。①

个案工作实务的另一位专家戈登·哈密尔顿多年后注意到,在把物质需要逐条记录下来之后,一个"心理学化"的预算版本将需要"从情感需求中区分出客观现实",从真实的剥夺中区分出对救济"神经过敏的"要求。因而,随着社会工作者在救济方法中增加了心理评估,补助金就承担了一个额外任务,即训练出在情感上经过调节的消费者;具有治疗意义的金钱,用新的心理学词汇来说,"对自我的优势具有建设性的支持作用"。② 个案工作者现在不仅能检查穷人的口袋,而且能进入他们的

---

① Grace Marcus, *Some Aspects of Relief in Family Casework* (New York: Charity Organization Society, 1929), pp. 9, 39, 63.

② Gordon Hamilton, *Theory and Practice of Social Case Work* (New York: Columbia University Press [1940]1967), pp. 91-92. 亦可参见 Eleanor Neustaedter, "The Integration of Economic and Psychological Factors in Family Case Work," *Proceedings of the Fifty-Seventh Annual Meeting of the National Conference of Social Work* (1930), pp. 198-216; Cora, Kasius, "A Review of Relief Practice," in *Relief Practices*（转下页）

灵魂。

20世纪的消费主义重塑了福利实践。社会工作专家越来越愿意把钱交到穷人手中，让他们自行购物。尽管这种修辞赞许将消费者在选择方面的自由归还给受助家庭，但社会工作者的态度依然模棱两可。他们分发现金，但却附带条件。最后，吊诡的是，对救济的监督却增强了，因为机构会分发一种所谓的自由货币以替代商品。相比于实物形式的救济，如施粥或者一件二手的大衣，现金的确为穷人提供了一个范围更广的消费者选择。但是这依然是一种由官方所定义的货币，货币的预算由陌生人制定，因而从来不是完全由自己做主。不过，慈善工作者并不总能如愿。因为实际上，穷人有他们自己如何标记金钱的想法。在社会工作者和他们的案主的有关如何花钱、在哪里花钱、什么时候花钱等问题上的争论中，社会工作者有时候反而是失败的一方。

（接上页）*in a Family Agency*, ed. Cora Kasius (New York: Family Welfare Association of America, 1942), pp. 4-24; Beatrice H. Wajdyk, "The Use of Money in Modern Case Work Treatment," in *Meaning and Use of Relief in Case Work Treatment* (New York: Family Welfare Association of America, 1941), pp. 26-50; Dorothy L. Book, ed., *Family Budget Counseling* (New York: Family Welfare Association of America, 1944), pp. 7-15; Lubove, *The Professional Altruist*, pp. 110-17.

6

争议中的金钱

20世纪20年代，当宾夕法尼亚州伯克斯郡的母亲抚恤金项目的一位调研员检查F家庭每月的支出账目时，她对每天出现在"美好时光"一栏中的"牛奶，6美分"感到困惑不解，因为这一栏被标记为娱乐休闲费用。15岁的萨杜斯是这个家庭中唯一的挣钱养家的人，也是唯一的支出账目的记录者，他解释说："自从我们有了钱，我就能每天在工厂里买1品脱的牛奶，所以对我而言，这就是'美好时光'。"①

为控制的斗争

社会工作者与接收者之间有关救济的意见分歧并不总是像由萨杜斯选择1品脱牛奶而引发的争议那样温和。这种意见分歧牵涉相互矛盾的标记系统之间的斗争，也涉及如何界定权威机构与穷人之间的关系的冲突。回想一下妻子、丈夫和孩子之间有关家庭金钱的争议，或者捐赠者与接收者关于小费和年终的额外津贴的争论，每一个群体都在根据他们自己的系统，努

---

① Mary F. Bogue, *Administration of Mothers' Aid in Ten Localities*, U.S. Department of Labor, Children's Bureau Publication no. 184 (Washington, D.C.: Government Printing Office, 1928), p. 55.

力地标记家庭的部分金钱，或者一份货币形式的礼物。就在萨杜斯这一案例中，慈善的捐赠者与接收者经常具有不相容的标记系统；而且慈善在多大程度上在相同的人中（equals）成为一种自由的礼物，或是一种仅为慈善机构所加速推动的权利，抑或是对受助者出于同情的帮助，还是其他的意义，双方在这些问题方面的意见不一。例如，社会工作者在给予受助家庭金钱的同时，是否包含着指示他们如何花钱的权利？或者，慈善收入是不是一旦进了穷人的家门，就成了他们的财产？

穷人也有他们自己标记家庭金钱的系统，他们不仅会标记"美好时光"，而且还会标记一系列的开支；用于支付租金的金钱不同于购买食物的金钱，保险赔偿金也与教堂的捐款相区别。甚至个人的金钱也有所区分；儿子用于个人花费的津贴与其姐妹的津贴，或者他们的父亲的酒钱和车资是被区别对待的。当贫困家庭能够负担得起时，他们经常省出钱来给兄弟会组织或其他互助协会，或者对移民而言，他们会将一些钱留存起来，寄给他们在国外的家人。的确，许多贫困的家庭主妇很可能会同意90位女性移民对索福尼斯巴·布雷肯里奇（Sophonisba Breckinridge）所表达的观点，她们最需要的不是专家训练她们如何花钱，而仅仅是"拿到所需资金以用来支付"。①

---

① S. P. Breckinridge, *New Homes for Old* (New York: Harper and Brothers, 1921), p. 139. 关于工人阶级和移民互助会，参见 John Bodnar, *The Transplanted* (Bloomington: Indiana University Press, 1985), pp. 120-30; Virginia Yans-McLauhlin, *Family and Community* (Ithaca, N.Y.: Cornell University Press, 1977), pp. 155-56; Kathy Peiss, *Cheap Amusements* (Philadelphia: Temple University Press,（转下页）

因而，官方的预算遇到了另类的记账系统，尽管这些系统并不是成文的，但依然是有力的。尽管社会工作者通过有意而精巧的安排，试图保持对救济金的控制，但贫困家庭通常会设法克服官僚机构的限制，寻找一些途径，以使慈善金钱尽可能成为"他们的"钱。回想一下一分钱银行的储户是如何重塑慈善协会所构造的储蓄系统的。起先，贫困家庭怀疑银行掌握他们的金钱的企图；正如一位贫民区社会改良团体的工作人员玛丽·雷明顿在其日记中所指出的，"他们都担心（一分钱银行），就像有人告诉他们似的，我们想把他们的钱从他们那里拿走"。①但贫困家庭是足智多谋的。虽然组织者已经计划帮助他们"省下"他们的零钱，直到他们有足够的钱可以存入一个常规的储蓄账户中，但贫困家庭却将一分钱银行的存款变成了短期的、消费者取向的存款。女人、儿童和男人都会为他们自己特定的目的而省钱：比如购买春季服装，暑假花销，以及极为常见的为了准备一份复活节或圣诞节礼物。②

可以确定的是，救济金与一分钱银行的储户的工资是不同

（接上页）1986), pp. 18-19; Lizabeth Cohen, *Making a New Deal* (New York: Cambridge University Press, 1990), pp. 65-67. 除了组织的捐献，工人阶级家庭也会在贫苦的时候，向他们的亲属和邻居提供个人借贷或者货币形式的礼物。参见 Alex Keyssar, *Out of Work* (New York: Cambridge University Press, 1986), pp. 164-66.

① *Extracts from the Journals of Miss M. E. Remington, Missionary of the Welcome Home Mission* (New Haven: 1892), p. 38.
② 有关把一分钱银行的储蓄用来购买假日礼物的情况，参见 Howard Brubaker, "The Penny Provident Fund," *University Settlement Studies* 2 (July 1906): 63; Annual Report of the Committee on Provident Habits, *Fourteenth Annual Report of the Charity Organization Society of the City of New York* (New York: 1895), p. 24.

的。中产阶级的观察者或许已经对工人阶级的一系列花销感到不安或焦躁，这种感觉与他们对其他一些东西的感觉一样，包括在酒吧招待朋友喝酒的钱，或者一个慈善工作者提及的"有害的5美分或10美分的戏院花销"，或者"星期天用一袋袋便宜的糖果、爆米花、甜筒以及瓶装汽水对孩子们的愚蠢招待"；但只要家庭成员所花的钱是他们自己挣的，那么慈善工作者能做的就很少会超出说教的范围。[1] 另一方面，慈善金钱为社会工作者提供了许可，让他们可以直接干预穷人的家庭开支。

穷人甚至还设法将他们自己的控制系统强加于有明确规定的金钱之上。他们往往会以一种更大范围的慈善分配来施加控制，有时候他们则会以一些简单的方式，就如贫困妇女拒绝接受上层阶级流行的绿色大衣，除非其被染色或被剪裁，"为了使其与在每天只有2美元收入的家庭中流行的衣服样式相融合"[2]。或者，想一想由家庭所发明的策略，修订食物订单以适合他们自己的饮食偏好，与食品商、邻居或亲属协商以便将订单变成现金，或与他们交换，从而得到超出允许范围的物品。例如，我们注意到第四章中所描写过的C夫人，一位来自意大利的寡妇移民，就曾设法说服社会工作者为其指定的食品商（食品商已经熟知这个家庭），允许她在一家意大利面包房购买面包，而由食品商为她支付每周的账单，并将她购买面包的数额兑换成

---

[1] Mrs. William E. Gallagher, "Expenditures of the Poor," *Proceedings of the Thirty-Ninth Annual Meetings of the National Conference of Charities and Correction* (1912), p. 119.

[2] Emma A Winslow, "Food, Shelter and Clothing," *Survey* 37 (October 14, 1916): 46.

食品杂货订单。只有当 C 夫人做得太过分,在面包房又购买了通心粉和意大利奶酪时,这一安排才遭遇了失败。实际上,穷人的策略超出了食物的范畴。回想一下康涅狄格州哈特福德市的穷人是如何重塑慈善货币的:他们方法包括利用煤块订单冲抵赊账,将食物订单转变为租金。①

穷人还发现了挪用现金救济的办法。这或许仅是象征性的,就像意大利裔的家庭主妇们,在由家庭的探访者陪伴的带有教育意义的消费探险中,仍然坚持自己带着钱购物;又或许已经是明显的对抗,如 14 岁的卡尔·普拉斯基,当社会工作者要求他保管他妈妈的账户时(其母不能写英文),他回答说"他宁可挨饿也不愿让任何人知道家里吃了什么"。根据社会工作者的记录,家庭福利协会的个案工作者认为一位明尼阿波里斯的妇女"太独立了",因为这位妇女告诉社会工作者,"如果他们在告诉她应该怎么花钱的情况下帮她,那么她将拒绝家庭福利协会的帮助。因为她对说明每一分钱的去向感到厌倦"。②

对控制的主张经常不易察觉但又深刻尖锐。让我们看看鲁

---

① Amy D. Dunn, *The Supervision of the Spending of Money in Social Case Work* (M.A. thesis, Ohio State University, 1922), pp. 6-7; *Report of the Special Committee on Outdoor Alms of the Town of Hartford* (Hartford, Conn.: Press of the Case, Lockwood, & Brainard Co., 1891), p. xxi.

② Florence Nesbitt, *Household Management* (New York: Russell Sage Foundation, 1918), p. 47; Minneapolis Case (November 18, 1924) cited by Beverly Stadum, *Poor Women and Their Families: Hard-Working Charity Cases, 1900-1930* (Albany: State University of New York Press, 1992), p. 139. 斯丹达姆(Stadum)对 30 年间的 300 份有关贫困妻子和母亲的社会案例记录作了分析,这些人生活在明尼苏达州的明尼阿波里斯市,他发现"无论是市场的价格限制,(转下页)

特斯基夫人,这个来自波西米亚的寡妇,是如何让慈善工作者感到烦恼的。她秘密地保管了一些钱,这是她昔日还在工作时攒下来的。在没有咨询慈善工作者的情况下,她用这一点钱为她 10 岁的儿子本尼购买了一双漆皮鞋。探访者想知道,为什么这位母亲会用她的"宝贵储蓄"购买了本应由机构提供的物品,而通常大多数家庭的衣服和家庭用品是由机构来提供的。鲁特斯基夫人解释说:"你需要亲自为孩子购买每一样东西。如果我不给孩子们买东西,当孩子们长大了,他们可能就不会想着我。他们会认为我从来没有为他们做过任何事情。"[①]

有关葬礼的金钱的争议最为突出,社会工作者和穷人的争执有时候会牵涉一个长久且无法妥协的经济、社会和道德争论。本章将考察有关慈善金钱的争论,探求穷人控制慈善收入的企图与社会工作者对消费主义观念的模棱两可的态度,即他们一方面支持给予穷人消费的自由,另一方面却不信任穷人能好好花钱。1935 年《社会保障法》的通过,似乎标志着公共权威机构最终承认穷人的标记系统的自主性。受到限制的慈善现金最终停止流通,穷人被允许自己处理法定货币(legal tender)以及根据自己的意愿花钱。但是,新的货币政策并没有持续很长时间。救济工作者和其他的权威机构,包括法庭,很快又一次发展出了面对、质疑和控制由救济的接收者所做出的财务选择的

(接上页)还是妇女们用来工作的有限资源,都不能阻止她们抵制经济问责(dollars-and-cents accountability)的无理要求"。有关意大利裔的家庭主妇,参见 Virginia Yans-McLaughlin, *Family and Community*, p. 153.

① Nesbitt, *Household Management*, p. 63.

方法。新的慈善货币再一次被铸造出来，用以划分出被公认为不称职的穷人的金钱世界。

穷人的金钱所具有的对抗官方的标记

在20世纪的早些年，社会工作专家认识到，他们从专业角度出发所设计的记账本和预算分类账簿中那些整齐的空白栏并不能有序地或轻松地囊括穷人的家庭经济。单从实用的角度说，坚持记账是一项繁重的工作，因而说服家庭主妇记录每一项支出并不容易，更不用说还得将这些账目记得精确。个案工作者被警告说，记账本常常是半虚构的记录，某些家庭在其中记录了幻想的花销，一些家庭会仅为了取悦探访者而虚构支出，还有另一些家庭则会隐瞒不恰当的消费。然而，账簿设计者的麻烦不仅限于使用者记账的精确度问题。社会工作者还意识到，在许多案例中，穷人的"花销习惯"都"极为牢固"，植根于独特的"种族和社区习俗"以及宗教信仰之中。①

然而，由于无知的和不称职的人的错误和偏见，消费者选择的不同系统一向不被理会。在最好的情况下，消费者选择的不同系统会被轻描淡写地认定为只是愚蠢的或一种外国人的奇怪风俗；在最坏的情况下，消费者选择的不同系统会遭受抨击，

---

① Dunn, *The Supervision of the Spending of Money*, p. 57. 亦可参见 Emma A. Winslow, *Budget Planning in Social Case Work, Committee on Home Economics*, New York Charity Organization Society, Bulletin no.3 (September 1919), pp. 21-22, 31.

被认为是道德败坏的经济,使人长久地处于酗酒或赌博的边缘。讽刺的是,当穷人表达出需要这种消费者选择的自由时,慈善工作者是最烦恼的。这种消费者选择的自由被20世纪的专家所歌颂,穷人可以"为了不是面包的东西"花掉他们为数不多的金钱。① 例如,我们可以想象一下,当一个有着一大家子的人要养活的穷人从其储蓄的资金中取出了50美元,但他却未如已经被不断催促的那样把钱存入银行,而是买了一台"柯达小型照相机"时,一分钱银行的工作人员所感受到的震惊。或者,如爱德华·迪瓦恩对"饥饿家庭"的观察,一位父亲把因遭受暴风雪而获得的4美元救助分成了3份,1美元用来购买食物,1美元用来购买饮料,而还有2美元,根据这位父亲的解释,用来购买"一条小狗给孩子玩"。②

世纪之交的慈善专家,诸如玛丽·威尔科克斯·布朗(Mary Willcox Brown),确信穷人很容易就被小贩或店主搞得眼花缭乱,从而购买"小玩意"或类似的"没用的物品"。大约20年后,主流的社会工作者,诸如索福尼斯巴·布雷肯里奇(Sophonisba Breckinridge),仍然担心那些波西米亚的移民妇女在财务方面不称职,认为她们"鲁莽地"购物,花钱购买珠宝以及"她们看到的在隔壁商店中出售的所有东西"。或者,他们试图劝说"母亲援助"项目的受助者放弃一些自我放纵的"钟

---

① Gallagher, "Expenditures of the Poor," p. 119.
② "Taking Care of the Cents," *The Charities Review* 5 (February 1896): 212; Edward T. Devine, *The Practice of Charity* (New York: Dodd, Mead & Company, [1901] 1900), p. 75.

爱的奢侈品",诸如膨松的米饭或煮熟的火腿,以便为他们的家庭购买一些更健康的食物,包括蔬菜和水果,一些专家,如弗洛伦斯·奈斯比特就提醒人们注意这些劝说背后的社会工作者所做出的努力。①

争论的问题其实并不是家庭专家的饮食选择实际上是否比贫困的家庭主妇所准备的饭菜更健康,也不是主妇们的服装预算或总的消费计划是否更加合乎需要,而是专家的有关一个更理性、更有效率、更科学的预算的概念掩盖了另一类金钱标记系统的可靠性或正当性。的确,正如历史学家丹尼尔·霍洛维茨已经指出的,20世纪早期的预算研究为穷人和工人阶级家庭专门设计的特定类别,常常无法反映其研究对象的真实经验。例如,罗伯特·查宾(Robert C. Chapin)于1909年在纽约市开展的一项有关男性劳动者的家庭的重要研究,就将研究对象对志愿者协会的贡献归入了保险和休闲娱乐的类别,查宾承认"休闲娱乐的支出有时候与付给志愿者协会的会费和其他款项并没有区别"。家庭中所消费的酒类会被列为食品,然而酒类实际上常常是起到药用的或休闲娱乐的作用,而糖果、苏打水和冰淇淋则会被贴上奢侈品的标签,正如霍洛维茨所指出的,这是"炎炎夏日里居住在狭窄的廉租公寓里的孩子们"很有可能会提

---

① Mary Willcox Brown, *The Development of Thrift* (New York: The Macmillan Co., 1889), p. 24; Breckinridge, *New Homes for Old*, p. 90; Florence Nesbitt, "The Family Budget and Its Supervision," *Proceedings of the Forty-Fifth Annual Session of the National Conference of Social Work* (1918), p. 364. 亦可参见 Stadum, *Poor Women and Their Families*, p. 140.

出质疑的一种分类方法。①

可以确定的是，这两种标记系统并不总是相互冲突。当一分钱银行的某个储户真的已经达到了开设一个储蓄账户的社会目标或购买了一间房子时，银行会自豪地报告。当储户们用他们的钱购买了社会意义上"令人振奋"的消费物品时，银行也会自豪地报告：例如，一个男孩在一分钱银行的鼓励下通过跑腿赚取收入，后来存下了足够的钱购买了一套新衣服，并且找到了稳定的工作，而这份工作是"他在以前是不可能找到的……因为他太过衣衫褴褛"。或者，另一个孩子在一个"呼吸新鲜空气"的暑假之后，对"干净的床和柔软的枕头"的印象极其深刻，他的母亲因此省下了足够的钱购买了一张床，"因此对于我们在廉租房中所需要的改革而言，这意味着迈出了一大步"。② 一分钱银行也会赞扬许多家庭，他们"因为在邮票卡（stamp card）中发现了孩子的钱而避免了被逐出银行"。或者，他们谈到由这个储蓄系统所激发的利他主义，如有一对年龄分别为 8 岁和 10 岁的兄弟，他们说，他们不会把钱花在自己身上，因为他们需要攒下足够多的钱来给他们的母亲镶牙，因为她只

---

① Daniel Horowitz, *The Morality of Spending* (Baltimore: Johns Hopkins University Press, 1985), pp. 60-61. "酒钱"（saloon money）是一种极具争议性的货币；中产阶级的观察者谴责光顾酒馆就是一种挥霍金钱的危险行为，而移民和工人阶级的顾客却将其视为一种正当的消遣花费。参见 Roy Rosenzweig, *Eight Hours for What We Will: Workers & Leisure in and Industrial City, 1870-1920* (New York: Cambridge University Press, 1985), chap. 2.

② Elizabeth Tapley, "Small Savings and How to Collect Them," *The Charities Review* 5 (December 1895): 103, 101.

剩下5颗牙齿了。①

本质上，一分钱银行的领导者与其他慈善专家一样，都支持穷人用钱购买"有用的"、有教育意义的或者在社会意义和道德意义上令人振奋的物品或活动——如支付燃料费或租金来支持家庭经济，购买鞋子、帽子、书本或药品，以及捐钱给教堂。直到20世纪20年代，由于钢琴和留声机在工人阶级家庭中日益普及，它们都被母亲援助项目的管理者归入穷人一系列正当的消费品中，尽管还附带某些特定的资格条件。例如，在密歇根的韦恩郡，穷人被鼓励购买"便宜的留声机"，以作为"一种增进家庭团结的手段"；另一方面，"如果他们已经基本完成了支付"，购买钢琴"就不会被禁止"。某些管辖区域鼓励穷人购买"不贵的乐器……作为家庭休闲娱乐的一种手段"，不过只有在这钱来源于一个工作的子女的情况下才行。母亲援助项目的领导者也开始越来越多地为家庭的"夏日的短途旅行"提供资助，以借此机会送母亲和孩子出去体验一周或两周的夏令营生活。②

在努力塑造家庭经济的过程中，贫穷的劳动者常常成为贫

---

① Annual Report of the Committee on Provident Habits, *Eleventh Annual Report of the New York Charity Organization Society* (1892), p. 36; Gertrude E. Palmer, "Earning, Spendings, and Savings of School Children," *The Commons* (June 1903): 14.

② Mary F. Bogue, *Administration of Mothers' Aid in Ten Localities*, U.S. Department of Labor, Children's Bureau Publication no. 184 (Washington, D.C.: Government Printing Office, 1928), pp. 188, 110; 亦可参见 pp. 24, 90. 有关1890年至1912年钢琴的大众营销，以及在移民家庭中的流行，参见 Andrew R. Heinze, *Adapting to Abundance: Jewish Immigrants, Mass Consumption, and the Search for American Identity* (New York: Columbia University Press, 1990), pp. 137-44.

困的家庭主妇的合作者。19世纪的慈善工作者经常要站在妻子这一边反对丈夫,因为丈夫很可能喝光或赌光家里的收入。友好的探访者会被提醒,要弄清楚丈夫们实际上是否隐瞒了"过高份额的收入"。① 妇女在与她们的丈夫就如何分配和控制家庭金钱做斗争时,也有可能发现官方的标记系统是有用的。

回想一下主妇为了保证对丈夫一定比例的工资的控制所使用的许多策略:如从男人的裤子中偷拿零钱,以及隐瞒购物支出或收入。从19世纪的有着特定目标的储蓄资金——一分钱银行,到后来的圣诞节俱乐部账户,再到个案工作者的预算,无论它们的限制是什么,都给家庭主妇提供了一种替代机制,以帮助主妇把金钱分割成各种各样的花费——为了买房子、新衣服或一份圣诞礼物,或者捐助给教堂。毕竟,妇女才是与这些来到她们家中的储蓄资金的收集者会面的人,也通常是与社会工作者就预算讨价还价的人。邮政局长明确地为自己宣传道,称邮政储蓄银行的优秀品质之一便是"一个已婚妇女可以开立一个账户,而免受其丈夫的干预"。② 甚至母亲援助项目的抚恤

---

① Mary E. Richmond, *Friendly Visiting Among the Poor* (New York: Macmillan Co. [1899] 1907), p. 156.

② G. V. L. Meyer, "Postal Savings Banks," *Charities and the Commons* 21 (February 20, 1909): 991. 而且,成立于1816年的波士顿节约储蓄机构(the Boston Provident Institution for Savings),其71%的储户都是妇女和儿童;参见 David M. Tucker, *The Decline of Thrift in America* (New York: Praeger, 1991), p. 42。有关19世纪储蓄银行的女性储户,亦可参见 Hon. S. T. Merrill, "Relief Measures for Pauperism" (1889), in *Papers on Pauperism, 1818-1889*, no. 24, on file at Princeton University.

金也是一样，尽管总数微薄且伴有监督，但也允许妇女拥有一种自行决定如何花费家庭金钱的新途径。至少有一项研究表明，抚恤金实际上也许给一些守寡的妇女提供了较她们已故丈夫的工资更多的收入。①

像样的死亡

然而，当金钱是花在葬礼保险和为死亡所做的其他准备时，社会工作者和穷人之间的界限就非常清晰了，而且没有性别差异。实际上，通常情况下，家庭主妇会设法从家庭开支中留出一点点钱，用来向每周挨家挨户来拜访的保险代理人支付保费，不过这遭到了慈善工作者的反对。慈善专家承认，毫无疑问保险赔偿金在贫困人口的预算中具有优先地位。"对那些身处更为舒适的环境中的人而言，无论葬礼保险的观念有多令他们反感"，爱德华·迪瓦恩（Edwarol T.Devine）注意到，"如果将那些必须提供的项目按照其对多数大城市中的穷人的重要性程度来排序的话，那么在这样一份列表上，出乎意料的一点便是为葬礼所做的准备可能出现在食物和住处之前"。②

---

① Edith Abbott and Sophonisba P. Breckinridge, *The Administration of the Aid-to-Mothers Law in Illinois*, U.S. Department of Labor, Children's Bureau Publication no.82 (Washington, D.C.: Government Printing Office, 1921), p. 69.

② Edward T. Devine, *The Principles of Relief* (New York: Macmillan Co., 1904), pp. 29-30. 加雷斯·斯特德曼·琼斯（Gareth Stedman Jones）将死亡（转下页）

20世纪早期对工人阶级预算的研究证实，举办一场像样的葬礼，已经成为"美国生活标准的一个基本组成部分"，以至于最贫困的工人阶级家庭甚至愿意被"剥夺财产，或食物、衣服、燃料，为的只是续保"。的确，伊利诺伊州健康保险委员会在1918年对大约3000户芝加哥工人阶级家庭进行的一项研究就发现，差不多82%的家庭持有某种形式的人寿保险。①

毫无疑问，到19世纪晚期，工人阶级男性也会照例为他们

（接上页）保险在英国穷人中的流行作为1870年至1900年间一种新兴的工人阶级文化在伦敦出现的关键性标志，他认为这"不受中产阶级试图引领工人阶级文化的影响"。琼斯论证说，工人阶级的储蓄模式，特别对无技能的更为贫困的工匠而言，从根本上区别于中产阶级的模式，工人阶级的模式被定位在"购买展示性的物品或为了正确奉行仪式场合的规范"，而不是为了资本的积累。死亡保险允许穷人摆脱由寒酸的葬礼带来的耻辱，"根据合适的习俗而被埋葬"。斯特德曼·琼斯指出，慈善机构的组织者没有认识到，工人阶级和贫困人口"保持外表"的努力，需要"对家庭的每周预算做仔细的管理，就像任何慈善机构的组织者本来设想的那样"。但是，斯特德曼·琼斯补充道，"其优先级非常不同"；参见 Gareth Stedman Jones, *Languages of Class* (Cambridge, Egn.: Cambridge University Press, 1983), pp. 183, 199, 201。保罗·约翰逊（Paul Johnson）对1870年至1939年间英国工人阶级经济的研究，进一步记录了工人阶级文化中葬礼保险和"体面的葬礼"的基本地位，他同时也指出中产阶级的观察者谴责"葬礼保险的挥霍浪费"，但却无法解释其"在工人阶级生活中根深蒂固的地位"因何而来。参见 Paul Johnson, *Saving and Spending: The Working-class Economy in Britain, 1870-1930* (Oxford: Clarendon Press, 1985), pp. 47, 43. 对穷酸葬礼的意义变迁精彩的历史解释，参见 Thomas Laqueur, "Bodies, Death, and Pauper Funerals," *Representations*, 1 (February 1983): 109-31。

① Robert C. Chapin, *The Standard of Living Among Workingmen's Families in New York City* (New York: Russell Sage Foundation, 1909), p. 194; Louise B. More, "The Cost of Living for a Wage-Earner's Family in New York City," *Annals of the American Academy* 48 (July 1913): 109; Breckinridge, *New Homes for Old*, p. 93.

自己的生命投保，以保障他们的妻子和孩子的福利。然而，穷人却花钱购买保险以便在身后有一场像样的葬礼，而不是为了给他们的遗孤提供资助。从1875年开始，工业保险公司通过派遣他们的代理人进入穷人的家庭而彻底改变了保险业，他们不仅向丈夫，而且向妻子和孩子提供多数人负担得起的保险。兄弟会和互助团体也能为人们提供死亡后的保障；但他们的方式是不妥的，因而会导致频繁的失败，而且他们只能为刚刚丧失亲友的家庭提供有限的援助。与此同时，一份只需每周交纳5到10美分的工业保险保单就足以保障一场体面的葬礼。有许多顾客渴望购买这种保险；到1895年，美国共有价值268000000美元的此类保险生效。

慈善工作者对保险代理人的这种"现象级的成功"感到愤愤不平；他们公开谴责销售员以一种志在必得的模样，侵入穷人的家庭经济，特别是许多被保人据说一边靠救济生活，一边却在为他们的葬礼支付保费。[①] 有故事就说到，依靠慈善"每天才有面包吃"的家庭，在一个亲人死后，"突然沉溺于一场葬礼表演中，他们的捐助者可能认为这对捐助者自身而言太过昂贵"。慈善专家问道，有什么能够合理解释父母不合常理地制定预算的行为？那些依靠救济组织来供养自己孩子吃穿的父母，同时却设法找到足够的钱来为其孩子的生命投保。通过说服家庭预留出资金用于一场像样的葬礼，保险代理人严重阻挠了穷

---

① *Fifteenth Annual Report of the New York Charity Organization Society* (July 1896-June 1897), p. 25. 纽约慈善联合会为了"设计出这样的替代品，能在达成类似的结果的同时避免随之而来的罪恶"，于是提议"对（保险代理人）的成功原因做仔细的研究"。

人在财务上的改过自新（rehabilitation）的进程。慈善工作人员抱怨道，依靠他们的"阴险故事"，代理人成了"一个稳定的家庭资源的消耗途径"。①

保险销售员是友好探访的黑暗替身（dark double）；当友好的探访者或者一分钱银行的"银行女士"在用他们的个人影响帮助贫困的受助者恢复家庭经济时，保险代理人却败坏了他们的经济选择，将他们的生活费变成了一种无用的死亡货币。慈善工作者想出了一句生动的提示——"削减所有开支，却维持你的保险"，这句话被题写在装着保险收据簿的信封上，他们引导母亲们将此信封钉在墙上，"以使其一直在被看得见的范围之内"。②保险业发出郑重声明：通过保单，他们也是在"储蓄"穷人的钱，不然这些钱可能被他们花在"喝啤酒或买丝带"上。慈善专家以辛酸的家庭场景予以反驳，他们指出：在那里，保险赔偿金被"放在一个架子上，等待着（代理人的到来），与此同时，家中却连一点点食物都没有"。或者，他们提到有个家庭每周有特定的一天不吃早饭，"因为代理人会在那天来拜访，而

---

① James B. Reynolds, "Some Other Aspects," *The Charities Review* 8 (May 1898): 146; Willcox Brown, *The Development of Thrift*, p. 63. 关于美国人寿保险的历史，参见 Viviana A. Zelizer, *Morals and Markets: The Development of Life Insurance in the United States* (New Brunswick, N.J.: Transaction Books, 1983). 作为工业保险产业中一个极其成功的部分，针对儿童生命的保险曾备受谴责；参见 Viviana A. Zelizer, *Pricing the Priceless Child: The Changing Social Values of Children* (New York: Basic Books, 1987), chap. 4.

② Lucy Atwood Fay, "The Experience of Massachusetts," *The Charities Review* 8 (April 1898): 69.

早饭钱必须给他"。慈善工作者也报告了一些儿童的案例,他们被派去乞讨以便支付保费;还有一些家庭生活在"最污浊和最不健康的"环境中,却仍要有足够的保险,以为一个家庭成员举办一场精心安排的葬礼。①

可以肯定的是,世纪之交的慈善组织的高级职员心里非常清楚,保险代理人并不是他们唯一的竞争者。酒店老板、提供私人财产抵押服务的"诈骗者"、当铺老板以及提供分期付款服务的商人,都同样地被打上了穷人的"阴险的敌人"的烙印,因为他们向穷人索取他们仅有的一点钱财,让他们做出不明智的或不恰当的消费。②慈善工作人员认识到,保险至少是在鼓励节俭,减轻穷人对公共资助的葬礼的依赖。为一场像样的葬礼而储蓄无疑比花钱喝酒或者购买一些没有用的小玩意要更加令人振奋。当他们的一个储户取钱去为父亲修建坟墓,或者当一个孩子死后,父母存下钱来购买墓碑或者使坟墓保持整洁时,一分钱银行确实是会以钦佩的口吻加以报道。

那么,为什么还有反对工业保险的斗争?在某种程度上,这是一个有关控制的问题:即报销费用从慈善工作人员的监控网中逃脱了。通过支付保费,穷人购买了一种权利,使得他们能够资助自己的"善终"版本的实现,而这种消费却常常违背了中产阶级有关一场像样的葬礼的理念。令慈善工作人员感到沮丧的是,保费直接而且几乎全部被转变为葬礼费,其不仅支

---

① Haley Fiske, "Industrial Insurance," *The Charities Review* 8 (March 1898): 37; Tapley, "Small Savings," p. 103; Reynolds, "Some Other Aspects," p. 148.

② Willcox Brown, *The Development of Thrift*, p. 23.

付了一口"昂贵的棺材"的钱，而且在一些案例中还雇佣了一支有马车的"壮观的送葬队伍"（在一个特别的案例中，还包括展示鲜花），以及有时候还包括一支在队伍前面的乐队。如果还有任何余钱，那么这点钱会被用来购买丧服。①

的确，一些慈善工作人员观察到一种"感情用事的偏见"，特别是在德国裔、爱尔兰裔和意大利裔当中，这种偏见使他们反对使用保险赔偿金换取其他东西，但葬礼费用除外。把这种"血钱"——正如它有时候被称呼的那样——用于家庭的普通开销显然会被认为是"麻木不仁"，就像"从死者的眼睛中拿走便士"一样。在正统派犹太人（Orthodox Jews）那里，对保险赔偿金的标记被仪式法律所修改，因为仪式法律强制规定了一种简单的葬礼形式；据一位纽约贫民区社会改良团体的工作人员所言，一些寡妇会为葬礼花费更少的钱，而设法存下剩余的保险赔偿金，以作为再婚的嫁妆。② 如欧文·豪尔（Irving Howe）

---

① Reynolds, "Some Other Aspects," p. 145. 一项 1910 年对接受慈善组织照顾的 985 名寡妇的研究发现，妇女的小型保单确实主要被用作一场"体面的葬礼"的花费；参见 Mary E. Richmond and Fred S. Hall, *A Study of Nine Hundred and Eighty-Five Widows* (New York: Charity Organization Department of the Russell Sage Foundation, 1913), pp. 14-16.

② Reynolds, "Some Other Aspects," p. 145. 一份 20 世纪 20 年代有关葬礼成本的报告也指出，相比于爱尔兰裔和意大利裔的葬礼，犹太人的葬礼花费相对较低；犹太人的葬礼花费常常由各个犹太人葬礼协会支付；参见 John C. Gebhart, *The Reasons for Present-Day Funeral Costs*, A Summary of Facts Developed by the Advisory Committee On Burial Survey in the Course of an Impartial Study of the Burial Industry (c.1926), p. 20, on file at the CSS Papers, Box 127, Rare Book and Manuscript Library, Columbia University.

所述，在19世纪晚期的犹太穷人中，葬礼仍旧是"快速的、迅猛的，并且有大量的赔偿金剩余下来"。迟至1911年，希伯来人联合慈善机构对保险赔偿金（以及从兄弟会和互助组织筹集的救济金）的滥用予以了充分的关注，组建了一个专门的委员会，以为寡妇们提供财务建议。[1]

对中产阶级的观察者来说，用于死亡的金钱资助了一种不可理解的消费主义形式，将一种神圣的花费贬低为一种亵渎神明的铺张浪费行为。确实，还有什么能比这些完全只有象征意义、仅仅被预留用于社会和礼仪展示的葬礼费，更能成为慈善机构努力编制的理性预算的一个大笑柄呢？不仅有用的金钱被浪费在一种显然无用的支出上，而且更糟糕的是，葬礼结束之后那些刚刚丧失亲友的人常因此被迫寻求慈善援助。

一场像样的葬礼对穷人而言具有显著的重要性，慈善工作人员并非对此漠不关心。简·亚当斯（Jane Addams）就观察到，在一个孩子死后，母亲在其他女性邻居中的"社会声望"（social standing）是如何取决于"某种类型和质量"的哀悼的。因而，一场郡级的葬礼，通过打破"最后一丝体面"，"永远将一个家庭排斥在了其所属的家庭群落之外"。友好探访者的一本手册解释道，这就是为什么相比于"对受助抑或匮乏的恐惧"，穷人对一场寒酸葬礼的恐惧要更甚。[2]

---

[1] Irving Howe, *World of Our Fathers* (New York: Harcourt Brace Jovanovich, 1976), p. 221; *Thirty-Seventh Annual Report of the United Hebrew Charities* (New York, 1911), p. 9.

[2] Jane Addams, "Social Settlements," *Proceedings of the Twenty-Fourth*（转下页）

一项20世纪00年代早期的针对纽约市曼哈顿西区一个廉租房区域的研究表明，爱尔兰裔和德国裔的家庭"害怕死后穿上廉价的寿衣，被装在朴素的松木盒子里，最后被安放在哈茨岛"，这种诉求使得人寿保险成为"一种必需"。调查者下结论说，"葬礼表演"是如此关键的一种表明社会地位的方式，以至于"为了避免一场寒酸的葬礼，所有的东西都可以牺牲"。这位调查者被告知，一位母亲想要"好好地埋葬她死去的儿子，就像任何有钱人埋葬自己的儿子一样"。甚至有位妻子，她用保险赔偿金为她丈夫举办了一场"大葬礼"，虽然她不认为这是丈夫应得的，但"如果她不给他一个'精致的结局'，邻居们就会议论纷纷"。①

　　当没有保险赔偿金来支付一场私人葬礼时，穷人们就会使用一些策略，以将一场公共资助的葬礼所导致的侮辱降到最小化。例如，哈特福德（Hartford）在1891年所发布的有关室外救济的报告就指出，他们（穷人）寒酸的葬礼中几乎没有"真正的"镇上授权的葬礼，镇上会把葬礼的花费限制在最多13美元津贴的水平；亲友们的支付各不相同，不仅是为了购买一副更好的棺材，而且在一些案例中，也是为了资助购买马车、鲜

（接上页）*Annual Session of the National Conference of Charities and Correction* (1897), pp. 339-40; Mary E. Richmond, *Friendly Visiting Among the Poor* (New York: Macmillan Co. 1907), p. 119.

① Elsa G. Herzfeld, *Family Monographs* (New York: James Kempster Printing Co., 1905), pp. 43, 27, 44. 有关爱尔兰裔和意大利裔"令人满意的葬礼"的花费，亦可参见 Louise Bolard More, *Wage-Earners' Budget* (New York: Henry Holt and Co., 1907), p. 105.

花、休闲娱乐和宗教服务。同样,在芝加哥,"拖沓且无情"的郡级葬礼只会花费 1 美元出头,因而人们常常会为他们一无所有的逝者朋友自行举办葬礼。有关纽约廉租房的研究报告说,"如果邻居们听说有一场寒酸的葬礼要举行",那么"他们中的某个人就会到处走动和募捐,并且很快就能筹到举办葬礼所需的钱"。①

在涉及死亡时,慈善资金不但数额不足,而且相比私人金钱而言,这种资金是程度更深的羞辱。托马斯(Thomas)和兹纳涅茨基(Znaniecki)就提到了来自波兰的移民对一场市政葬礼的"全然的厌恶";两位作者告诉我们,一位叫朱迪兹维茨的妇女"宁愿为她孩子的葬礼乞讨凑钱,也不愿让一个机构来举办葬礼"。为了生活费,穷人也许已经接受了慈善救助,但他们不会为了死亡而接受救助;一场慈善葬礼不仅给体面的穷人加上了穷光蛋的恶名,而且,托马斯和兹纳涅茨基解释说,慈善葬礼如此公开地举行,成了"一般八卦的对象"。保险赔偿金因此取代了在道德上有污点的慈善救济金。显然,1919 年的一份来自克利夫兰联合慈善机构的代表的报告显示,在许多案例中,贫困家庭的亲友不愿以任何方式对他们伸出援手,但却"能被说服,负担这些家庭的保费"。②

---

① *Report of the Special Committee of the Town of Hartford* (Hartford, Conn.: Press of the Case, Lockwood, & Brainard Co., 1891), pp. XXXI-XXXII; James Brown, *The History of Public Assistance in Chicago, 1833 to 1893* (Chicago: University of Chicago Press, 1941), pp. 106-7; Herzfeld, *Family Monographs*, p. 27.

② William I. Thomas and Florian Znaniecki, *The Polish Peasant in Europe and America* (New York: Alfred A. Knopf, 1927), p. 1697; Helen W. Hanchette,(转下页)

不过，尽管慈善工作人员已经认识到死亡金钱对穷人而言的重要的社会意义，他们却仍然坚信借助恰当的指引，那种把感情用事的死亡花费置于紧迫的日常需要之前的不理性的记账方法是能够被改变的。"无论穷人是准备举行昂贵的或是不太贵的葬礼"，《慈善评论》的一篇社论评论道，"这或许首先是一个教育问题"。慈善工作人员的部分任务就是保护他们的案主，让他们防范保险代理人和商业殡仪业者的娴熟的推销。他们被催促去影响保险代理人的生意，所采取的方法是转而用该行业的个人推销方法反对保险代理人，以此说服穷人放弃他们的保险，"用这点钱来生活，而不是为了葬礼把钱给代理人"。尽管到 1909 年，一位地位最重要的保险发言人主动提出这个行业要齐心协力，教育穷人"应该在他们至亲密友的葬礼方面拒绝铺张浪费，杜绝作秀和夸示"，但慈善机构仍然像曾经一样坚信工业保险增加了"葬礼中的铺张浪费和无用的展示"。①

但是，正如我们已经看到的，慈善专家也明白"铺张浪费"的葬礼并不只是一种营销发明，而且还是一种"高度发展的情

（接上页）"Family Budget Planning," *Proceedings of the Forty-Sixth Annual Session of the National Conference of Social Work* (1919), p. 412. 有关儿童保险作为对工人阶级家庭一种寒酸葬礼的替代，参见 Zelizer, *Pricing the Priceless Child*, pp. 129-32.

① "Industrial Insurance," *The Charities Review* 8 (March 1898): 1; Fay, "The Experience of Massachusetts," p. 70; Lee Frankel, "Industrial Insurance," *Proceedings of the Thirty-Sixth Annual Session of the National Conference of Charities and Correction* (1909), p. 377; "Industrial Insurance," *Charities and the Commons* 17 (October 1906-April 1907): 879.

感"的产物。因此，简·亚当斯论证道，"突破"根深蒂固的"社会观念"和"得体的概念"是不可或缺的。有谁比慈善工作人员能更好地"在葬礼这方面对穷人起到有启蒙作用"呢？既然他们假设被保人在判断他们自己的预算编制方面，并不像那些"从无私的动机出发，努力控制穷人花费"的人一样称职，那么他们就有理由向穷人展示如何更为聪明地重新分配自己的金钱。① 穷人不得不接受新的教育，他们被告知首先要为"那些生前的要求"做好准备，诸如"夏日里对新鲜空气的需要……生病时对更有营养的食品的需要"。他们必须明白"在一个街区中看起来占据优势是虚假的自尊"，他们不应该为了供得起"一场像样的葬礼"而"拒绝接受一个活着的小孩子的需求"以及任何当下的需求。一个救济院的穷人"能续保一份有钱时所购买的保单，并说'我不必被这个城市埋葬'"，另一个家庭则"收到户外救济……用它满足了救济接收者每周的需求时"，穷人有必要看到无论前者还是后者都没有什么"美好之处"。值得注意的是，正如一位发言人在1909年的全国慈善与修正会议上所指出的，有必要"树立一场得体的葬礼的榜样，即意味着葬礼上没有不适当的表演"。②

慈善工作人员试图将穷人的丧葬花费理性化的这些努力有

---

① Willcox Brown, *The Development of Thrift*, p. 171; Addams, "Social Settlements," pp. 339-40; Willcox Brown, *The Development of Thrift*, p. 155; Mary Willcox Brown, "Child Insurance," *The Charities Review* 8 (April 1898): 72.

② Willcox Brown, *The Development of Thrift*, p. 171; "Child Insurance," p. 72; "Discussion on Industrial Insurance," *Proceedings of the Thirty-Sixth Annual Session of the National Conference of Charities and Correction* (1909), p. 382.

多成功呢？到 1914 年，纽约改善穷人状况联合会的一份报告指出，为享有抚恤金的寡妇支付保费已经成了一个问题，人们"对此持有许多不同意见"。就其自己所涉及的那部分而言，尽管纽约改善穷人状况联合会劝阻人们购买儿童保险，但该组织却仍会继续为家庭保单支付保费。正如该组织家庭经济部的监管员在若干年后所解释说的，"我们发现……人们如此执着于一场像样葬礼的确定性"，以至于"没有一个人忍心"停止支付保费。在 1919 年的全国慈善与修正会议上，究竟是为被救济家庭支付保费还是强迫他们放弃保险——这一两难问题仍然处于争论之中。密尔沃基联合慈善会决定将保险纳入他们的家庭预算中，"因为他们感觉到这些家庭即使在没有食物的情况下也会支付保费"。母亲援助项目同样也改变了他们的保险津贴，然而与此同时，只有几个州也将保费涵盖在了他们的预算之中。①

然而，到 20 世纪 20 年代，丧葬保险的主张却获得了意想

---

① William H. Matthews, "Windows' Families, Pensioned and Otherwise," *Survey* 32 (June 6, 1914), in Edna Bullock, *Selected Articles on Mothers' Pensions*, Debaters' Handbook Series (New York: H. W. Wilson Co., 1915), p. 49; Winifred S. Gibbs, "The Development of Home Economics in Social Work," *The Journal of Home Economics* (February 1916): 69; "Informal Discussion," *Proceedings of the Forty-Sixth Annual Session of the National Conference of Social Work* (1919), p. 417. 值得注意的是，Florence Nesbitt, *The Chicago Standard Budget for Dependent Families*, Bulletin No. 5 (Chicago: Chicago Council of Social Agencies, 1919), p. 7, 允许救助金"购买某些形式的保险……以防范疾病、死亡、或其他不幸"，因为"有必要给予自由，以从紧迫的不安中解脱出来"。在纽约的伊利郡（Erie County），母亲抚恤金的津贴并不包括保险，而在旧金山，保险就是寡妇预算的一部分，只要这部分"不是太多，也不带有储蓄的本质"；参见 Bogue, *Administration of Mothers' Aid in Ten Localities*, pp. 95, 160.

不到的正当性。虽然一些专家仍然认为保险更多的是一种"迷恋崇拜"而非一种"具有建设性意义的社会习惯",但另一些最杰出的社会工作者却为将保费纳入受救济家庭的预算中而做了辩护。建基于现金救济的消费主义逻辑,一位主张者解释说,为将受助家庭和他们的邻居之间的差别降到最低程度,购买保险是有必要的。而且确实存在一种"街区的葬礼标准,生活在其中的家庭必须向这一标准靠拢,否则我们的这些家庭将会蒙羞和'丢面子'"。①

同样地,一项对私人现金救济的全国性研究建议,受助家庭"应该被给予足够的金钱,从而为他们自己投保以对抗……死亡"。无论对社会而言有多么昂贵,由于考虑到一场"像样的葬礼"对贫困家庭的重要意义,以及"由公众为家庭的一个成员举办葬礼对这些家庭的自豪感和士气的影响",这笔花销获得了正当的理由。很明显,前文讨论过的来自意大利的寡妇C夫人,每月会从她的慈善收入中拿出5.25美元,用来支付她自己和6个孩子的葬礼保险费用。到1933年,《社会工作年鉴》还在报告社会机构有关受助家庭的保险政策的巨大变动。但是,一项对6000户家庭的重要研究显示,家庭福利机构的很大一部分的案主都购买了人寿保险。②

---

① Professor H. A. Phelps, "Insurance in 250 Unadjusted Families," *The Family* 7 (November 1926): 228; Joanna C. Colcord, "Relief," *The Family* 4 (March 1923): 14.
② Dunn, *The Supervision of the Spending of Money*, pp. 19, 73. "Industrial Insurance," *Social Work Year Book 1933* (New York: Russell Sage Foundation, 1933), pp. 251-52. Margaret H. Schoenfeld, "Trend of Wage Earners' Savings in（转下页）

显然，控制穷人经济的使命并不能简单依靠强制实行中产阶级的预算标准实现。贫困人口事实上接纳了慈善工作人员有关恰当花费的部分观念，但他们也非常固执地、有时候倔强地坚持保有对他们自己钱包的控制，甚至当这些钱不是他们自己的时候也是如此。当涉及一种恰当的死亡时，贫困家庭抵制了社会工作者的指导，并且找到了投资他们自认为有意义的仪式的办法。他们的坚持得到了回报；到20世纪20年代，社会工作者在制定家庭预算时已经常常会严谨地把用于死亡的金钱纳入在内，就像生活费一样。

争议在持续

贫困人口或许已经赢得了有关葬礼资金的争论。然而，直到20世纪20年代末期，社会工作者越来越确信慈善机构"受监督的现金救济"这一策略，成功地重塑了他们案主的家庭经济，"唤醒了对美好事物的向往"。[①]最杰出的社会工作者希望，在现金救济也将被公共机构广泛采纳之前，这仅仅是个时间问题。[②]

但大萧条的出现突然使社会工作者的消费主义的福利事业

（接上页）Philadelphia," *Annals of the American Academy of Political and Social Science*, suppl. to vol. 121 (September 1925), p. 38.

① Colcord, "Relief," p. 14; Dunn, *The Supervision of the Spending of Money*, p. 70.

② 参见 Janet Poppendieck, *Breadline Knee-Deep in Wheat: Food Assistance in the Great Depression* (New Brunswick, N.J.: Rutgers University Press, 1986), p. 172.

走向了破产；随着救济申请的增加，等待分配救济食物的队伍、施粥场、杂货店以及食品杂货订单激增，与此同时，现金救济很快就枯竭了。私人机构耗尽的不仅是资金，还有用来恰当地监督其案主的预算决定或评估他们"明智地花钱的意愿"的时间。对于社会机构而言，一位社会工作者在1932年解释道，实物救济"成了案主的家庭经济及相关知识的教育的一个间接替代品"。① 当哈利·霍普金斯这位进步主义的社会工作者在1933年被任命为联邦紧急救济局的局长时，社会工作的专业人士预料可能会出现现金救济的转向。的确，在霍普金斯的领导下，救助金在全国的许多社区都取代了食品杂货订单和杂货店。但联邦紧急救济局也参与到了这个国家尽最大努力分配过剩商品的过程中，使实物援助变成了一种可见的、大量的——对批评者而言——公开的羞辱性的救济形式。②

然而，社会工作者并未放弃努力。事实上，他们的现金救济主张似乎因为大萧条而变得更加激进化。例如，我们可以想一想桃乐茜·卡恩（Dorothy Kahn）在1933年全国社会工作会议上对现金援助的"热烈呼吁"。卡恩是费城郡救济委员会的主任。她论证说，金钱使得救济的接收者能够"在为他们的家庭准备生存所需的基本物品时拥有自行决断的权利"。另一方面，

---

① Margaret Wead, "Drifts in Unemployment Relief," *The Family* 13 (November 1932): 225.
② 参见 Poppendieck, *Breadline Knee-Deep in Wheat*, pp. 105, 172-74. 霍普金斯强烈支持现金救济，因为这样可以为接收者提供一些选择："虽然数额可能不大，但一个人怎么花钱是他自己的事情"；参见 Harry Hopkins, *Spending to Save: The Complete Story of Relief* (New York: Norton, 1930), p. 105.

以约束取代选择,实物救济削弱了称职的消费者在其他方面的力量。"如果你是一个庞大的救济组织",卡恩继续说,"那么你给我的这些东西(一篮子食物、一双鞋子或者一件连衣裙)会因为你的权力、你的选择、你的限制而变得沉重"。更糟糕的是,实物救济导致了一种腐败形式的消费主义,因为穷人被迫与食品杂货商"共谋","在食品杂货订单上写上三份烤好的面包,代替他已经给我的 15 美分现金,以带着我腿脚受伤的孩子去医院看病"。①

没过多久,对于这样一个事实性问题,社会科学家怀特·巴克(Wight Bakke)通过对大萧条中救济接收者的研究为我们提供了一个机会,让我们得以具体地看到以物易物和讨价还价的家庭模式,这些家庭借此把实物救济换成现金或他们想要的东西。例如,食品杂货商就被说服以昂贵的奶酪或香烟来替代得到批准的食物。要不然就是救济的接收者把他们的杂货食品卖给邻居,就像一位足智多谋的意大利裔家庭主妇,她为了获得现金,用其所有的食品杂货订单换取了通心粉和番茄酱,然后又把这些东西卖给了她的邻居。巴克得出结论,这个救济系统剥夺了他们的"正常功能",比如花钱,但人们有办法应付这个

---

① Dorothy Kahn, "The Use of Cash, Orders for Goods, or Relief in Kind, in a Mass Program," *Proceedings of the Sixtieth Annual Session of the National Conference of Social Work* (1933), pp. 273-75. 对救济物品的分配做集权化的安排,诸如传统的贫困线、施粥场(soup kitchen)以及救济杂货商品(commissaries),尤其受到现代社会工作者的怀疑,因为这些安排没有提供任何机会,任何能够使穷人形成消费者能力的机会。参见 Joanna C. Colcord, *Cash Relief* (New York: Russell Sage Foundation, 1936), pp. 18-26.

系统，因为他们找到了"随心所欲花钱"的办法。①

社会工作者论证说，让穷人直接拿到救济金会更好。乔安娜·科尔柯德（Joanna Colcorol）是货币形式的救济最有力和最坚定的主张者之一，在其所著的《现金救济》（Cash Relief）一书中，她对各州紧急救济局从1934年至1935年间开始实施的遍布全国9个城市的现金救济试点项目给予了高度赞许。可以肯定的是，科尔柯德承认，一些接收者仍然会乱花钱，就像纽约的一个妇女"饿坏了自己"，却用她的第一张支票去烫了头发，还购买了散沫花（henna）染剂的洗发水；或者像匹兹堡的一个男人用付房租的钱给他全家人购买了保险。但科尔柯德提供了令人信服的证据，证明了多数情况下，救济金在资助家庭和满足家庭需求方面，远远比食品杂货订单或杂货店要有效得多。为了恢复受助家庭"选择和计划的正常功能"，纽约在1934年就采用了现金救济的形式，而紧急家庭救济局发现他们的许多案主，"借助足智多谋和计划安排的能力"，能够"用他们的现金获得比食品订单更多的食物"，也能够满足机构所谓的"种族特色的食物品味和习惯"。科尔柯德报告了接收者是如何庆祝他们所获得的由现金带来的自行决断的权利的。"甚至当这种权利不是应得的时"，一位费城郡救济委员会的案主观察到，现金"都能够带来勇气和雄心"。对一些案主而言，现金提供了"偶尔愚蠢地花钱"所带来的乐趣，但对大多数案主而言，现金意

---

① E. Wight Bakke, *The Unemployed Worker: A Study of the Task of Making a Living Without a Job* (Hamden, Conn.: Archon Books, [1940] 1969), pp. 375, 357, 359.

味着购物的选择,"我们能够买到我们想要的,因而感觉到更加独立"。对伊利诺伊州库克郡的一位接收者来说,救济支票不仅意味着能买到"两倍于食品杂货的东西……我能凭订单得到那些食品杂货",而且意味着获得一些闲置的"5美分或10美分",可以在每个星期天把这些闲钱投到教堂的收集箱中。①

可以确定的是,在对现金的热心游说的过程中,社会工作者从能证明自己"配得上现金的"、因大萧条而产生的新穷人那里,汲取了更多的信心。他们论证道,这些不是20世纪20年代之前的慈善案例,他们是"普通的市民,他们唯一的问题就是没有工作"。确实,这些新穷人过去作为可靠的花钱人的历史,使得他们有资格成为货币形式的援助的可靠接收者。1933年的一份关于旧金山失业救济的报告指出,现金救济"仅仅是维持生活的最低工资……恰好展现了他们(接收者)在整个经济生活中已经遭遇到的同样的花钱问题"。②

社会保障擦除了标记

1935年的《社会保障法》使得福利的货币化更进一步。不仅新型公共援助项目(旧时代的援助、对受助儿童的救助以及对盲人的救助)的接收者收到了"货币形式的支付"而非实

---

① Colcord, *Cash Relief*, pp. 127, 153, 117, 130, 230.
② Ibid., p. 165.

物救济或优惠券，而且更为重要的是，联邦的现金被称作一种"无条件的和无限制的"货币。公共救助局明确警告，联邦救助的现金，由各州管理，但由接收者根据其自身意愿花费，而不受来自各州机构的任何类型的"指导或控制"。①

这个高效的新术语的出现并非偶然。以"货币形式支付"的社会保障被用来改进甚至是被作为最自由版本的现金救济。只要金钱只能"按照机构同意的目的被花掉"，公共援助局的主人简·霍伊解释说，现金补贴就不是一种真正的支付，而只是一种"放纵"，非常像"父母给孩子的零花钱"。②的确，尽管社会工作的主张带有很强的消费主义的修辞，但20世纪30年代的许多现金救济项目仍然要求接收者出示他们花销的收据。探访者会被要求提供一份写好的清单，说明哪些东西是在救济支票可以购买的范围之内，以此督促他们的案主"根据预算项目花钱"。③

这些现金补贴，或者"有条件的货币"，都被社会保障局宣布为非法货币。该局的助理法律总顾问解释说，"货币形式的支付"这一概念暗示了一种"有效的、合法的货币"，从而排斥了"物品和服务等形式的支付"。而且，当一个州机构"在某些明确或隐含的条件下"奖励某个接收者"一定数额的金钱……这

---

① Bureau of Public Assistance, *Money Payments to Recipients of Old-Age Assistance, Aid to Dependent Children, and Aid to the Blind*, Circular no. 16 (Washington, D.C.: Federal Security Agency, Social Security Board, March 1944), pp. 24, ii.

② Jane M. Hoey, "The Significance of the Money Payment in Public Assistance," *Social Security Bulletin* 7 (September 1944): 5.

③ Colcord, *Cash Relief*, p. 119.

样的金钱被用来购买某些指定的物品或服务"的话,那么这种行为,这个顾问论证道,就与直接提供这些物品和服务给接收者"同样合法"。因此,对公共援助局来说,受限的现金支付称不上是合法的货币,这也就违背了《社会保障法》对"货币形式的支付"的要求。社会保障局的这位顾问建议说,只有当联邦援助的接收者确认"他可以自由地、无拘无束地、以他认为合适的任何方式使用发给他的货币形式的支付"时,我们才能说"'财务援助'已经成为现实"(rendered)。①

因而公共援助局提议从根本上重新阐释"穷人的消费者至上"这一理念;他们已经准备好支持这一新的理念,而把传统的慈善现金逐出货币领域。该局发布了一份通知,宣布缺乏生活必需品的人应该被当作普通消费者,他们应具有同样的"通过正常的交易通道而参与各种活动的自由",就像他们的"朋友、邻居和社区的其他成员一样"。更确切地说,在接收者与商人和供应商之间以及与其他的购买者之间,都不应该存在差别。该局的报告表明,贫困未必会阻碍消费者的能力;公共援助局认识到了贫困人口"处理金钱的技能常常超过机构为他们处理金钱的技能"。那么,为什么他们还要被一种受限的货币所制约呢?受监督的货币毫无道理地妨碍了一个接收者"对他所需要的物品和服务的自由选择"。②

可以确定的是,这些"不受约束的"联邦货币仅仅被设计用

---

① Bureau of Public Assistance, *Money Payments*, pp. 29, 30, 27, 33.
② Ibid., pp. ii, 5-6.

来在某些类别的接收者中流通，他们是传统意义上"配得上金钱的"接收者：长者、儿童和盲人等。各州一般性的现金形式的救济也增加了，但并没有取代实物援助或商品杂货订单。到1937年12月，现金援助占据了主导地位，即在11个州和哥伦比亚特区，现金援助成为了唯一的救济形式，而另外17个州则是会同时发放现金和实物救济，还有20个州则仍然只分发实物救济。①

在努力建构一种在全国范围内被用于交易的唯一媒介的过程中，政府现在愿意把联邦救济货币转换成被界定为完全可替代的货币。如果只存在一种官方货币，那么援助货币与其他收入之间的任何区别，包括在使用救济支付时的限制，都将变得过时。于是，接收者就有了使用他所收到的现金救济进行支付的权利，他们具有"同样的自由，就像其他人从其他途径获得他们的收入一样"，跟工资一样。重要的是，联邦安全局的助理法律总顾问明确地坚持这一点，为此他还援引了宪法和立法的条款作类比，这些条款要求公司以法定货币形式给付工资，而不能使用一个公司的有着诸多限制的临时凭证。法庭保障一个劳动者的工资"是其财产的一部分，其有权按照其意愿处理这些工资"，同时法庭宣布雇主并无资格"削减这些权利"，《社会保障法》则以同样的方式确保了救济支付的花销不受限制。②

这并不仅仅是修辞。公共援助局确实打算将这些有关货币形式的支付原则付诸实践。关于如何把慈善货币当作一种不受

---

① "General Relief," *Social Security Bulletin* 1 (November 1938): 35-50.
② Bureau of Public Assistance, *Money Payments*, pp. 6, 32.

限制的货币形式的支付，公共援助的管理者接受了仔细的指导。以一个机构把其援助政策通知给接收者为例。公共援助局区分了可接受的信息材料和不妥当的"指导性的"说明；虽然机构被期待告知接收者，他们的需要将如何获得接受，以及机构将如何计算支付的数目，但却不能以任何方式建议"在支付的同时，要使接收者明白这笔支付会被用于特定的某个项目"，或者建议接收者"将承担任何可能的损失，如果他没有把支付或支付的一部分用于一个特定的目的"。① 任何接收者都不能被强制要求展示是如何使用这些支付的。

显然，援助机构也受到强烈的提醒注意，防范任何与供应商，诸如食品杂货商或房东的合作。这种合作，例如直接支付给供应商，或者介入接收者与债权人之间的关系，可能会妨碍接收者使用其支付。援助机构也不得推行某些据说是常见的做法，包括要求接收者在支票背面签名，将部分或全部救济金返还给机构，然后由机构来支付接收者的账单。公共援助局的建议通过制裁和处罚手段得到支持。一个州机构也许可以单方面决定分派食物和服务而非现金或其他任何形式的救济"以削减接收者不受限制地使用支付的权利"，该机构可以用自己的钱这么做，但这么做会使该机构自动失去联邦的资金支持。根据援助机构的法律顾问所说，社会保障委员会"并未被授权将联邦资金与物品和服务的费用或者任何与它们实质上等值的东西相匹配"；这位顾问总结说，任何违背"不受限制和无条件的资

---

① Ibid., p. 14.

金"的行为，都会构成一种对《社会保障法》的"歪曲"。①

社会保障似乎使得不受限制的现金支付获得了完全的胜利；这场争论似乎要结束了。公共援助局认识到，受限的支付仍然是"机构的钱，因为机构指导着它们的使用"。很可能，至少伴随着无条件的公共援助项目的出现，贫困人口的标记系统现在可能占据了上风。新的科层指导方针是明确的："由接收者自己，而非机构，来决定什么才最符合其需要"，接收者据此来使用公共援助资金。②新的货币兑换方式没有任何附加条件。

重铸慈善货币

福利体系并没有完全准备好解开其钱袋子；对慈善货币的

---

① Ibid., pp. 22, 32.
② Ibid., p. 6. 对于无限制的货币支付的重要性的重申，参见 "Eligibility and Payments to Individuals, 9/26/47/" in U.S. Department of Health, Education, and Welfare, *Handbook of Public Assistance Administration*, Pt. 4(Washington, D.C.: Social and Rehabilitation Service, Assistance Payments Administration, April 14, 1971). 亦可参见 Elma H. Ashton, "Money Giving in Social Work Agencies: In Retrospect and in Prospect," *The Implications of the Federal Social Security Act for Social Work Agency Practice*, Federal Security Agency, Social Security Administration, Bureau of Public Assistance, Report no. 11 (Washington, D.C.: Government Printing Office, 1947), pp. 1-8. 公共福利行政教科书和社会工作教科书强调了货币支付原则的重要意义。参见 Arthur P. Miles, *An Introduction to Public Welfare* (Boston: D.C. Heath and Company, 1949), pp. 394-95; Arthur E. Fink, *The Field of Social Work* (Albany, N.Y.: State University of New York, [1942] 1949), p. 64; Herbert Bisno, *The Philosophy of Social Work* (Washington, D.C.: Public Affairs Press, 1952), pp. 38, 46.

标记被证明是擦不掉的。这种标记很快就使公共援助局试图清除援助支付和其他形式的收入之间的差别的努力归于失败。的确,《社会保障法》的制定者在更为正当的社会保险救济金和公共援助支付之间划出了一条在观念和实践层面的清晰界限。的确,两种援助都以现金支付,但社会保险支付与购买服务靠得更近,而援助金则依然是一种更有损尊严的"赏钱"。想一想援助金项目对个体的经济状况调查要求的坚持,这使得援助金的发放取决于一种对接收者经济生活的广泛且具侵扰性的调查。社会保障委员会持续不断地强烈抵制由任何单一的州所发起的行动,试图朝着一种对穷人的统一的、无差别的补助金体系前进。这种抵制如此强烈,以至于当加利福尼亚州议会在20世纪40年代初期通过一项有关长者的有保障的收入计划时,社会保障委员会虽然缺乏完全禁止这项新政策的法律权威,但还是使用了一个借口——声称加利福尼亚州的行政结构存在"严重的缺陷"——从而使得严重削减联邦资金对该州的资助变得合理。[1]

当涉及援助金真实的使用情况时,公共援助局承认,州机构发现,要发展政策、标准和程序以保障"接收者无限制地使用援助款项的权利"是困难的。州福利的管理者,常常面临着来自食品杂货商或房东的压力,他们抗议偶尔有接收者的账单未被支付。有时候管理者不得不直接向供应商支付,要不然就是以其他方式限制接收者使用其救济金,由此他们不断地违背

---

[1] Jerry R. Cates, *Insuring Inequality: Administrative Leadership in Social Security*, 1935-54 (Ann Arbor, Michigan: The University of Michigan Press, 1983), pp. 116-17. 凯茨(Cates)用"赏钱"(gratuity)这一术语来形容公共援助的支付, p. 9.

擦除标记的意图。以 20 世纪 40 年代早期一个公共援助机构为例。该机构要求接收者用指定比例的救济金购买食品券。那些没有这么做的人发现他们的补助金就相应地减少了。①

于是讽刺的是，原本试图使社会保障的现金成为一种无标记的货币支付的努力，却演变为替穷人标记好的新式金钱的发明，这种类型的金钱从直接给物品或服务的提供者的"供应商支付"；变成了把钱给另一个更称职的人的"保护性支付"；其同时还包括两方支付（two-party payment），即将支票邮寄给接收者，但只有由特定物品、服务或项目的提供者额外签署后，这些支票才可兑现。

只要贫困人口的消费者能力依然被质疑，那么继续制造受限的援助货币就情有可原。的确，新民主话语坚持认为援助的接收者拥有同样的权利和责任"指引自己的个人事务，管理自己的金钱……就像任何其他市民一样"，而在构成这种话语的基础中，却仍然存留着传统的怀疑，认为穷人不知道如何恰当地使用金钱。到 1962 年，《社会保障法》的一项修正案使新的受限货币开始在整个联邦流通。例如，为了保护儿童的利益，现在在那些孩子的监护人"实在不能管理资金"的案例中，受助儿童家庭救助这一项目的保护性支付就会被发给"对儿童福利感兴趣的"第三方。②

与 20 世纪 20 年代家政学的指导者遥相呼应，新规则也要

---

① Bureau of Public Assistance, *Money Payments*, pp. 21, 17.
② Ibid., p. 10; United States Code, 87th Cong., 2d sess., 1: 1945.

求州机构帮助不称职的成人转变，付出"格外的努力，以发展亲属管理资金的更大能力，保护家庭的福利"①。尽管一开始，保护性支付被限制为在全州所有接受援助家庭中占比 5%，但这一限制比例后来上升到了 10%，而到 1977 年则升到了 20%。到 1981 年，国会取消了所有的联邦最高限额，允许各州自行决定受限支付的数量。所以，虽然根据联邦法律，州仍然不会"指定受助儿童家庭救助的资金要以某种特定方式被使用"，但在实际操作中，"处置不当"条款的出现使限制不称职穷人的金钱变得合理。到 1982 年，除了 8 个州之外，其余所有的州都通过依据"处置不当"条款来控制受助儿童家庭救助的资金，由此从父母那里夺走了金钱的控制权。值得注意的是，当给予房东和其他债权人的保护性支付和供应商支付越来越多地被受助儿童家庭救助项目的接收者所使用时，他们却被禁止申请非公共的援助项目，诸如社会保障和退伍军人的救济金。②

受限的慈善货币也开始在社会保障所明确的援助项目之外大量出现。例如，1939 年至 1943 年，新的食品印花被创造出

---

① Public Law 87-543, sec. 108(a); 76 *United States Statutes At Large* (1962), p. 189. Reed K. Clegg, *The Administrator in Public Welfare* (Springfield, Ill.: Charles C. Thomas, 1966), pp. 194-96.

② 参见 Houston Welfare Rights Organization v. Vowell, 391 F. Supp. 223 at 233 (1975); Memorandum To Welfare Specialists (Center on Social Welfare Policy and Law, December 21, 1984), p. 2; Timothy J. Casey and Henry A. Freedman, "The Case Against Direct Vendor Payments," *Public Welfare* (Winter 1979): 37; Arthur B. LaFrance, *Welfare Law: Structure and Entitlement* (St. Paul, Minn.: West Publishing Company, 1979), p. 420.

来，以向缺乏生活必需品的人分配过剩的食品；特意雕刻的橙色印花是用来换取定期食品的，而蓝色印花则是用来换取过剩食品的。新货币也被发明出来；因为食品杂货商被禁止用美元硬币找零，所以他们发明了临时凭证、代用币或者手写的欠条（IOUs），欠条被要求写明用作支付的印花的颜色。①

随着20世纪60年代的到来，给穷人的受限的实物援助——一般包括食物、住房以及医疗服务——显著增长，而现金支付却减少了。更为确切地说，到20世纪80年代，只有十分之三的福利资金是通过现金形式分发出去的。例如，我们可以想一想食物印花项目，分别始于20世纪60年代中期和1991年的这两个项目的接收者人数是受助儿童家庭救助项目的两倍。1993年，接收者人数则达到创纪录的26600000——比全国人口的10%还多——他们用优惠券购买食物。② 但他们不可以购买任何其他东西：根据美国农业部的规定，食品印花不能购买含酒精的饮料和烟草，已经做好的热食，小吃店的食物，维他命或药品，宠物食品或

---

① Neil Shafer, "Early Food Stamps Were Money at a Discount," *Bank Note Reporter* (March 1987): 22. 有关首个食品印花项目，参见 Kenneth Finegold, "Agriculture and the Politics of U.S. Social Provision: Social Insurance and Food Stamps," in *The Politics of Social Policy in the United States*, ed. Margaret Weir, Ann Shola Orloff, Theda Skocpol (Princeton, N.J.: Princeton University Press, 1988), pp. 219-20; Maurice MacDonald, *Food, Stamps, and Income Maintenance* (New York : Academic Press, 1977), pp. 1-4.

② 参见 Gary Burtless, "Public Spending for the Poor: Trends, Prospects, and Economic Limits," in *Fighting Poverty: What Works and What Doesn't*, ed. Sheldon H. Danziger and Daniel H. Weinberg (Cambridge, Mass.: Harvard University Press, 1986), pp. 21-24; Joseph E. Stiglitz, *Economics of the Public Sector* 2d ed. (New（转下页）

者其他任何不是食物的东西。食品印花也不能换取现金。这些限制在法庭得到了支持；例如，一个零售商因接受以食品印花支付阿雅克斯清洁剂、婴儿奶粉、洗发水以及其他"无资格的"产品，而被判暂停参与食品印花项目6个月。[①] 在一般的援助项目中，保护性支付或直接付款给供应商，特别是支付给房东，也是常见的，这再次限制了接收者自行决断的权利。

因此，官方的慈善货币与贫困人口对金钱的标记，这二者之间的争论从未终结。确实，给穷人的不受限制的现金款项已经有了新的盟友，即经济学家，他们援引消费者至上的原则来反对政府毫无效率的企图，指出政府通过提供实物形式的救助，"扭曲了个人的消费决策"。[②] 他们中的许多人都支持一个消极的所得税体系，因为这将带来一个只有现金的统一福利体系。经济学家发现他们自己不太可能与主张福利权利的活动家结盟，这些活动家也强烈支持不受限制的货币支付——但不是为了经济效率，而是为了保障贫困人口"能自由控制"他们的收入。尤其是在住房领域，他们论证说，直接把钱付给供应商的做法

（接上页）York: W. W. Norton & Co., 1988), p. 349; Robert Moffitt, "Incentive Effects of the U.S. Welfare System: A Review," *Journal of Economic Literature* 30 (March 1992): 1; "Economy Grows, Food Stamps Rise," *New York Times*, March 3, 1993, p. 23.

[①] 参见 Berger v. United States, 407 F. Supp. 312; U.S. Department of Agriculture, *Food Program Facts*, (Washington, D.C.: Food and Nutrition Service, October 1991), p. 4.

[②] Stiglitz, *Economics of the Public Sector*, p. 349. 关于经济学家对现金兑换的支持，参见 J. R. Kearl et al., "What Economists Thank: A Confusion of Economists?," *American Economic Review* 69 (May 1979): 34.

会使缺乏生活必需品的接收者变得更为贫困，因为这剥夺了他们与房东讨价还价的所有权力，比如为了迫使房东改善房屋条件而选择不给租金，或者在紧急情况下选择使用租房资金应急。例如，在一些纽约租客的案例中，房东拒绝提供取暖服务，用来支付租金的钱就被救济的接收者用来购买局部供暖装置或冬衣，或者让烤炉一直工作，以度过寒冬。①

然而，对贫困人口能力的不信任，已经推翻了不受限制的现金的主张者的宣称。甚至一些经济学也承认，假定消费者的能力是多样的，"简单的效率"也许确实需要"以实物救助来防止家庭管理的低效率"。例如，经济学家莱斯特·瑟罗（Lester Thurow）就提出了一种可能的"救济兑换的连续体，从现金、附带建议的现金、代金券、实物供应以及最终到强迫"。②

对权威机构而言，它们已在努力地工作以维持或创造针对穷人的不同的、可辨认的、可控制的货币，或者制造新货币，诸如食品印花，或规定法定货币的用途，正如保护性支付一样。现在，食品印花项目正在将它的标记系统计算机化：一种实验性质的电子救济金兑换系统将用更为匿名的计算机化的卡片取代纸质优惠券，从而使得食品印花更加接近普通的货币，但电

---

① Case and Freedman, "The Case Against Direct Vendor Payments," p. 40.
② Lester C. Thurow, "Government Expenditures: Cash or In-Kind Aid?," in *Markets and Morals*, ed. Gerald Dworkin, Gordon Bermant, and Peter G. Brown (Washington, D.C.: Hemisphere Publishing Corp., 1977), pp. 97-98. 关于实物和现金两难困境的另外两份引起争议的讨论，参见 Thomas C. Schelling, "Economic Reasoning and the Ethics of Policy," *The Public Interest*, no.63 (Spring 1981): 60-61, and Steven Kelman, "A Case For Transfers," *Economics and Philosophy* 2 (1986): 55-73.

子兑换方式仍旧监督着购物行为，迫使接收者购买指定的食品。同时，甚至连私人团体都为穷人发明了受限的新货币。例如，在加利福尼亚的伯克利，商人和慈善组织在 1991 年设计了代金券，通过规定他们的优惠券形式的货币只能兑换成食物、巴士车票或其他必需品，而不能兑换酒、香烟或非法药物的做法，鼓励"好的乞讨行为"。①

而贫困人口仍然在与官方的标记展开抗争，他们找到了把救助的货币变成他们自己的货币体系的办法。食品印花，非常像 19 世纪的食品杂货订单，他们就在黑市中交易，将印花换成现金，或者将用印花购买的食品卖掉，再换成现金。显然，葬礼货币继续存在于贫困人口的预算之中。在重度贫困者当中，一些接受福利救济的母亲——尤其是高风险的城市中心区住房项目的案主——依然找到了留出一部分钱用来为他们的孩子购买葬礼保险的办法。在 18 世纪与 19 世纪之交，母亲们害怕为一个即将病死的孩子举办一场寒酸的葬礼，而在 19 世纪与 20 世纪之交，接受福利救济的母亲们则购买了葬礼保险以应对可能由暴力导致的孩子的死亡。②

专业的慈善工作人员已经就如何界定和处置贫困人口的金

---

① 参见 the *New York Times*, July 26, 1991, and September 19, 1991.
② 关于食品印花的交易，参见 Edwina D. Andrews and Scott Geron, "Surviving the '80s: How Public Aid Recipients Cope with Benefit Cutbacks," Report by Taylor Institute, Chicago (June 1984), p. 87。有关儿童保险，参见 Kathryn Edin, "Surviving the Welfare System: How AFDC Recipients Make Ends Meet in Chicago," *Social Problems* 38 (November 1991): 464-65; Alex Kotlowitz, *There Are No Children Here* (New York: Doubleday, 1991), p. 17.

钱斗争了一个多世纪。失业救济金、食品杂货订单、燃料费、面粉和鞋子俱乐部、一分钱银行的储蓄、金钱形式的礼物、邮政储蓄银行、家庭零用钱、母亲抚恤金、葬礼费、食品印花、供应商支付、保护性支付——所有这些都围绕着一个问题：应该由谁定义恰当的花费，不仅包括救济金，还包括穷人赚的钱。尽管已经出现了消费主义，甚至是救济的法律标准化的形势，但是慈善工作人员仍在继续努力地强行实施他们自己的标记系统，这种系统建立在这样一个假设的基础之上，即贫困人口常常缺乏自己花钱的能力。

而对于接收者而言，他们坚持着自己标记金钱的做法。实际上，在最近几年，穷人努力地标记他们自己的金钱，并且一直斗争到了法院。让我们想一想安妮·梅·罗伯特对康涅狄格州实施供应商支付的挑战。当罗伯特夫人，这位"受助儿童家庭救助"项目的接收者在1970年1月1日没有收到她的福利支票时，她立即通知房东说，她会推迟支付租金，直到收到这张福利支票。但是房东向州福利部门提出请求，并且从福利部门那里得到了一笔供应商款项以偿付罗伯特夫人的房租。根据法律规定，房东将继续从福利部门得到款项，直到原告的租约到期为止。罗伯特夫人主张说，由于她被剥夺了"以直接支付金钱的形式接受福利援助的权利"，她已经丧失了其"通往尊严的权利"和独立性。

然而，法庭判决安妮·梅·罗伯特并没有受到保护的合法权利以获得直接的金钱支付：只要供应商款项还没有剥夺她"维持生活的手段"，那么任何有关"尊严"和独立性的丧失都会被宣告为无关。这个提议遭到否决，而这项诉讼则被驳回。①就像我们在之前有关慈善金钱的解释中讨论过的来自意大利的寡妇移民 C 夫人一样，安妮·梅·罗伯特的援助支付未被认定为合法货币，而仅仅是一种受限的慈善货币。尽管 C 夫人的家庭经济已经受到社会工作者密切的监督，但罗伯特夫人的金钱不仅被福利机构和她的房东所控制，而且受限于法律体系。

---

① *Annie Mae Roberts et al. v. John Harder*, Connecticut Welfare Commissioner, 320 F. Supp. 1313 (1970).

7

金钱意味着什么

在《博闻强记的富内斯》一书中，作家博尔赫斯给我们构思了一个他笔下最不可思议的人物之一。在一次骑马事故后，富内斯卧床不起，在许多个失眠的夜晚，富内斯发展出了一套他自己的古怪的列举系统：

> 为了替换七千零十三，他会把它说成（例如）马克西姆·佩雷斯；替换七千零十四的，是火车；替换其他数字的是……硫磺、俱乐部、鲸鱼、气体、大锅、拿破仑、奥古斯丁·德·维迪亚。为了替换五百，他会把它说成九。每一个词都有一个特定的符号、一种特殊的标记……我尝试去解释这种语音不关联的狂想曲恰恰是一个列举系统的反面。我告诉他说，365意味着三个一百、六个十、五个一——是一种以神秘的蒂莫西或肉毯"数字"所不可能完成的分析。富内斯并不明白，或者他也不想明白。[1]

格奥尔格·齐美尔在《货币哲学》一书中写道，如果金钱将现代世界变成一个"巨大的算术问题"，社会金钱是否仅仅是

---

[1] Jorge Luis Borges, "Funes el memorioso," *Ficciones* (Madrid: Alianza Editorial, 1988), p. 129; 我的翻译。

一场失眠症患者的幻想呢？如果金钱本质上是一种数值现象，那么当我们将某些金钱说成肮脏的或者干净的，家庭的或者慈善的，小费或者工资，我们是和富内斯一样疯了吗？对经典理论家来说，金钱的"数理特性"使社会生活充满了"测量和权衡"，充满了一种"可进行数值计算的理想"，这必然会削弱个人、社会和道德的特殊性。[①] 所以，历史学家也告诉我们，美国人是如何在19世纪末用一种"定量伦理"回应社会剧变的，那成了"他们的价值危机的标志"。罗伯特·韦伯（Robert Wiebe）观察到，由于"没有任何东西能更好地理解他们的世界"，"每个地方的人都会权衡、计算和测量他们的世界"。[②] 货币经济助长了世界的灰暗，仅仅给客观的、定量的计算留出了空间；匿名的数字无情地擦去了个人的标记。

但是富内斯可能已经意识到了什么。因为，正如我们已经看到的，人们经常调动金钱的社会词典，以创造词汇、句子、段落、整本书，这发生在他们巧妙地处理他们的货币的过程中，标记一些金钱以专款专用，依据金钱被赚取的方式来区分金钱，为特定的交易指定特殊的使用者，为官方货币的独特用途发明新的名称，或者将非货币的物品转换成交换的媒介。当然，数量会导致一种差别，人们关心他们的交易中涉及多少金钱。但是它是**哪种**金钱，是**谁的**金钱，这些问题同样也会有重

[①] Georg Simmel, *The Philosophy of Money*, trans. Tom Bottonmore and David Frisby (London: Routledge & Kegan Paul [1900] 1978), pp. 444-45.

[②] Robert H. Wiebe, *The Search for Order, 1877-1920* (New York: Hill and Wang, 1968), pp. 40, 43.

大影响。

这些差别不是不稳定的、空想的，对于占主导地位的理性货币体系来说亦非孤例，在该体系中，金钱的标记被认为并不存在。金钱的社会分化是普遍的。不仅在经济的黑暗而奇异的角落，也在我们看得到的任何地方，各种不同的社会关系和价值观重塑了金钱。不仅个人，组织甚至政府也区分出了多种多样的法定货币或其他货币。如齐美尔所说，因此多元货币并非原始生活的奇特残余，在原始生活中，金钱仍然保留着"神圣的尊严"或者"特殊价值的品质"，但多元货币事实上是发达的资本主义经济的一个核心特征。①

面对货币化时的标记

事实上，19 世纪 70 年代至 20 世纪 30 年代，人们发明了日益复杂和广泛的标记系统，这正是因为一个全国性的市场体系在美国不断得到巩固，工业资本主义繁荣兴旺，消费主义迅速发展，以及政府为实现中央集权的、统一的法定货币所做的努力。现代消费者社会不仅把花钱这件事变成了一个主要的经济行为，还把它变成了一项动态且复杂的文化和社会活动。金钱应该用来买什么，什么时候买，又以什么频率买？金钱的来源要紧吗？谁可以适当地、自由地花钱，谁又需要指导、监督

---

① Simmel, *Philosophy of Money*, pp. 365-66.

和限制？

同时代的社会观察者们的观点是正确的，他们预计金钱将会进入更社会化的、更商业化的交换中，但他们对那些后果的评估却是错误的。由于遭受知识色盲（intellectual color blindness）的影响，齐美尔的精辟论述没能捕捉到丰富的新社会色调，而这种色调已经出现在货币经济中，人们即兴想出了很多将金钱个人化和差别对待金钱的方式。在色盲只看到灰色阴影的地方，正常视力的人却看到了整个彩虹。不过，标记金钱的人们更胜一筹：他们创造了他们自己的光谱，以替代那些由政府和银行所提供的光谱。

对金钱的标记甚至发生在社会生活中最脆弱的领域，这些关系和交易可能尤其易受美元理性化的影响，包括家庭内部的交易、礼物赠予和慈善，无论是公共的还是私人的，都会受到影响。金钱焦虑越来越多地渗透到美国家庭的内部，从礼物交换到慈善捐款。就单从这儿，我们应该已经能发现国家均质化货币的标准化和去个人化的效果。

相反，我们发现了一个复杂的社会经济。在金钱进入家庭、礼物交换和慈善捐款之中后，个人和组织发明了一系列广泛的货币，从家用开支补贴、零花钱，到礼物形式的金钱、礼品券、汇款、小费、一分钱银行的存款、母亲抚恤金和食品印花。他们将表面上同质的法定货币分为不同的种类，并且创造出了缺乏国家背书的其他货币。

在家庭内部，家庭成员会仔细地，有时甚至会热情地区别和分开他们的金钱，将用来购买食物的钱与用于支付租金、学费或用于慈善捐款的钱分开，这笔钱也同样区别于用于葬礼、婚礼、圣诞节或娱乐活动的资金。妻子们、丈夫们和孩子们在标记安排上的意见不总是会达成一致，家庭成员们会争论如何定义、分配和规制他们的金钱。我们已经看到一位妻子的钱是如何从根本上有别于她丈夫的或者她孩子的，不仅仅在于数量，也在于这笔钱是如何获得的，有多经常获得，是怎么使用的，甚至被保管在哪里。争论不是总能友善地得到解决：为了保护各自的钱，女人们、男人们和孩子们经常撒谎、偷窃或者欺骗彼此。因此家庭建构了金钱的不同形式，由强有力的家庭文化以及夫妻间和亲子间变化着的社会关系所共同塑造。它们同样也被阶级所影响：中产阶级家庭内部的美元与工人阶级家庭内部的美元不是精确的等价物。

家庭、密友和商业同样也将金钱重塑为可能性质最不同的形式：一件寓有情感的礼物，表达的是关心与喜爱。是谁给的礼物性质的金钱和是谁收到的，是什么时候给的，是怎么提供的，以及是怎么花的，这些都至关重要。礼物性质的金钱挑战了货币中性、客观和可交换的概念，作为一种有意义的、非常主观的、不可替代的货币在流通，而且受到社会习俗的严密规范。在圣诞节、婚礼、洗礼或者其他宗教的和世俗的活动中，现金变成了一种高贵的、受欢迎的礼物，几乎无法被认定为市场货币，并且明显有别于其他家庭内部的通货。

礼物赠予者和礼物接收者经常就金钱形式的礼物的标记发生争论。特别是在涉及陌生人之间的交换时，礼物形式的金钱就变成了充满争议的货币，象征着特定社会关系的不平等。例如，小费是极具争议的一类金钱，部分具有支付性质，部分则具有礼物性质，小费有时被定义为表示感谢，但其他时候则会被当作一种侮辱性的施舍而被拒收。此外，给穷人的金钱在礼物、小费、正当权益和服务费支付之间不断达至不稳定的平衡。一笔特定的转让是被算作服务费支付、合法权利，还是一份酌情决定的礼物，都深深地影响着有关各方，以至于各方都在自己的范畴间竖立了看得见的边界，并为边界的定位展开了斗争。

当权威机构介入对金钱的标记时，一种不同类型的货币出现了。大量机构和组织开始关心所谓的不称职的消费者。在20世纪早期，它们便开始进入了这些需要依靠的人群的标记系统。对于穷人来说，公立的和私人的福利权威们开始深入参与到了创造慈善货币的过程当中，这些货币是为教授他们的客户如何合理使用金钱而设计的。社会工作者为穷人所做的事情类似于其他机构为规范消费模式所做的努力，如监狱、教养院或孤儿救济院，还有许多工作场所；企业生活区，或者甚至是福特汽车公司。福特著名的1914革新——一天5美元和利润共享计划，区分了工人的常规工资收入和基于公司利润的有条件的补充收入。这一安排使得员工的利润分配取决于他们正直的生活方式，包括合理使用额外收入。①

在大量权威机构强制实施货币的相关证据的存在之处，我

---

① 有关福特汽车公司，参见 Stephen Meyer III, *The Five Dollar Day: Labor Management and Social Control in the Ford Motor Company, 1908-1921* (Albany: State University of New York Press, 1981), pp. 108-47。

们总能发现反标记和异议。因此，我们有理由预见到阻力，还有其他场景下的替代性货币的出现。说到慈善货币，毕竟，穷人保留了他们自己的金钱区分系统，这使得现金救济变成了一种有争议的、竞争性的、复杂的金钱交换。

家庭生活、礼物交换和慈善不大可能处于现代经济生活的边缘位置。它们是至关重要的，是创造中心，积极并持续参与了标记过程。事实上，金钱的革新和分化在这些微妙的社会互动领域是特别积极、精细、明显的。人们在创造意欲管理复杂社会关系的金钱上投入了很多精力，这些关系表达了亲密，但也带来了不平等；表达了慈爱，但也代表了权力；表达了照顾，但也体现了控制；表达了团结，但也导致了冲突。重点不在于这些社会生活的领域在勇敢地抵抗商品化，相反，而是它们在欣然地吸收金钱、改变金钱，以使自己符合更多价值观和社会关系。

当所有社会阶层的女性都越来越多地开始管理经营家庭经济和礼物经济的重要部分时，我们已经可以看到最突出的货币性别化。类似地，求爱实践中随性别标记的金钱已发生了深远改变。但是性别涉及许多其他社会环境：办公室、学校、教堂、偶然的社会聚会，等等。在每一种环境下，我们都有理由预见男性和女性对金钱形式和实践的设计。显然，我们需要更好地理解性别工作。采用并行方式，我们必须探索年龄、种族和族群性是如何定义金钱的使用、意义和分配的。

市场货币的社会基础

那么，市场货币是什么样的？是否真如经典理论家所描述的，至少市场货币可以像同质的、无色的货币一般恣意漫游？是否可能存在黑白分明的世界货币地图呢？是，但也不是。

无疑，从18世纪到20世纪，为了使交易正规化和常规化，减少经济当中的社会关系困难，在市场环境的重要领域，人们发明了很多货币策略，诸如支票、单一价格（one-price）商店、付款指令（money order）、自动转账，以及各种各样的信用卡。齐美尔或许有知识色盲，但他依然可以看到：经济生活的货币化有利于商业关系的扩张，有利于在时间和空间上扩展市场。

然而，问题在于经典思想家们太过聚焦于标准化市场的例行常规，以至于他们犯了两个基本错误。首先，他们未能意识到在市场货币的发明过程中所包含的充满困难的社会过程。对市场货币的标记不是现代市场经济自发的、无法抑制的产物。相反，如美国的案例所显示的，在创造一种中央化的、同质的、统一的法定货币的过程中，政府付出了巨大而持久的努力。

其次，通过假设其必然性，经典思想家们将市场货币绝对化了。由于相信只存在市场货币，他们没有看到新货币的发明，没有识别出现代社会中品类繁多的货币。他们没有捕捉到一个逐渐增长的悖论：当金钱的物理形式和法律地位变得更加标准化时，法定货币在许多生活领域的使用都变成了一个更加微妙的社会过程,这也使得法定货币在文化层面和社会层面的区分日益精细。

当社会工作者们或家政学家们热心地设法将齐美尔的想法付诸实践,塑造理性的消费者,将家庭金钱或者现金救济定义为无异于工资的,而且可以如同普通支付一样被匿名而自由地花销的金钱时,我们可以回想一下发生了什么。他们的努力一如既往地失败了,就像创造一种不同种类的货币一样,就像市场货币在一套陌生的社会关系中一样。比如,把家庭金钱当作工资,不仅会被视为一种侮辱,也会被视为对家庭稳定的一种直接威胁。

另一方面,"自由的"现金救济并不适用于社会工作者与其案主间已确立的社会关系。因此,虽有市场自由一说,但社会工作者却仍在继续限制并指导其案主的标记系统。然而,金钱的同质化也遭遇了失败,因为社会工作者所做的这些努力的目标人群(案主)对标记金钱有他们自己的想法。

让我说得明确些:金钱在每一个地方都是多种多样的,包括在竞争性的市场当中。事实上,阿瑟·努斯鲍姆(Arthur Nussbaum),一位法律史学者,已经指出了美国人在货币试验上的"非凡天赋"。今天,美联储已经意识到了国家货币供给的构成部分,不仅包括现金、货币、活期存款,以及旅行者支票,同时还包括其他金融资产中的隔夜回购协议、欧元、货币市场互助基金份额、储蓄债券、商业票据、银行承兑汇票以及流动的国库债务。事实上,正如经济学家乔尔·库尔茨曼(Joel Kurtzman)所指出的,近些年来已经出现了一系列的货币和类货币，例如私自发行的数十亿美元的信用卡货币，住房抵押的信用额度，或者像通用电气信贷公司这样"所谓的非银行财务机构"借给个人和公司的钱。库尔茨曼观察到，"计算市场上存在多少资金几乎是不可能的，这变得显而易见"。[1]

然而，特定的市场交换已经发展出了几套例行化的交易，以至于事实上，电子货币转账、直接银行存款、计算机化的家庭购物，或者自动电话购物都受到了明确的规范，但却很少或根本不涉及付款人和收款人的个人联系。社会学家詹姆斯·科尔曼指出，在一个"无现金社会"，大多数人用信用卡付款，人际间的纽带和对特定他人的信任变得无关紧要，因为卖家不再依靠买家，而是依靠非个人的中央电子债务清算公司。[2] 这些重要的交易在很多方面都符合社会学有关货币化的经典理论。但是，在更加复杂的、较低例行化程度的社会互动领域——无论是在市场还是非市场中——对各类货币的创新、讨价还价和竞争都是习惯性的。不管怎么样，这些复杂系统的所有参与者们依靠的都是对与他们互动的行动者的一般化的信任。

事实上，本书的论点对更宽泛地分析不同类型的市场的变

---

[1] Arthur Nussbaum, *Money in the Law* (Chicago: Foundation Press, 1939), p. 193; Joel Kurtzman, *The Death of Money* (New York: Simon & Schuster, 1993), pp. 88, 83. 亦可参见 Thomas Wilson, *The Power "To Coin" Money* (New York: M. E. Sharpe, 1992), p. 24; Wayne E. Baker, "What Is Money? A Social Structural Interpretation," in *Intercorporate Relations,* ed. Mark S. Mizruchi and Michael Schwarts (New York: Cambridge University Press, 1987), p. 115.

[2] James Coleman, *Foundations of Social Theory* (Cambridge, Mass.: Harvard University Press, 1987), p. 121.

异具有启示意义。最近，社会科学家们已经挑战了新古典主义关于单一的、自主的且可以自我维持的市场模型，正如社会学家哈里森·怀特（Harrison White）提出的，社会科学家们主张市场活动是"高度社会性的——和亲属关系网络或者联邦军队一样都是社会性的"。① 社会层面上的变异的市场不仅在价格上有变化，还被购买者和生产者之间在历史上不断变化的社会关系以及多种多样的文化情境所塑造。因此，当一些市场达至某种程度上的标准化的时候，新的市场正在被持续不断地创造出

---

① Harrison C. White, "Varieties of Markets," in *Social Structure: A Network Approach*, ed. Barry Wellman and S. D. Berkowitz (New York: Cambridge University Press, 1988), p. 232. 其他有关对新古典主义市场模型的社会学批判，参见 Bernard Barber, "Absolutization of the Market: Some Notes on How We Got from There to Here," in *Markets and Morals,* ed. G. Dworkin, G. Bermant, and P. Brown (Washington, D.C.: Hemisphere, 1977), pp. 15-31; Mark Granovetter, "Economic Action and Social Structure: The Problem of Embeddedness," *American Journal of Sociology* 91 (1985): 481-510; Amitai Etzioni, *The Moral Dimension: Toward a New Economics* (New York: Free Press, 1988); Charles W. Smith, *Auctions: The Social Construction of Value* (New York: Free Press, 1989); Fred Block, *Post-Industrial Possibilities: A Critique of Econimic Discourse* (Berkeley: University of California Press, 1990). 有关市场制度和市场关系与文化的特殊关联，参见 Paul DiMaggio, "Culture and Economy," in *Handbook of Economic Sociology,* ed. Neil Smelser and Richard Swedberg (Princeton: Princeton University Press and New York: Russell Sage Foundation, forthcoming). See essays in the *Handbook, ed. Smelser and Swedberg,* as well as essays in *The Sociology of Economic Life,* ed. Mark Granovetter and Richard Swedberg (Boulder: Westview Press, 1992), and *Beyond the Marketplace,* ed. Roger Friedland and A. F. Robertson (New York: Aldine, 1990). 有关文献的一项全面评述，包括人类学家和历史学家的作品，参见 Viviana A. Zelizer, "Beyond the Polemics on the Market: A Theoretical and Empirical Agenda," *Sociological Forum 3* (Fall 1988): 614-34.

来，而其他市场也正在被重新定义。

恰如怀特指出的，即使是在范围明显狭窄的专业的剧院市场，也有市场的子集——百老汇音乐剧或戏剧、餐馆剧院、非百老汇戏剧和音乐剧，准备多种剧目定期更换演出的剧团——每一个都有独特而鲜明的特征。举个例子，许多形式的剧院想要生存，只能通过它们对高度专业的顾客的吸引力，或者借助于富有的赞助者对它们的支持。同样地，传统经济学家发现他们必须区分外部和内部的、专业和非专业的劳动力市场；许多经济学家也在继续对由种族、族群和性别所塑造的劳动力市场之间的区隔做出区分。①

近来东欧的变化凸显了市场创新的普遍流行和重要意义。例如，人类学家卡罗琳·汉弗莱（Caroline Humphery）对苏联经济崩溃的分析，不仅扩展到了苏联各联邦共和国，也扩展到了区域、地区和单个的大型组织。汉弗莱证明，苏联远未形成一个单一的、相互联系的市场，当地新的经济结构由当地的老板控制，通过以物易物的方式或者借助各种各样的受限制的优惠券、食品卡和订单运行，这些票证并非由中央发行，而是由区域、地方甚至是工作单位发行。这种交换关系是不完整的、特殊化的；例如，食品卡专为特定的产品设计，只发给一个特定城镇或区域的居民，且不包含游客；优惠券甚至更受限制，仅仅会被分发给某些类别的人——一个工厂的工人、退伍军人、

---

① 参见 Chris Tilly and Charles Tilly, "Capitalist Work and Labor Markets," in Smelser and Swedberg, eds., *Handbook of Economic Sociology*.

幼儿的母亲——只能用来购买特定的产品，有时还仅限于在一家特定的商店使用。① 事实上，公司之间临时创造的信用——很明显，这是一种新的货币形式——已经严重地威胁到了政府控制通货膨胀的所有尝试。

在东欧和其他地方，市场的直接扩张实际上是一个更加复杂的经济转型过程，其包含了对多种多样的货币的发明创造。社会学对这种转型的恰当理解，应该能最终挑战和重新解释大规模的经济变迁与变异。这种理解也应该可以用来阐明一些经济现象，如收入再分配、储蓄率、对通货膨胀的应对、基于各种消费者变异的总支出，以及一系列个人消费者行为所导致的重要的宏观经济差异的其他相关现象。当然，本书最终没能提供一份宏观经济学的理论陈述。但是，通过聚焦于大规模过程中的小规模对应物，本书展示了区分、创新和竞争是如何成为花销和储蓄过程中的内在构成部分的。总而言之，标记是经济过程的核心所在。

人们如何以及为何标记

标记如何运作？人们如何区分各种各样的金钱？我们已经看到此中的技术千差万别。金钱标记有时候是**物理标记**，如19世纪铭刻着誓言的爱情信物或者由家庭主妇巧妙创造的礼物性

---

① Caroline Humphrey, "'Icebergs', Barter, and the Mafia in Provincial Russia," *Anthropology Today 7* (April 1991): 8-13.

质的金钱。有时候人们也从**空间上**区分金钱，使用各种各样的家庭金钱容器——贴上标签的信封、不同颜色的罐子、长筒袜、储蓄罐——或者指定的机构账户，如圣诞俱乐部或度假基金。在极端情况下，人们可以仅凭不让金钱流通就区分了各种金钱，例如把美元钞票粘在墙上或者一家新商店的柜台上，通常这样的钞票上面会写着一位朋友留下的令人感到愉快的好运祝福，或者这样的钞票会成为一位收藏家的收藏品。

通常，人们会通过约束金钱的**使用方式**来对金钱进行标记：孩子的收入被指定用于合理的特定采购，只能花在孩子的娱乐或者衣服上面；礼物性质的金钱通常会被用于特定的物品或活动；现金救济的使用范围经常只限于社会工作者们同意的预算支出。人们也会通过为货币指定特定的**使用者**对金钱进行区分：每周的零用钱是给孩子的，不是给成年人的；零花钱是一种女性货币，而不是男性货币；小费对于服务员来说是能接受的，对于律师来说却是不能接受的。人们还会通过**链接金钱的某些来源**以选择使用方式，以此来对金钱加以区分：妻子的收入留给孩子教育之用，而丈夫的收入则用来支付按揭贷款；遗产的使用方式可能有别于挣来的收入或者意外收益。人们还会通过创造不同的**分配体系**对货币进一步加以区分：例如，家庭收入、礼物性质的金钱或者现金救济的计算和分配，是基于迥异的家庭原则、情感指南和福利哲学的。最后，人们不仅标记了法定货币，还在许多情况下将选定的实物转变成了货币（香烟、地铁券），也创造了新的受限制的货币（礼品券、食品印花）。

标记有多顽强？一美元是从什么时候开始不再是补贴而是

成了礼物呢？或者把慈善货币变成家庭金钱需要花费多长时间？一种特定的标记形式的持续时间与一种特定金钱的文化和社会环境直接挂钩。许多类型的标记事实上被例行化了，持续了非常长的时间（比如，机构中的代币）；有些标记如此深地铭刻着道德和情感的意义，以至于所涉钱款不能用不同的方式加以使用，或者不能被不同的人所使用（如遗产）；但其他标记却是不稳定的和短暂的（彩票中奖）。尤其在微妙的社会互动领域，创新是持续的，因为人们会不断创造新钱以界定麻烦的、不断变化的社会关系。

这种文化的和社会的多样性最终是一种情感的自我欺骗吗？金钱的创造力和试验只是一种幼稚的幻想，是用来掩饰货币在根本上是统一的、计算的和腐蚀性的这一现实的吗？抑或是标记至多是一种富人的奢侈，它们消失在穷人的绝望经济之中？毕竟，在经济普遍不景气的情况下，社会关系的创造力与权力及社会不平等的存在是很难调和的。

有证据表明，实际情况绝非如此。无疑，金钱是推动不平等的一个强有力的手段。毫无疑问，家庭金钱、礼物性质的金钱和慈善金钱的账户表明独立货币已经一再强化了女人、儿童和穷人的依赖性。货币转移的各种方式标示了有关各方的平等或不平等，正如它们标示了他们之间关系的亲密度和持久性。但是这些货币的历史也证明了，无论多么无力的人，都会设法质疑占支配地位的标记系统，他们会通过定义、维持、有时甚至是改变他们社会生活的方法，重新定位他们有限的资金的使用方式。回想一下有关丧葬保险的争议：尽管有来自社会工作者们的批评和限制，保险购买人仍然坚持认为死亡金钱的标记是一个基本的、无可争议的经济决定。

事实上，所有经济形势下的人们都如此深切地关心着其金钱的合理区分，以至于他们都在想方设法地去维护或改变标记系统。家庭金钱有别于服务支付，福利支票有别于监狱津贴，这些都至关重要。这就是为什么对家庭货币、礼物性质的货币以及慈善货币的界定经常引发激烈的公共辩论，这些辩论不仅出现在家庭内部或福利办事处的范围内，也出现在大众媒体、报纸社论和杂志文章里。

多种多样的金钱之所以重要，是因为它们是特定类型的社会关系和意义的强有力的明显标志。但是它们又不仅是如此而已，它们直接影响着社会实践。人们不仅对他们的各种金钱想得或感觉不一样，而且对各种金钱的花费、储蓄或者赠送的目的和对象也都不一样。更甚者，一些群体——如福利工作者们——意图建立完整的改革程序，推广一个标记金钱的特定系统。

金钱是独一无二的吗？

对金钱的标记不是一个独一无二的社会进程，无论我们将它仅限于法定货币的使用，还是包含发明或转换其他物体作为交换媒介的过程。人们区分、标记、分隔着所有类型的事物——时间、空间、食物、时尚、文学、语言——以此定义各种特殊的社会关系，并表达不同的象征系统。例如，充满活力的有关消费的新文学研究最近已经表明，消费主义不止催生了标准化品味和实践，它还创造了赋予社会和个人生活多种多样的现代意义的全新方式。① 随着20世纪初期大规模生产的商品数量成倍增加，美国人并没有被简化为一个仅由可以互相交换的消费者所构成的民族。事实上，人们把他们的新物品——比如汽车、收音机、洗衣机、衣服或者化妆品——变成了具有社会意义的物品，并将大规模生产的产品融入了个人化的关系网络之中。

在一个实用主义的、原子化的消费模式下，商品仅仅是因为它们的质量和价格而被购买，但从凡勃伦到布迪厄的消费理论家们，却与此种模式渐行渐远，他们把商品当作社会群体的符号、世界不断变化的线索而加以研究。他们记录了最充分的分析，考察了商品的获得所起到的阶级位置的文化标记的作用，包括社会学家皮埃尔·布迪厄确认的人们的"文化资金"。历史学家们记录了消费品的这种积极的、复杂的和有意义的分化。如社会学家迈克尔·舒德森所指出的，"无防备的"消费者，正在被改写为消费者文化形成过程中创造性的参与者，而不是由大规模的商业入侵所造成的被异化的受害者。② 这一点更普遍。

---

① 有关打破"可销售的和无价的"二元论的一个引人入胜的书面尝试，参见 Barbara Herrnstein Smith, *Contingencies of Value* (Cambridge, Mass.: Harvard University Press, 1988), p. 130.
② Pierre Bourdieu, *Distinction* (Cambridge, Mass.: Harvard University Press, 1984); Michael Schudson, *Advertising: The Uneasy Persuasion* (New York: Basic Books, 1984), p. 160. 有关早期的一个经典声明，参见 Thorstein Veblen, *The Theory of the Leisure Class* (New York: Mentor, [1899] 1953).

人们一再利用商品，同时将商品当作他们社会排序的标记，当作其他共享的集体身份的标志，也当作他们个体性的信号。

我们可以思考一些具体的例子，看人们是如何把购买的商品变成有意义的私人物品的。举个东欧犹太移民在世纪之交的例子。他们购买一套崭新的衣服或一架钢琴，或者选择一件名牌产品，或者安排一次夏日度假，都不只是经济交易；但是，在一战前的几十年间，安德鲁·亨恩兹（Andrew Heinze）对纽约下东区的犹太移民的研究证实，这些奢侈品和活动变成了这些犹太移民新美国形象的象征性建构的核心。然而，这不是一个简单的美国化的故事，而是一个复杂的创造犹太式美国主义的文化过程，在此过程中，大规模销售的商品经常被融入传统仪式活动的庆祝当中，比如安息日、光明节或逾越节。

如亨恩兹写到，美国犹太人为了开创"一种拥有新产品的有意义的生活"所做的积极努力，不仅是复杂的也是有争议的。[1] 比如，物质商品对上层阶级的德国犹太人的象征意义，就不同于对东欧犹太人的。举例来说，詹娜·韦斯曼·约瑟利特（Jenna Weissman Joselit）对1880年至1950年犹太家庭文化的生动描述，展示了在世纪之交时，富有的德国犹太裔的家庭改革者们劝告穷人主妇们，朴素整齐的家庭装饰是重要的，而与此同时，廉租公寓的住户却"偏好维多利亚晚期客厅家具的'豪华颜色'、'涡卷装饰和蛇发女怪之手'"。约瑟利特观察到，"传

---

[1] Andrew R. Heinze, *Adapting to Abundance* (New York: Columbia University Press, 1990), p. 223.

教式家具的重要性对于移民消费者没有一点吸引力,他们想要他们自己的沙发和英式橡木饰面的餐具柜,因为这种餐具柜有分量、有颜色,还有坚固的线条……可以成为一件实在的物品"。①

我们也可以思考一下历史学家丽莎贝斯·科恩(Lizabeth Cohen)关于不同族群的产业工人对20世纪20年代芝加哥大众文化的各种不同反应的报告。尽管工人阶级只有有限的可自由支配的收入来为消费项目和活动买单,但是他们的小额购买行为通过具体说明的关注而得以被清晰地标记。例如,芝加哥的意大利人会用他们新买的留声机播放卡鲁索或者其他流行的意大利歌曲,以在他们家中保持意大利的文化之声的生机盎然。少数族裔的工人在他们当地的食品杂货店购物,当犹太裔妇女可以买到符合犹太教教规的肉或者犹太哈拉面包的时候,意大利裔的妇女则在这里发现了莴苣菜、蒲公英叶和各式各样的意大利面。甚至当她们去看电影的时候,族群性会将她们的经历歪曲为"叫喊和嘲笑的语言,而这些语言通常是无声电影的配音",这反映了社区的族群特征。科恩观察到,邻里商店和戏院"以当地的,尤其是族群的文化调和了标准化的产品"。收听广播也是一样的,因为不同群体都会用电台来广播族群的新闻和信息。②

---

① Jenna Weissman Joselit, "'A Set Table': Jewish Domestic Culture in the New World, 1880-1950," in *Getting Comfortable in New York: The American Jewish Home, 1880-1950,* ed. Susan L. Braunstein and Jenna Weissman Joselit (New York: The Jewish Museum, 1990), p. 33.

② Lizabeth Cohen, *Making a New Deal: Industrial Workers in Chicago, 1919-1939* (New York: Cambridge University Press, 1990), pp. 105, 110, 123, 129.

消费品被不同族群与宗教信仰的群体、不同阶级、不同性别和不同年龄的人群所做的标记，与金钱的分化并行不悖，人们通过将物质占有和活动私人化，来理解他们的个人和集体生活，由此记录了标记的普遍性。在这方面，婚礼仪式、礼物馈赠或家庭开支的专款专用是对消费和交换的一般区分的例证，这种区分是基于阶级、种族、年龄、宗教、性别或区域来实现的。

但是金钱的例子却是独一无二的。鉴于现代生活的工具化和理性化，金钱站到了舞台中心；经典的社会理论学家们一再指出，金钱是主要的利刃，其对先前一种聚合在一起的社会生活进行了悲惨的肢解。金钱看起来像是在一个分离的领域、一个自由区中运行，独立于任何有意义的影响或限制之外。很明显，即使是消费者文化的分析者也在金钱面前停了下来，就好像社会区分的商品无可避免地要使用一种中性的、标准化的货币来购买一样。

抛开理论上的建构，金钱事实上不同于其他的社会商品：金钱是更加可替代的、明显流动的、高度可转让的，连接着相距甚远和不同时空中的人们。毫无疑问，相比于其他物品，要将金钱私人化更加困难。因此，如果现代生活的理性化是普遍性的，那么这种普遍性恰恰应该出现在金钱当中。而实际上取而代之的却是，对现代金钱持续的、强烈的和广泛的区分，这为反对一种均质化和工具性的社会生活模型提供了最有力的证据。

未来的货币

金钱什么时候不再重要，我们已经有结论了吗？我们可以听到齐美尔幽灵般的耳语："所以你找到了一些涟漪。潮流还是朝着我的方向在大力涌动。等着看吧，金钱会使这个世界祛魅。你注意到了吗？电子转账正在将所有的金钱转变成一种单一的、全球的、无形的'兆字节'货币。①你听说过吗？1999年，欧盟计划引入欧洲货币单位（ECU），一种单一的欧洲货币以取代所有欧盟国家的货币。货币不仅会变得越来越同质化，而且也会变得势不可挡。只要简单地看看你的周围：货币正在把社会生活的方方面面变成可以出售的商品——血液、婴儿、器官、恋爱关系、丧葬。"

当代的社会观察家们回应着齐美尔的幽灵，警告我们注意社会学家罗伯特·贝拉（Robert Bellah）和他的合作者所描述的与日俱增的"市场暴政"。艾伦·沃尔夫（Alan Wolfe）论述道，在过去的20年里，市场的逻辑越来越深地渗透到我们的家庭和社区中最亲密的社会关系之中。鉴于团结、利他主义和情感这些领域依然继续存在于美国人的生活当中，沃尔夫非常担心近些年来市民社会与市场之间的界限已经在逐步淡化，这是由于"市场以一种美国人从未经历过的方式，在经济领域，同时在道

---

① 这个术语由库尔茨曼（Kurtzman）使用，in *The Death of Money*, p. 15.

德和社会领域都变得更具有吸引力"。①

诚然，法定货币的形式已经改变，金钱的使用方式也是多种多样的。但是，没有任何迹象表明人们正在选择放弃对多元金钱的标记。确实，银行现在依靠自动转账，但是特别的"俱乐部账户"依然存在；圣诞节、光明节和其他节日中的金钱，每周或每月都在被通过计算机化的转账自动分隔。即使福利系统正在试验电子福利支付，但是它依然没有抛弃它的限制。计算机化的标记实际上更可能实现对福利的规范、监督和区分。借助于新的国际化货币，标记的范围可能扩大，标记的技术会发生变化，但是分化依然存在。事实上，随着个人计算机的激增，人们创造和分隔新货币的能力正在提高，其速度甚至比国际货币任何的标准化过程都要迅速。如果本书的分析是正确的，人们将会利用这个能力，实现异常多样的货币创新。②

将社会完全转变成为一个商品市场的设想只不过是个海市蜃楼。金钱还没有变成自由的、中立的、危险的社会关系破坏者。随着世界变得越来越复杂，当然，一些事会变得标准化和全球化；但是随着远程连接的猛增，对于所有地方的个体来说，生活以及选择就会变得越来越复杂，而不是越来越简单。对货币进行标记是人们理解他们复杂的、有时混乱的社会联结的方

---

① Robert N. Bellah et al., *The Good Society* (New York: Vintage, 1992), p. 90; Alan Wolfe, *Whose Keeper?* (Berkeley: University of California Press, 1989), p. 76.

② 参见人类学家基思·哈特（Keith Hart）的观点，电脑与信用卡的扩散削弱了国家对货币的控制，使得金钱"具有更少的匿名性，但却更个性化"，in "Heads Or Tails? Two Sides of the Coin," *Man* 21 (December 1986): 641-42.

式之一，这给他们各式各样的交换带来了不同的意义。由此，我们可以期望标记的新形式会随着社会变迁一起增加。当金钱在社会生活中变得更为突出时，人们会分隔、区分金钱，给金钱贴标签，装饰金钱，使金钱个人化，以满足他们复杂的社会需求。就像富内斯和他的特殊数字一样，为了我们的多元货币，我们将会持续创造新的名字，也会不断定义新的用途，指定不同的用户。

2017年版后记

当一本书重获新生，与其一同到来的就必然有累积的历史，其连接着原版和新版。1994年，《金钱的社会意义》首次出版，它的到来得到了阿尔伯特·赫希曼、皮埃尔·布迪厄、查尔斯·蒂利三位令人敬畏的资深社会思想家的认可。2017年，这本书再版，奈杰尔·多德为其写了醒目的前言，他于2014年出版的《金钱的社会生活》(*The Social Life of Money*)（普林斯顿大学出版社）有力地证明了过去23年里这个领域的巨大进步。而且，《金钱的社会意义》的新版与普林斯顿大学出版社的《金钱有话说》(*Money Talks*)同时问世，后者是我与两位有天赋的年轻社会学家共同编辑的，他们是我以前的学生，尼娜·班德尔（Nina Bandelj）和弗雷德里克·惠瑞（Frederick Wherry）。《金钱有话说》集合了一个极具吸引力的跨学科的国际化阵容，包括公认的杰出人物和新一代的学者。他们朝着全新的方向，共同推进着我们对金钱的社会意义的理解。

自本书第一版出版后，金钱的实践也发生了转变。在反思金钱的未来时，我已经预测："随着个人计算机的激增，人们创造和分隔新货币的能力正在提高，其速度甚至比国际货币的任何标准化过程都要迅速。如果本书的分析是正确的，人们将会利用这个能力,实现异常多样的货币创新。"(1994:215)今天,我们无疑正在经历着一个越来越多样化和个人化的货币世界。除了现金、支票、借记卡和信用卡,还有大量替代性货币和支付系统包括数字和虚拟货币、移动支付系统、点对点转账,以及不断增加的本地社区货币。新兴技术促进而非抹杀了这种分化,《金钱的社会意义》就记录了这一点。

一本书的重生因此激发了对其传记的反思(所以有自我放纵的风险)。2015年,当弗洛伦斯·韦伯(Florence Weber)、安吉尔·克里斯汀(Angele Christin,一个以前的学生)和阿格尼斯·格拉曼(Agnes Gramain,与伊尔卡·瓦里-拉瓦锡(Ilka Vari-Lavoisier)合作)在巴黎高师庆祝《金钱的社会意义》出版20周年时,我报告了自己的"金钱痴迷"的缘起。[①] 在这里,让我更加细致地聚焦于四个常见的问题,当我在会议和课堂上谈论这本书时,常被问到这些问题:第一,我为什么决定写这本书呢?第二,如果我今天写这本书的话,我会写哪些不同的内容呢?第三,这本书是如何与20世纪90年代的经济社会学融为一体的呢?第四,这本书的论点会影响社会政策吗?

关于这本书的构思:所有的一切都始于我对死亡和童年的研究。我对金钱社会的痴迷来自于长久以来对人类生命价值

[①] 我从那次会议,以及克里斯汀等人所写的文章(Christin等,2016)和"关于金钱的对话"中,为这篇后记抽取了一些材料。报道采访(Interview for Accounts),《美国社会学学会经济社会学通讯》(*American Sociological Association Economic Sociology Newsletter*),2016年夏天。

评估的兴趣，而不是来自对金钱本质的一般观念。追溯生命保险所引发的文化反应，一开始很多人强烈拒绝生命保险，并谴责其为亵渎神明的"死亡金钱"，后来生命保险又是如何逐渐获得道德合法性，并融入20世纪一种"善"终的概念的，这些都引发了我的兴趣（Zelizer，1979）。后来，当我在写一本对19世纪与20世纪之交美国儿童不断变化的经济和情感价值进行评估的著作时，我同样发现了相当激烈的关于收养市场对孩子的定价和对他们意外死亡的法定赔偿金的争论。对儿童生命的考察也将我导向一种不同的争论，究竟是什么构成了儿童金钱的合法范畴，特别是零用钱的发明又带来了怎样的影响（Zelizer，1985）。

研究这些各种各样的金钱，不可避免地引出了更多关于金钱如何运行的一般问题。通过进一步探索家庭交易、将金钱变成一份个人的礼物以及对福利金钱的争论，对金钱如何运行这一问题的追寻使得我开始探究金钱的多元性。以上每一个方面都成了《金钱的社会意义》的章节。还有另外两组金钱并未进入本书。我最初的计划包括有关"机构金钱"的章节，原本打算分析在各种不同的机构，即监狱和学院，对金钱正式的和非正式的分配和规范。还计划在另一个章节里讨论"神圣的金钱"，在什么条件下金钱能赢得神圣的、虔诚的或道德的价值，什么时候它又会成为"肮脏的"或亵渎神灵的金钱。

当然，大多数书会有出人意料的迂回，需要经常重新拟定对最初计划的叙述。事实上，《金钱的社会意义》这本书第一章的写作是最后完成的，因为我终于抓住了一个潜在的历史悖论。就像美国联邦政府一样，在通过许多法律努力实现了国家货币的标准化后，人们依然在通过创造各种区别甚至发明新形式的货币来扰乱货币统一。

尽管一开始这本书对货币过程的一般讨论的影响比我希望的要小，但是最后我的非正统观点将我带入了有时充满争议的对话，我呼吁要对货币做一种更为普遍和可替代的理解。在这种交换的过程中，我在金钱的三个组成部分中找到了一个更清楚的差别：会计系统、代表这些会计系统的媒介，以及对人们使用会计系统和媒介的治理实践。在这三个方面，我的独特的贡献是在识别会计系统、媒介和实践在很大程度上变异、回应和影响着人们对人际关系的协调方面的尝试。

如果我今天写这本书，我的做法会有什么不同呢？回首任何创造——不管是写一本书还是抚养一个孩子——不仅会产生一些好奇感，还会产生错失机会的意识。事后看来，我意识到《金钱的社会意义》既没有充分解释市场货币的位置，也没有透彻阐述金钱的多种多样的道德准则（moralities）。如果我现在写这本书，我将对以下这些内容做更全面的说明：

首先，更有力地表明我对经济学家的可代替性假设的毫无保留的批评。这本书的挑战并不局限于所谓的"软的"家庭、礼物和福利金钱，也延伸到了一些人们可能误贴标签的"真钱"。回想起来，作为挑战金钱的标准理论的初次尝试，我为本书选择了一个误导性的副标题——《金钱的社会意义："特殊的金钱"》，这一标题发表于1989年的《美国社会学杂志》。特殊的金钱意味着本书所处理的领域构成的是现行市场货币的异常或例外。但我在本书中对这样一个结论提出了明确的异议。我的论点有时依然会被误解，被认为只适用于边缘性的经济现象，不适用于在商业或专业的市场交易中的所谓的可替代的货币。

为消除这个疑虑，我原本打算对市场交易和亲密交易做一个同步分析，以丰富此书。对于"支付和社会纽带"这个项目，我建议对支付的三种形式做一个比较研究：依据时间、努力或结果对工作的日常补偿；支付的间歇和任意形式，比如奖金、奖励、提成；以及有道德争议的补偿体系，尤其是在性经济领域。那时，我得到了古根海姆基金会（Guggenheim Foundation）、普林斯顿大学高等研究所以及花旗银行的行为科学研究委员会（Citibank's Behavioral Sciences Research Council）为这个项目提供的资助，我曾在第三个机构开展过一个对银行补偿争议的历史分析。然而，作为另一个学术迂回的例子，除了在《社会学论坛》（*Sociological Forum*，1996）上发表了一篇论文，我最终选择聚焦于亲密交易，随后出版了《亲密关系的购买》（*The Purchase of Intimacy*，2005）。与此同时，其他学者们已经接受了挑战，将标记的范围扩展到了看似透明、即时、社会中立的货币转移。例如，可以参阅《金钱有话说》上布鲁斯·卡鲁瑟斯（Bruce Carruthers，2017）和西蒙·波利洛（Simone Polillo，2017）的文章。

作为第二个修正，我想澄清此书中的规范性信息。我时而会被问到，"罪恶的"金钱是什么样的？通过重点讨论金钱的社会意义，我是否天真地清除了金钱的腐蚀力，清除了金钱所导致的在亲密关系、政治和其他领域中的堕落？而且，通过聚焦人们管理他们不同金钱的技巧，我是否模糊了他们最终的无能为力？本书打算着重辩驳被我称为"敌对世界"的相关论述，这些论述在金钱领域和道德领域设立了严格的边界。这也挑战了这样一个预期，即这些领域间的任何联系都必然会对道德和福利造成威胁。令我对这个敌对世界的主张依然感到好奇的是，他们顽固地拒绝承认金钱多样的道德准则。《金钱的社会意义》试图通过论证人们和机构有规律地运用不同种类的金钱支持多元的道德主张，从而揭示金钱是如何运作的。

诚然，我们需要担心对某类金钱的剥削性和腐蚀性的使用，且应该对金钱的不平等分配给予深切关注。但是，无根据的因果论证，预言金钱使道德和社会领域堕落，并不能推进集体福利。我们应该思考什么时候、以何种方式、何种形式的金钱威胁了社会福祉，而且：金钱什么时候强化了道德关注，维持了社会生活？何种条件下，货币化促进了正义与公平？举个例子，照顾经济领域的专家充分展示了敌对世界的神话，其关于照顾过程中金钱有损人格的效应，已经削弱了照顾工作者的经济福祉。或者，我们可以思考一下人类学家詹姆斯·弗格森（James Ferguson）的论点，基于南非的经验，过分怀疑金钱的腐蚀性影响，会导致面向贫困人口的宝贵的现金转移项目遭到削减。

因此,我们应该仔细检查标记,以捕捉这种复杂的效应。《金钱的社会意义》中举例探讨的家庭经济,充分描绘了亲密货币世界里的充满活力的创造。但是,它们也揭示了妇女的金钱的标记是如何经常被用来增加妻子的依赖性与强化性别不平等的。无论是被标记为补贴、小额闲钱、"私房钱"(egg money)、零花钱、零用钱、"失业救济金",还是最近的"妻子奖金"(Mating, 2014),女人的钱款都未被认为是家庭共同收入的平等部分。类似地,美国的福利供给史中有大量例子,即机构转账的多种形式,例如实物支持、现金救济和食品印花,是如何限制着接收者的选择、规范着他们的行为的。但是这些货币的历史也证明了无论是多么无权无势的人,都会寻找方法去质疑标记的主导系统,改变他们受限资金的使用,来维持他们的社会关系,并给他们的生活增添意义。

幸运的是,新一代的学者已经开始研究金钱所面向的多重的道德和社会世界。举个例子,比如多德对其所称的"乌托邦金钱"的描述,再比如社区货币和一些点对点的贷款交易,指向人们运用金钱强化他们的社会连接的许多例子。而且,分析者们通过解释敌对世界的意识形态的道德支配,询问它们什么时候、为什么出现,谁支持或反对它们,以及有什么后果,从而巧妙地将敌对世界的意识形态历史化了(例如,Eich,2016;Desan,2014,2017;Fourcade 和 Healey,2007;Grewal,2017)。

《金钱的社会意义》在经济社会学中处于什么位置？1994年，这本书对家庭、礼物和福利的关注，使其在专注于资本主义公司和市场的领域中成为了一个反常现象。加之此书带来了一种文化的解释，对经济社会学当时主流的结构网络路径而言，这种解释一直处于边缘地位。事实上，在那时，我仍然认为自己主要是一个文化历史社会学家，因此显然不是一个适合这个领域的知识分子。实际上，我为此书所作的研究的第一篇论文，是发表在由安·斯威德勒（Ann Swidler）所组织的美国社会学学会1986年年会的"人类生活的文化建构"（The Cultural Construction of Human Lives）论坛上的。

所以，我是通过一扇边门、一扇女性之门，才进入经济社会学这个领域的，而这个领域绝大多数的杰出学者都是男性。更重要的是，尽管我在历史社会学领域工作，如茱莉亚·亚当斯（Julia Adams）和同事们在他们的《重塑现代性》（Remaking Modernity）一书中所指出的，相比盛行的查尔斯·蒂利和茜达·斯考切波（2005：7）的宏观比较历史研究，我的路径依然处于边缘地位。但那是二十多年前了。现在，经济社会学无疑已经发生了巨大变化，因为这个领域拥抱了文化的路径，扩展了其研究的范围。经济社会学繁荣发展，尤其在过去的十到十五年间，美国和国外的年轻学者们已经把被定义为"真实的"经济活动的边界向外推展了。不再只关注公司和资本主义市场，这些具有创新精神的研究者们研究家庭、人类物品市场、艺术、照顾工作、非正规经济等，并且越来越多地考虑到了性别、种族和其他社会分化的类别。

《金钱的社会意义》的研究工作影响了我自己后来的分析。找到标记金钱的过程以后,我开始理解我现在所称的关系工作,正是解释各种形式的经济活动的核心。关系解释论证了人们有规律地区分货币转移的形式,并使其与他们对存在于他们之间的各种关系的定义相适应,由此关系解释将多元货币和货币的实践附加于社会关系之上。就关系工作而言,我所指的并不是简单的一般化关系的努力,而是一个非常具体且动态的过程,借此过程人们相互协商,从而在分化的社会关系、经济交易、交换媒介与可变意义之间达成了良好的匹配(或者以不匹配而告终)。

最后,多元货币的分析和社会政策有任何关联吗?事实证明,《金钱的社会意义》被付诸实践的最出人意料的应用之一是由一群学者完成的,他们将本书的论点扩展到了政策领域。例如,在研究收入所得税抵免退款时,詹妮弗·赛克斯(Jennifer Sykes)、卡特林·克里兹(Katrin Kriz)、凯瑟琳·爱丁(Kathryn Edin)和莎拉·哈尔佩恩-米金(Sarah Halpern-Meekin)(2015)发现了低收入工人阶级的接收者是如何标记这笔收入的,以及他们标记这笔收入的原因。他们将退款花得有别于其他来源的资金,不管是工资还是福利。最值得注意的是,对于参与的家庭而言,相比于其他形式的政府救济,退税代表了一种更有尊严的转移支付。造成这种差异的原因不是金额的多少,而是支付的形式和意义。

所以同样地，乔纳森·默多克（Jonathan Morduch）在其开创性的美国财务日记的研究项目中，指出了标记对低收入家庭财务实践的影响。默多克总结道，注意这些货币的区分可以为成功实施政策干预带来一个重要的改变（2017；亦可参见Morduch and Schneider，2017）。同时，弗雷德里克·惠瑞、克里斯汀·西费尔特（Kristin Seefelt）和安东尼·阿尔瓦雷斯（Anthony Alvarez）目前正应用标记理论了解无信贷渠道的低收入人群是怎样被并入财务主流的。尽管标记理论的影响力还远不及行为经济学的心理会计理论的政策，但是一种实用的社会学的标记路径可能改变误入歧途的政策干预。我希望在默多克的带领下，将来会有更多的经济学家和社会学家进行跨学科的合作，提高我们对货币理论的解释和应用能力。

《金钱的社会意义》诞生23年后，我仍然对人们为区分他们挣得的、花费的、赠予的或者积攒的金钱所作的大量细致的工作而感到十分惊讶。这些区分对他们的亲密关系和专业关系十分重要，甚至对那些面临艰巨的经济和社会挑战的人而言也是如此。因此，我对金钱的痴迷仍将持续。目前，我的研究已转向大学生的世界。聚焦于普林斯顿大学，与我之前的研究生劳伦·盖多什（Lauren Gaydosh）合作，目前我们正通过关注学生们的包括使用金钱在内的跨阶层的经济交易，调查他们对日常不平等的处理能力。

更多关于金钱的故事还有待探索。但是我将遵守知名的西班牙作家弗朗西斯科·德·克维多（Francisco de Quevedo）在

17世纪的格言（豪尔赫·路易斯·博尔赫斯在其引人入胜的《布罗迪的报告》（*Brodie's Report*）中引用了这句格言）："读者，从长长的序言开始，上帝宽恕你。"（God spare you, reader, from long prologues.）这句话，同样也应该适用于21世纪的后记。

译后记

最近十几年,美国社会学家维维安娜·泽利泽的主要作品均已在国内出版,我印象中最早面世的是《给无价的孩子定价》,后来又引入了《亲密关系的购买》,一直到最近,"薄荷实验"一口气引进了泽利泽的数部代表作,我自己则有幸成为其处女作《道德与市场》的主译,而《金钱的社会意义》是我主译的第二部泽利泽作品。

整个翻译过程其实有点拖拖拉拉,印象中我自己搁置了一年有余而迟迟未开始翻译。这一方面是由于学校事情繁杂,教学、科研和"填表"占去大量的时间,另一方面则是因为家里还有一个孩子需要照顾。2019年暑期,我前往香港中文大学中国研究服务中心访学一月,借此机会得以暂时卸下这些职责。访学期间,服务中心只有白天开门,于是我趁着早上和晚上的时间进行翻译,而且在短时间内居然高效地完成了初译稿。所以,在此要特别感谢中国研究服务中心和香港中文大学给我提供的良好的研究和生活环境,使我得以心无旁骛地完成初步的翻译工作。

此书的翻译仍然采取了团体协作的模式,我邀请了李泽坤和王彦珂两位"系友"一起翻译。两位都曾经参与过我的读书会,抑或由我指导撰写学年论文和毕业论文,加之他们修读过我的好几门课程，我对他们自然比较熟悉，两位对学术和社会学都有很高的热情。因此，泽坤和彦珂都参与到了《金钱的社会意义》的翻译当中。我们三人具体的翻译分工如下：

李泽坤（华东师范大学社会发展学院社会学专业2012级本科生，目前为复旦大学社会学系硕士研究生在读）：第一、二、三章。

王彦珂（华东师范大学社会发展学院社会学专业2015级本科生，目前为伦敦政治经济学院人类学系社会人类学硕士在读）：第四章。

姚泽麟：翻译第五、六、七章以及前言、致谢和后记，并校读全部译稿，统稿文字，以尽量减少因多人翻译而导致的文字差异问题。

尽管翻译过程一波三折，但阅读和翻译泽利泽的作品还是给我以巨大的启迪。例如，她在本书中谈到人们会对金钱做出不同标记，这实际上意味着这种"一般等价物"也可以蕴含丰富的社会意义、标示不同的社会关系。她还谈到不同社会群体间因为利益、立场、受教育水平、性别等因素的不同而对同样的金钱给出完全不同的"定义"，进而有了不同群体间有关金钱的密集互动和"协商"。我对书中谈到的20世纪初期美国社会工作专业的发展尤其感兴趣，当时的社工如何扶危济困，又如何在帮助底层人士的过程中与其就金钱各种形式的性质界定、使用方式、具体用途等"斗智斗勇"，这使从事职业社会学研究的我注意到了职业人士与其"客户"之间的分歧与博弈——尽管这并非泽利泽的关注重点。

想来这些都是受到导师陈纯菁教授的影响。阅读她的作品，跟着她做研究，才使我遇到泽利泽，了解到这一脉络的社会学观点和研究取向。我也试图借用泽利泽的理论视角，将其用到自己的医疗研究当中。很遗憾，目前在大陆学界，以泽利泽这种视角所做的社会学研究并不多见（有次学术会议我遇到《给无价的孩子定价》的主译王水雄老师，他也有类似感觉），或者更准确地说，引介泽利泽的已不少见，但将其付诸实践的仍然寥寥（以我有限的阅读，目前在埃默里大学社会学系攻读博士学位的郭巍蓉有关医疗领域红包的研究是其中为数不多的作品之一，具体可参见郭巍蓉，《收谁的红包？——关于医患间非正式"交易"的文化社会学解读》，《社会学刊》（第1期），社会科学文献出版社2018年版）。

翻译是一项颇具挑战性的智识活动，一来译者要精通外语和母语，二来要对作者和该书的学术脉络、研究领域和观点立场都有深入的了解。我们于这两个维度均有欠缺，因此翻译中难免存在各种纰漏甚至错误。读者对此书的翻译内容有任何疑问，皆请联系我，我的邮箱是 zelinyao@126.com。

姚泽麟于"闵大荒"

2021年3月

图书在版编目（CIP）数据

金钱的社会意义/（美）维维安娜·泽利泽著；姚泽麟等译．—上海：华东师范大学出版社，2021
ISBN 978-7-5760-0275-1

Ⅰ.①金… Ⅱ.①维… ②姚… Ⅲ.①货币—研究 Ⅳ.①F82

中国版本图书馆 CIP 数据核字（2021）第 051732 号

金钱的社会意义

著　者	维维安娜·泽利泽
译　者	姚泽麟　等
责任编辑	顾晓清
审读编辑	张艺捷
责任校对	时东明
封面设计	周伟伟
出版发行	华东师范大学出版社
社　址	上海市中山北路3663号　邮编　200062
网　址	www.ecnupress.com.cn
网　店	http://hdsdcbs.tmall.com/
客服电话	021-62865537
印刷者	苏州工业园区美柯乐制版印务有限责任公司
开　本	890×1240　32开
印　张	11.5
字　数	241千字
版　次	2021年8月第1版
印　次	2021年8月第1次
书　号	ISBN 978-7-5760-0275-1
定　价	65.00元
出 版 人	王　焰

（如发现本版图书有印订质量问题，请寄回本社市场部调换或电话021—62865537联系）